第4版

去美国读本科

塔尖上的舞者

Undergraduate in the United States

主编 ◎ 许 轶　编著 ◎ 龚 晟

机械工业出版社
CHINA MACHINE PRESS

你想去美国读本科吗？——一笔巨额风险投资！

你知道怎么去美国读本科吗？——本科申请常识：千里之行始于此！

那如何成功去美国读本科呢？——成功申请：感动学校的一次成功营销！

塔尖上的舞者，高瞻远瞩，尽显智谋、能力与经验，风险虽大，但成功的喜悦令人向往！

成功者的经验，留美顾问的重点叙述，让你去美国读本科之路变得清晰而坚固！

申请者们，让本书伴随着你，向更高的目标冲刺、前进！

图书在版编目（CIP）数据

去美国读本科/许轶主编；龚晟编著．—4版．—北京：机械工业出版社，2014.12（2017.5重印）

ISBN 978-7-111-49000-5

Ⅰ．①去… Ⅱ．①许… ②龚… Ⅲ．①留学教育—概况—美国 ②高等学校—介绍—美国

Ⅳ．①G649.712.8

中国版本图书馆CIP数据核字（2014）第302769号

机械工业出版社（北京市百万庄大街22号 邮政编码100037）

责任编辑：唐绮峰 版式设计：悠米兹

保定市中画美凯印刷有限公司印刷

2017年5月第4版第3次印刷

184mm×240mm·16.75印张·338千字

标准书号：ISBN 978-7-111-49000-5

定价：34.80元

凡购本书，如有缺页、倒页、脱页，由本社发行部调换

电话服务

服务咨询热线：（010）88361066

读者购书热线：（010）68326294

（010）88379203

网络服务

机工官网：www.cmpbook.com

机工官博：weibo.com/cmp1952

教育服务网：www.cmpedu.com

金书网：www.golden-book.com

你准备好了吗？（自序）

去美国读本科

你知道斯坦福大学目前每年招收几个中国内地的学生吗？

你知道哪年是美国历史上本科申请录取率最低的一年吗？

你知道 2014 年哈佛大学本科的录取率是多少吗？

你知道申请奖学金会对录取有影响吗？

本书不是一本简单的留学介绍或者申请手册，而是由多位亲身经历或现就读于美国名校的作者们创作编写而成。本书采用了哈佛商学院案例式方法编辑和分析成功案例，并借鉴了美国升学理念，是一本战略和战术相结合的书籍。古语云“上兵伐谋”，现代则讲究“思路决定出路，布局决定结局”。实际上，规划是最重要的。不要临渊羡鱼，而应携网而至。成功的留学规划应该提前 2～3 年开始。

我很幸运拥有芝加哥大学国际关系硕士学位和斯坦福大学工商管理硕士（MBA）学位，还很荣幸地在今年9月17日接受了美国全球最大财经资讯媒体彭博社（Bloomberg）的专访，就近年来中国高中生赴美留学趋势变化进行了英文介绍，且该访问在彭博社播出后立即被英国销量最高的报纸《每日电讯报》和全球销量第一的商业杂志美国《商业周刊》转载。

我的幸运其实开始于 1999 年的冬天。当时我在准备出国，把美国研究生入学考试（GRE）、经企管理研究生入学考试（GMAT）和托福考试（TOEFL）都考完了，成绩还不错，就主动到新东方去应聘。我的 TOEFL 听力和写作成绩都是满分，GMAT 的写作成绩也是满分，俞敏洪老师聘用了我，我成为新东方最早的 50 个教师之一。在新东方，我耳濡目染学到了留学申请的技巧，让我一路名校。

从 1999 年踏上新东方讲台至今，已经有十几年光阴。这十几年，我在中国和美国一直从事学术能力评估测试（SAT）的培训和留学申请的辅导，其中《留美申请白皮书》不仅成为学生赴美申请研究生的宝典，更成为了众多中介公司员工几乎人手一本的内部培训宝典。作为 TOEFL 和 GMAT 写作的双料满分，我的《挑战托福作文满分》也成为新东方反复再版的托福作文首选书籍。在斯坦福期间，我有机会在当地著名的培训机构讲授 SAT 课程，有机会学习到了美国最顶尖的 SAT 培训理念和方法。2011～2013 年，我在美国和香港参加了 8 次 SAT 考试，获得了最高 2290 分的高分。我的 SAT 成绩单及我的个人介绍，读者可参见百度百科“许轶”词条。

2008 年中央电视台《大洋彼岸》节目制作人到斯坦福大学采访我时，我正在攻读 MBA 学位，此时我已经开始了本书的创作。一直以来，我都在专注于学习美国教育教学成熟的经验体系，广泛采访美国的录取委员会主任和成功申请的学员。

不同于其他书籍，本书具有以下几大特色：

1．本书作者均亲身经历且毕业于美国顶级名校。

2．本书以案例方式为申请者提供申请技巧，可以说，本书作者将多年的留学经验倾囊而出，全力辅助申请者。本书授人以渔，帮助学生学习留学美国的本科申请策略及如何进行合理的高中学习、考试和活动的规划。

3．本书作者亲自走访了美国名校，采访录取官和学生，并系统地引进美国最新的成功申请案例分析方法和先进的理念。从哈佛、耶鲁、普林斯顿到斯坦福等，录取官现身说法，亲身讲述他们的录取标准。

4．本书含有大量作者辅导的成功案例的真实范文。将国内美国本科申请案例分析与真实范文相结合，使得本书更具参考价值。

2008 年，我有幸见到了股神巴菲特，他送给了我由他签名的他的公司的股票还有书籍。我对他说我感到很幸运。他说我们都是幸运的，而且应该把这些幸运同别人分享。他说一个人最大的幸运是有机会可以向优秀的人学习，善于学习。他曾被哈佛商学院拒之门外，却师从投资宗师格雷厄姆，成为顶级投资大师。我也是幸运的，从新东方到芝加哥大学，再到斯坦福商学院，我不仅教授学生如何出国，也给这些学生做出了求学的榜样。在工作方面，我在美国和中国香港的顶级投行和瑞士信贷工作过 4 年，并参与了众多的股票交易。

投资银行的巨额薪水要比当年在新东方任教丰厚得多，但是我心里一直有一个夙愿，就像股神所说的——把自己的幸运和别人分享。下图是我和股神巴菲特的合影以及巴菲特给我签名的股票。

优秀的美国名校留学生往往能找到很好的毕业去向，从工资的角度说，大部分优秀的人不会选择去学校和辅导机构教书，这就导致了教育和留学行业稀缺好老师的现象。好在网络改变教育，教育行业的现状催生了“可汗学院”这样的远程网络教学方式，我相信这是未来教育的发展趋势。可汗学院的创始人 Sal Khan 拥有 3 个 MIT 的学位，也是哈佛商学院的 MBA。我也从美国顶级基金融资数百万美元，进行 SAT 和留学的研发，结合网络和科技，聚集最优秀的老师，多快好省地帮助中国学生接受最好的考试培训。下图是我在老虎基金纽约总部的照片。

我不相信精品可以大规模生产，也认为美国名校的低录取率是正确的选择。只有这样才可以保证学生和老师充分地学习和交流。

我知道我不可能为所有留学美国的人提供服务或者指导，但我希望他们可以得到与我一样的高水平的辅导，因此，我带领团队创作此书，希望中西合璧，并倾尽多年留学经验，毫无保留。我们几位作者的想法就是，我们已从前人的经验获益，也要把自己的经验传递下去，让更多人受益，更重要的是，让大家少走弯路，不要被不专业的人误导。

留学申请好比选美，千万不可闭门造车，东施效颦。我相信名师出高徒，微小的竞争优势会一步步被放大。家长和学生应该尽早读此书，就好比参加选美的人应该去看选美比赛一样，看看评委的标准，才可以塑造自己，避免定位错误。

人生是一场马拉松比赛，胜利需要坚持不懈、持之以恒，不能只计较一两圈的得失。本科阶段只是一个基础，它不能决定一个人的人生。俞敏洪、马云、李彦宏都不是美国名校毕业的，但都是我崇拜的精英。不可能所有的学生都能进入常春藤盟校——这是一个残酷的事实。但是我想说，成功有方法可循，有经验可借鉴。我不可能成为刘翔，但是我相信如果我向刘翔学习，就会跑得更快些。

希望本书能够分享我们的经验、我们的幸运，让您跑得更快、更远。

最后，向给予此书大力支持的人表示感谢。应本书绝大多数被采访者的要求，尽量隐去个人信息，以尊重被采访者的隐私。原高盛公司大中华区主席胡祖六博士在波士顿哈佛论坛期间给予了作者大力支持，国内留学专家董良先生分享了很多经验和心得，斯坦福大学管理工程硕士专业毕业生陈明参与了大量前期的资料整理和设计。时代焦点的王亚南、张俊霞老师和董玉秀老师对本书编著做出巨大贡献。在此一一表示感谢。

美国顶级对冲基金老虎基金盛赞时代焦点，Tiger Fund 创始人 Julian Robertson 曾多次接见许轶老师，这次合伙人 Alex Robertson 热情接待许轶老师，并录制了视频称赞许轶老师从斯坦福到华尔街以及到教育产业的成功曲线。Alex 和许轶老师是斯坦福 MBA 同学。在 2007 年中央电视台大洋彼岸采访许老师的时候，他也接受了采访，称赞过许轶老师，并称时代焦点为“中国最高端培训机构”。

为了感谢美国顶级风险投资的肯定和投资，同时更好地回报中国读者，我们开展了网络课程免费的一个公益活动。我们大量的 SAT（OG10 套全部免费、写作部分免费、2012 年真题讲解免费）和 TOEFL 课程的网络课堂限时免费。我们加入美国顶级名校开设免费公开课的行列，希望能和 MIT、耶鲁大学、哈佛大学和斯坦福大学一样，把优质的课程放到网上和大家免费共享。

请广大读者登录 www.360class.cn 和 shipin.focusedu.cn，享受属于你的最顶级师资吧！

更多精彩内容（网络课堂、SAT 辅导、成功范文、成功学员访谈等），请访问我们的官方网站：

www.focusedu.cn

此外，凡购买此书的学生均可免费试听由时代焦点顶级名师联袂打造的视频学院的课程，我们会尽最大的努力帮助你们提高。互联网的精神就是免费和分享，我们要将这种精神进行到底！通过试听账号，每个学生都可以免费观看价值 3 800 元人民币的 SAT 和托福课程，试听课程永久免费，不限次数！

视频学院登入地址：www.360class.cn

试听账号：usacollege

密码：focusedu

让我们将英语学习的革命进行到底吧！

我们希望能在中国实现几个英语学习能力的创新：

1. 教学水平要求的创新：我们的老师都参加过考试并取得高分。
2. 我们使用网络教育的手段，帮助国内外的学生用“多、快、好、省”的方式提高英语学习能力。我们赠送出去数以千万价值的网络课堂，帮助中国 SAT 考生提高整体水平。
3. 我们使用科学的方法不断检验和完善我们的产品和我们的服务。

如有任何疑问，您可通过以下方式联系我：

新浪微博：许轶老师

时代焦点教育：http:// www.weibo.com/xuyi129

我的人人网主页：许轶

我们的微信号：USAcollege

我会定期发表免费资料和学习心得。此外，我们有很多成功学员面试的资料和成功学员的访谈，这些都可以在优酷和土豆网上搜索“时代焦点教育”获得。

时代焦点教育集团

首席教师兼首席执行官

许　轶

于美国斯坦福大学

前　　言

去美国
读本科

去美国读本科，从开始准备到完成申请是一项浩大的系统工程。应该从哪里开始呢？

- 从几年级开始准备 SAT？
- SAT II 是否需要？AP 需要考几门？
- 托福要达到多少分？
- 如何创作申请文章？要参加哪些课外活动？

市面上去美国读本科的申请辅导书鱼龙混杂，那如何找到真正权威的申请辅导书呢？我们认为这样的书要具备以下几点：

- 经验的普试性和可借鉴性：每个申请者都是独特的，但是他们身上又有共性——这就是本书的初衷。我们进行了大量的案例访谈，从每个有个性的个体中提炼出他们的共性，与读者共享。访谈者有在国内读高中、在新加坡读高中、在美国读高中等各种背景；有申请综合性大学、文理学院、艺术学院等的经验；有已经在投资银行工作的成功案例，也有刚刚被美国大学录取的新鲜案例。总之，读者会在本书中找到适合自己的发展方向和前进的动力。
- 和美国各高校录取委员会面对面地沟通：美国已经有非常完善的教育咨询体系，我们参照了美国市面上所有畅销的本科申请书籍，并且深入访谈了美国部分高校录取委员会主任。有谁比他们更加了解整个录取的过程？有谁比斯坦福录取委员会主任肖恩·阿博特（Shawn Abbott）更了解斯坦福大学录取的标准呢？本书让你有机会倾听他们的声音。
- 权威专家的专著：主编许轶先生拥有芝加哥大学国际关系硕士学位和斯坦福大学 MBA 学位，同时拥有十多年英语教学和留学顾问的经验。辅导过百余名学生成功进入美国顶级院校。这些第一手的经验和多年辅导学生的经历让我们可以站在申请者、在校生、毕业生的角度做全方位立体的分析。此外，我们还搜集了家长们最常见的问题，并让一些家长参加到我们的访谈中来，以确保我们也可以站在家长的视角来看待和分析问题。

- 留学的申请体系和方法：思路决定出路，良好的方法是成功的一半。世界第一商学院——哈佛商学院的所有课程都采用案例式分析的教学方法，两年的 MBA 课程中，需要分析 800 多个实际案例。借鉴哈佛的案例分析方法，本书精选了美国各个名校各个专业精英的真实案例以及成功经验，对学生和家长进行权威的指导。案例选取包括不同类型、不同档次的学校，包括有国际背景和没有国际背景的学生，还囊括了艺术类的申请和建筑类的本科申请。
- “长线规划”的理念：现在市场上充斥着“短平快”的留学申请理念，但编者相信，本科教育是人生的一个重要阶段，需要学生和家长提早进行规划。本书借鉴了美国升学理念，提出了本科申请的长线规划。

希望本书能够帮助每一个有志于去美国读本科的学生在留学准备初期对自己做出合理的定位，精心做好长期规划，在教师或者留学顾问的指导下递交成功的申请。

我们从前人的经验获益，我们也要把我们的经验传递下去，让更多人收益，更重要的是，让大家少走弯路，这将是给予本书的最高荣誉。顺便提及一句，SAT 考试成绩和 AP 考试成绩对于美国本科留学的申请成功有着非常大的影响。时代焦点是全国目前少有的拥有多名 SAT 老师亲自参加考试并获得 2250 分以上高分的机构。这些老师录制了大量的视频课程，可以帮助考生获得更大的进步，考生可以访问 Shipin.focusedu.cn 和 www.360class.cn 进行学习。我们有大量的免费视频课程和大家分享。提升中国的留学和培训质量是我们不可推卸的责任。祝大家考试顺利，申请成功！

此外，凡购买此书的学生均可免费试听由时代焦点顶级名师联袂打造的视频学院的课程，我们会尽最大的努力帮助你们提高。互联网的精神就是免费和分享，我们要将这种精神进行到底！通过试听账号，每个学生都可以免费观看价值 3 800 元人民币的 SAT 和托福课程，试听课程永久免费，不限次数！

视频学院登入地址：www.360class.cn

试听账号：usacollege

密码：focusedu

目　　录

去美国读本科

你准备好了吗？（自序）

前言

一笔巨额风险投资

风险投资：风险、投资和回报 2
加入一个成功的群 4
大学和成功的关系 5

本科申请常识：千里之行始于此

流程概述 10
基本申请材料 11
各种英语考试 12
长线规划的重要性 44
写给去美国读高中的中国学生 60
选择合适的专业机构 61
录取轮次（提前录取、有条件提前录取和正常录取）介绍及策略 64
等待结果 70
家长必读 72
2014 年和 2013 年的录取率及中国籍学生入学人数 73
本科留学申请的四大趋势 75

成功申请：感动学校的一次成功营销

准确的目标大学定位—— 选一道最适合自己的菜 78
选择合适的学校和专业！ 81
关于选择专业和就业前景 89
热门专业点评 91
个人定位 92
申请文书创作：感动学校的“情书” 105
家长必读 117

申请文书范文：你的“情书”也会精彩 …… 120
外教详解文书题目，附“牛气”范文 …… 122
面试：第一次亲密接触 …… 157

成功申请者访谈：他山之石

访谈一　全能选手——“面对压力，把持住自己，不受外界干扰，挑战自己” …… 164
访谈二　创造北京 ED 唯一录取的神话 …… 169
访谈三　全面发展的重要性 …… 174
访谈四　海外军团的实力 …… 177
访谈五　“要把自己的个性挖掘得很深” …… 180
访谈六　ED 录取名校的经验 …… 183
访谈七　不走寻常路，独特的课外活动和漂亮的 AP 成绩为其申请增加砝码 …… 186
访谈八　平凡高个儿男孩，用篮球和钢琴作为文书的两条主线，最终打动招生官，收获布兰迪斯大学的 offer …… 188

附录

附录一　Common App 填写时着重关注的地方 …… 194
附录二　常见名词 …… 205
附录三　2015 年美国院校排名情况 …… 214
附录四　投资回报最高的前 20 所美国大学 …… 222
附录五　2015 年美国前 100 名大学秋季入学截止日期汇总 …… 223
附录六　2015 年美国前 30 名大学补充文书题目汇总 …… 228
附录七　时代焦点本科 QQ 群及家长提问汇总 …… 246
附录八　美国大学本科部分专业介绍 …… 249

一笔巨额风险投资

去美国读本科

风险投资：风险、投资和回报

加入一个成功的群

大学和成功的关系

风险投资：风险、投资和回报

“广义的风险投资泛指一切具有高风险、高潜在收益的投资；狭义的风险投资是指以高新技术为基础、生产与经营技术密集型产品的投资。根据美国全美风险投资协会的定义，风险投资是由职业金融家投入到新兴的、迅速发展的、具有巨大竞争潜力的企业中的一种权益资本。”

——百度百科

投资讲究回报。去美国读本科，投入的不仅仅是金钱成本，还有时间成本。一般来说，学生从高一就开始准备托福（TOEFL）、学术能力评估测试一级（SAT I）以及学术能力评估测试二级（SAT II）。从参加考试和辅导班所需的费用来看，至少是上万元的投入，这还不包括去中国香港考学术能力评估测试（SAT）的飞机、住宿等费用。

此外，还有重大的机会成本。鱼和熊掌，难以兼得。通常高考和申请去美国读本科是互斥的选择，很难“两手抓”。

从时间上看：

考试项目	准备时间
托福（TOEFL）	≥3个月
学术能力评估测试一级（SAT I）	≥6个月，最好进行2年或者更长的准备
学术能力评估测试二级（SAT II）	≥1个月

所以，仅是考试筹备和参加考试，即便没有重考，至少也要一年半的时间。随后便是紧张的申请，从选择学校到完成旷日持久的文书创作，至少也需要好几个月。而且每一步都环环相扣，可谓是一次系统工程的运作。

从费用上看：

美国的顶级大学通常也是最贵的大学。如2015～2016年就读美国普林斯顿（Princeton）大学的费用[一]，共计需要6万多美元。很多常春藤名校的四年本科下来都需要20多万美元的费用。

The estimated cost of attendance for 2015 -2016 is $61,275 and includes:
2015～2016年的费用预计是61 275美元，折合人民币37万多，费用包括：

学费（Tuition）：	$43,540
住宿费（Room charge）：	$ 7,940
餐费（Board rate）：	$ 6,245
其他杂项预计费用（Estimated miscellaneous expenses）：	$ 3,550

[一] http://www.princeton.edu/admission/financialaid/cost/

随着我国国力日趋强盛以及人民币的升值，这个数据可能越来越显得不那么让人恐惧了。但就连绝大多数美国人上学也是需要拿联邦贷款的，可以说，这笔费用不是一个小数目，对那些工薪家庭来说更是如此。

好在有些学校，比如哈佛（Harvard）和耶鲁（Yale），只要中国学生被录取了，都会给提供因为贫困而资助的助学金（Need-blind scholarship）。这个和学生有多么优秀没有关系，只要录取了，学校希望学生不会因为经济状况不能入学，对国际学生也是如此。我们知道，某些为孩子著书立传的家长通常会讲，自己的孩子因为多么优秀而拿到了多少奖学金，其实那只是助学金罢了。如果他们申请的时候把存款证明填多一点，就不会有这么多的资助。一般而言，发展中国家的学生会享受到这一政策的人会更多一些，尤其是中国和印度学生。许轶老师在斯坦福读 MBA 的时候，也享受过很多助学金。助学金的额度主要取决于申请者存款证明中的钱数，不够的部分，学校就会无偿地提供给申请者并帮助其完成学业。印度和非洲的学生拿到的助学金比中国学生拿到的还要多，很多机构和个人说自己获得本科的“奖学金”，这其实都是误导人的说法。准确的说法应该是“贫困补助”。

然而，更多的学校不是对所有学生都能保证提供资助的，如果选择申请奖学金的话，反而会影响到被录取的概率。越来越多的中国学生选择放弃奖学金的申请，以便增加被录取的概率。比如西北、康奈尔大学就是这样的学校。

美国名校的就读价格的确不菲，但为什么还有这么多的人争先恐后地去美国留学呢？不可否认，美国的大学教育的确具有一定的优越性。

既然谈到投资，我们就从投资的角度来看这一问题。在投资的时候，我们看重的不是价格，而是价值。比如一只股票，只要是好公司的好股票，价格贵不要紧，关键是看股票的价值。如果股票的价格低于其内在价值，我们是应该投资的。这也就是巴菲特所倡导的价值投资。那美国大学的价值到底有哪些呢？有形和无形的资产，很多家长都已经充分认识了。美国大学基本不靠学费来过活。以耶鲁（Yale）大学为例，2013 年学校运营经费总共为 29.7 亿美元，其中 34%来自学校校友捐赠的 10.7 亿美元基金，学生所缴纳的学费和住宿费等仅占学校当年运营经费的 9%。换句话说，学生花 1 元钱，学校花 10 元钱。也就是说，越是贵的学校，学生获益越多。

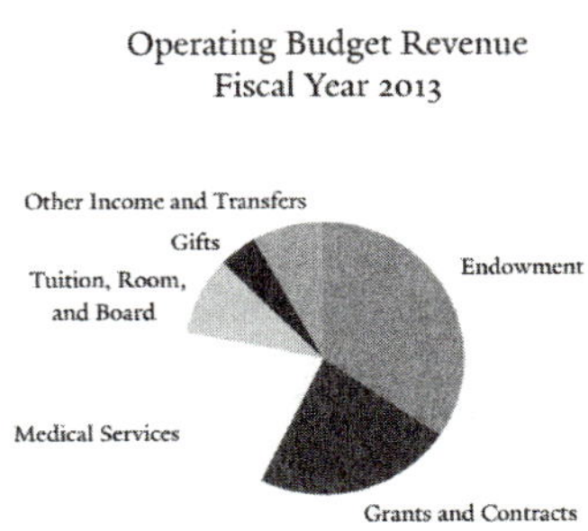

耶鲁（Yale）大学 2013 年运营经费

如此看来，去美国留学的风险投资回报还是不错的，至少在投入方面有所保障。进入常春藤名校之后，投资银行、咨询公司和世界 500 强的企业早就在学校门口排好了队，只要经济形势好，找到一个好的工作不是难事。顶级的公司，包括中国香港和内地的投资银行，相当长一段时间都是只录取或者绝对优势录取美国名校的中国学生。从这个角度讲，学生毕业的时候还赢得了一张进入世界顶级公司的入场券。

加入一个成功的群

达尔文在进化论中讲过："在自然选择的残酷过程中，狼群中被青睐而得以繁衍下来的，不是一只一只最强的狼的个体，而是最强的一些族群。"其实让孩子到美国读书，无非是希望他们成为这最强的、最成功的群体中的一员。

无独有偶，在《异类》（*Outliers*）[㊀]这本书中，马尔科姆·格拉德维尔（Malcolm Gladwell）也指出了一个有趣的现象：

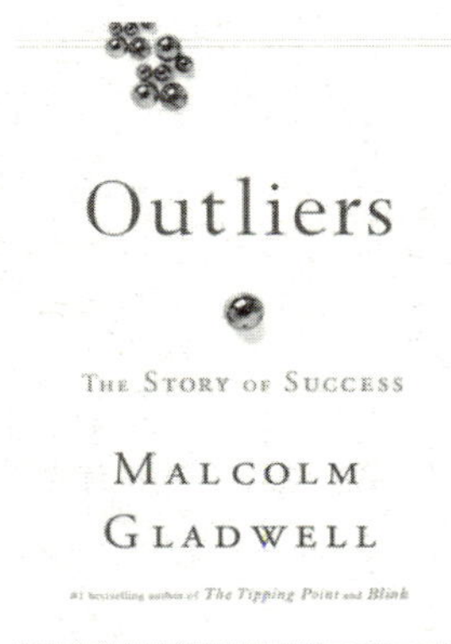

"加拿大的曲棍球汇聚了世界上顶尖的曲棍球运动员。在加拿大，很多刚刚进入幼儿园的小孩都已经处于曲棍球'入门级'的水准。此后，不同年龄阶段，有不同级别的赛事。每个级别的比赛都会对运动员进行详细的审查评估，优秀者即可获得晋升下一级别比赛的机会。超过 15 岁的运动员可以参加青少年联赛，青少年联赛分为四个级别：社区联赛（House Leagues）主要是娱乐性质的比赛；青少年 B 级联赛是由加拿大乡下一些小球队参加的比赛；青少年 A 级联赛比 B 级联赛高一级；甲 A 联赛是这个金字塔式联赛的最高一层。如果你能在甲 A 联赛中冲击纪念杯赛，那就意味着你站在了最高一层的制高点。"

有趣的是，国家队的球员们，绝大多数出生于 1、2、3、4 月份。因为每年的选拔赛是在 1 月份进行的，而在同龄的孩子里面，即便是大几个月，也通常在身体方面更加强壮，更容易在"选秀"中脱颖而出。而只有在选秀中通过第一轮的，才能接受更加专业的训练，然后参加第二轮选秀，随后进入更加专业的训练营，以此类推。作者认为，能否打国家队，其实早就取决于出生的月份了。

笔者推荐

留学也是如此，只有到了顶级学校，才更容易在下一轮"选秀"中脱颖而出，无论是工作还是研究生院的下一轮选拔，都不过是把之前的领先优势进一步扩大而已。如果没有进入这种良性循环的旋涡，成功不是不可能，但很可能成本会变得更高。

㊀《Outliers》是畅销书作者马尔科姆·格拉德维尔（Malcolm Gladwell）于 2008 年推出的作品。该书集结了很多成功者的故事，并深入探讨了成功背后的原因。

大学和成功的关系

那么，什么样的本科学校才算是好的呢？我们再来借鉴一个《异类》作者的案例分析。作者用获得诺贝尔奖来作为衡量成功的一个标准，我们以医学奖得主为例进行分析。

在获得诺贝尔生理学或医学奖的美国人中，过去 25 名获奖者所毕业的本科学校为：

Brown University	University of Minnesota
UC Berkeley	University of Notre Dame
University of Washington	Johns Hopkins University
Columbia University	Yale University
Antioch College	Union College, Kentucky
MIT	University of Illinois
Caltech	University of Texas
Harvard University	Holy Cross
Hamilton College	Amherst College
Columbia University	Gettysburg College
University of North Carolina	Hunter College
DePauw University	Case Institute of Technology
University of Pennsylvania	

上面很多学校不仅不是我们耳熟能详的常春藤学校，而且很多学校更是我们之前闻所未闻的。因此，只要是“好”学校，都有非常大的让学生成功的概率。

笔者推荐

美国排名前 60 名的综合性大学和前 30 名的文理学院，都是这样的“好”学校。如果考虑到未来转学和读研究生院，前 100 名的综合性大学都是有可能培养出杰出人才的摇篮。

许轶后来在他所在的投资银行办活动时，请到了《异类》的作者，并和他进一步探讨了成功与学校的关系。当许轶被问及在美国哪所院校读书时，他说在芝加哥大学读了一个硕士，又在斯坦福大学读了一个工商管理硕士（MBA）。马尔科姆·格拉德维尔（Malcolm Gladwell）笑着说：“你将来一定会成功，你已经具备了成功的充分条件，而且过于充分了。”说完还送了一本他亲笔签名的书给许轶，并告诉他：“其实成功好比占座，当游戏开始的时候，你要在圈子里。当然进入这个圈子的人素质不能太差了。”然后，又拉住许轶的手说：“你不能再读书了！两个硕士够了。已经读得太多了。”

投资回报最高的前 20 所美国大学请参考附录三。

我们不是精英论的倡导者，我们认为无论学历如何，每个人都应该有公平的竞争机会和追求梦想的机会。乔布斯没有大学毕业，成就世界市值最大的苹果公司。学历和成功并没有必然联系，但确实是有一个很高的相关性。下面是许轶老师人人网的文章节选：

比尔·盖茨和合伙人保罗·艾伦是高中的好友，菲利普斯这样的学校 30%的毕业生进入常春藤，可见，学校生活有多么的重要。我更希望同学们，除了学习好之外，还精通乐器和体育等，充分享受美国的精英教育。下面，我分享一些我留美 8 年的心得：**你在哪里读书真的很重要！你的朋友是谁更加重要！**

去什么学校上学真的那么重要吗？我把我的感想和大家分享一下。英文中有句话“It's who you know that matters”。意思是：你认识谁才重要！但是同等重要的是，你如何经营这些关系，如何抓住机会！

最近，芝加哥大学和斯坦福大学都举行了新生 send-off 的送别活动。我有幸作为两所学校的毕业生参与了这两次活动，遇到了很多即将踏上美国名校的学生，他们也问道如何利用好大学的几年时光，有什么要注意的地方。我和大家分享一个小故事，希望对大家有所启发。

故事概要：你认识谁很重要，但是如何交往、如何选择更加重要

我在斯坦福读 MBA 的时候，有个同班同学叫做 Yuval，是个犹太同学，是我最好的朋友之一。他本科在哈佛大学学习计算机专业，和 Facebook 的创始人 Mark Zuckerberg 同一个专业，比他高一届，也是好朋友。Facebook 初期，曾经邀请他加入，他觉得 Facebook 太小，没有参与。和很多哈佛毕业的佼佼者一样，最牛的人去了投资银行和咨询公司，其次的去了微软公司（Microsoft），一般的去了 500 强的大公司。

两年后，Facebook 继续壮大，又向当年的老同学伸出了橄榄枝。这次，在微软工作的很多哈佛计算机系的校友毫不犹豫地加入了 Facebook，他们现在才 30 岁左右却都“退休”了。我的同学呢，毕业之后去了美国顶级的咨询公司，然后和绝大多数投行和咨询公司里面最优秀的人一样，申请商学院，来到了斯坦福读 MBA。他是我们班最聪明、最优秀的几个人之一，我和他是因为研究投资走到了一起。他毕业后去了一家纽约的顶级对冲基金，年薪在 60 万美元以上。我在旧金山做投行，在瑞士信贷工作，经常和他探讨投资策略。他给我的几个投资建议让我收获颇丰。我在斯坦福教堂婚礼的时候他还特意来参加，让我非常感动。上个月他刚刚在纽约买了一处房子，然后感慨，如果当初加入了 Facebook，现在估计在纽约的长岛或者 East Hampton 已经有豪宅了。

对于我来说，Yuval 没去 Facebook 是个好事，否则我就少了这么一个好朋友兼投资高手。有趣的是，我们班的其他中国同学对 Yuval 这样的犹太同学就不太感兴趣，可能是不投缘或者人太多没有机会的缘故吧。如果他们能多一个这样的朋友，也可以每年多赚几辆宝马车。虽然我不想把友谊看做一种功利的东西，但是真的：你认识谁，谁是你的朋友太重要了。

一次我在纽约和 Yuval 去他的教会，正好大家要捐款，我发现犹太人太给力了，很多和我们年纪差不多的人都慷慨解囊，不一会就捐款十几万美元。我发现，原来犹太哥们之间是如此团结，怪不得他们霸占了华尔街的投资银行和对冲基金。后来我才知道，这次捐款是教会里一个人的孩子考取了大学，但支付不起学费，于是教会所有的人都帮助他们。

犹太同学 Yuval 参加许老师的婚礼

和犹太人混熟了以后，我发现了更多犹太人有趣的故事。犹太人不庆祝圣诞节，因为他们有自己的新年。所以不要轻易给犹太人在圣诞节的时候发“Merry Christmas”。搞不好会引来麻烦。经常看到圣诞节时，犹太人不过节而跑到外面餐馆吃饭。但是美国老百姓都过圣诞节，于是圣诞夜就没有餐馆可吃饭——除了中餐馆！所以，每次在纽约的圣诞夜，订餐最多的就是犹太人。高档餐馆里面都是犹太人和中国人一起。2011 年的圣诞节，我在纽约和一群犹太同学一起吃了一次中餐，他们说很庆幸纽约有这么多中餐馆。

再回过头来说说如何选择机会。有意思的是，我们商学院有个经济学教授，他原来和微软的 CEO 史蒂夫・鲍尔默是斯坦福 MBA 的同班同学。在一个暑假实习以后，鲍尔默和他说：“Hey I interned at this really cool company called Microsoft. The founder was my classmate at Harvard and I think I am gonna quit Stanford to join him.” 我们的教授说：“Steve, don't do that! You only have one year left! Get your Stanford MBA degree and you have only one year left.” 鲍尔默说：“I think I will do it anyways.” 于是鲍尔默成为人类历史上第一个靠打工拥有 100 亿美元以上的人，他现在仍然是微软的 CEO。

类似的故事有很多，就拿斯坦福举例，人人网的创始人陈一舟和刘健是斯坦福读 MBA 时候的同学；空中网的周云帆和杨宁是斯坦福的同学；新东方的副总裁周成刚是俞敏洪高考补习班的同学。

许老师和人人网 CEO 陈一舟

投资我们时代焦点教育 DCM 基金的 Ruby 是我多年的好朋友，DCM 的 David Chao 是我在斯坦福奖学金的捐赠者。如果我没有上斯坦福，就没有这些近水楼台。这就是为什么 Google、ebay、yahoo 都是斯坦福出来的人开办的，Facebook 的投资人 Accel 也是斯坦福校友。

但是同学那么多，其他同学怎么没有那么成功？像 Facebook 这样能让许多同学都大规模鸡犬升天的还是少数，直到现在，依旧有许多 Mark Zuckerberg 的同学没有享福。

本科申请常识：千里之行始于此

去美国读本科

流程概述

基本申请材料

各种英语考试

长线规划的重要性

写给去美国读高中的中国学生

选择合适的专业机构

录取轮次（提前录取、有条件提前录取和正常录取）介绍及策略

等待结果

家长必读

2014年和2013年的录取率及中国籍学生入学人数

本科留学申请的四大趋势

流程概述

申请学校需要填写申请表，申请表分为两类：一类是普通申请（Common Application），一类是非普通申请（Non-common Application）。在考试全部完成以后（TOEFL、SAT、AP 等），申请流程大致分为如下几个部分：

01. 填写网上申请。一般登录 commonapp.org 进行申请。
02. 创作文书，其中包括 Common Application 中的部分和学校额外要求的文书。
03. 寄送高中成绩单（有些学校要求原件，有些学校可以网上提交）。
04. 让 ETS 寄送考试成绩。
05. 请老师提交推荐信。
06. 完成网上申请，填写信息，缴纳申请费。
07. 后续关注，检查材料是否寄到，是否要寄补充材料，是否收到面试通知。
08. 静候佳音。等待录取通知书、拒信或者候补名单，然后决定是否接受录取或者等待进一步的消息。
09. 缴纳赞助费和其他相关费用。
10. 联系宿舍。
11. 学校寄出 1～20 表格（具体解释见附录中的常见名词）。
12. 预约签证。签证通过后订机票，安排接机。

Common Application

Common Application（通常被称作 Common App），是美国以及其他一些国家的大学本科入学的一站式申请网站，目前已经广泛适用于包括哈佛大学、耶鲁大学等众多名校在内的 527 所大学。它是一个非盈利组织，由 13 名志愿者统一管理，包括大学招生主任以及高中的大学升学顾问。它的使命是鼓励申请者使用这种一站式的申请，简化原本复杂繁琐的程序，包括申请文书、推荐信的提交以及 SAT 分数和班级排名的报告等主客观因素。

是由通用申请公司（Common Application Company）提供的一个网上申请系统。美国前 60 名的大部分院校都用这个系统，少数不用的一般是公立学校。Common Application 系统充分发挥了网络的优势，只需要填写一次申请表，存入的基本信息就可以提交到系统内所有高校。该系统的申请需要写两篇作文：一篇长作文和一篇短作文。这两篇作文可以用在申请系统内的所有高校。当然，系统里基本每所高校都需要填写补充材料（Supplement），以便更全面地掌握申请者的个人信息。每个学校需要的补充材料不同，有的涉及家庭背景，有的关于学习背景和课外活动，有的则需要多写几篇作文。总的来说，Common Application 最大的好处就是减少了填写申请表中重复信息填写的工作量，在基本信息和系统作文部分实现“一表多用”。

Non-common Application

除了加入 Common Application 系统申请的高校，美国也有部分院校使用自己独立的网申系统，如排名非常靠前的麻省理工学院（MIT）等。申请该类学校的时候，申请者需要注册账号，根据学校的要求在线填写细节信息，并且准备相应的材料。工作量比较大，不少的申请者会为繁琐的填表和每所高校内容各异的文书要求头疼不已。除了上述提到的 MIT 外，还有一些学校也是不接受 Common Application 申请的，比如乔治城大学（Georgetown University）、加州系列学校（UC Berkeley, UCLA, UC Davis, UCSD, UCSB, UC Irvine）、威斯康星麦迪逊分校（UW-Madison）、宾州州立大学帕克分校（PSU）、伊利诺伊香槟分校（UIUC）、得克萨斯大学奥斯汀分校（UT-Austin）、华盛顿大学（UW）等。

基本申请材料

以下是绝大多数学校的申请材料要求，学校官方网站上会有更为详细的申请目录 checklist，只要按目录要求的准备，应该不会有遗漏。在此基础上，一些充分展现自己优势的材料可以适当地提交，但是除非申请艺术类或建筑类专业，否则不建议提交一些录制的音乐 CD、拍摄的照片相册等，这些对于录取官来说都是司空见惯甚至恼人的，对申请不会有太大帮助。申请过程中应多与学校保持联系，有问题马上向校方请求帮助。注意：学校关于音乐和绘画的作品的提交要求一定要以学校的为准。

标准化考试成绩：SAT I　SAT II

TOEFL

（建议 11 月份之前将考试全部结束，并且提早寄送，因为寄送晚或者因特殊原因未能及时送到将对申请尤其是提前申请有很大负面影响）

学校方面出具材料：高中成绩单 Grade Point Average（部分学校要求提供从初三到高三四年的成绩）

毕业证明

counselor 表格与推荐信（Recommendation Letters）

两位教师表格与推荐信（推荐一文一理）

非学术类：课外活动经历（Activities）

实习经历（Internships）

社团活动（Clubs and Organizations）

志愿者等（Volunteers）

（以上材料主要在填表过程中会有所体现，但内容一定要属实不可捏造）

网上提交：申请费（Application Fee）

申请表格（Application Forms）

个人陈述（Personal Statement）与作文（Essays）

资金：银行存款证明（Banking Deposits）

资金证明表格

父母收入证明

奖学金申请表格 ISFAA（仅适用于奖学金申请者）

各种英语考试

托福（TOEFL）、学术能力评估测试（SAT）和雅思（IELTS）

TOEFL 考试是针对国际学生的语言考试，而 SAT 是类似于中国高考的学术能力测试，所有的本科申请者根据学校要求选择是否参加这个考试 SAT。TOEFL 考试的难度要远远低于 SAT，而且坦率来讲，SAT 的边际效用递增，TOEFL 则递减。换言之，就是 SAT 成绩越高越好，而且一旦超过了 2 100 分，每提高 10 分的额外帮助要大于 1 800～2 100 分每提高 10 分的帮助，所以 SAT 是成绩越高越好，TOEFL 则是达标即可。目前随着中国学生成绩的“通胀”，SAT 2 250 分以上的学生才对前 20 名的学校有竞争力，而 TOEFL110 分以上也是前 20 名的一个门槛。近两年来，有很多学员通过参加我们的培训课程，SAT 1 考试分数有了很大程度的提高。同时这些学生也拿到了自己很满意的录取结果。比如今年的王同学，SAT 2 250 分+，被排名第 3 的自由文理学院录取；白同学，SAT 2 250 分+，被哈佛大学录取；熊同学，SAT 2 250 分，被排名第 12 的西北大学录取等。也有一些学生虽然 SAT 1 分数并不是很高，但是通过老师的合理规划和亮点挖掘，也申请到了美国排名前 20 的学校，如圣路易斯华盛顿大学、康奈尔大学等。根据我们对多组录取数据的分析，我们得出结论：如果申请做得好，文书创作得好，那么 SAT 2 200 多分，基本上能被排名前 15 名的学校录取；2 100 分的话，上排名前 20 的大学比较稳妥；如果你考了 1 850 以上的话，那么你可以上排名前 35 的学校；如果你 SAT 没有发挥好，考了 1 700 多分的话，也别灰心，至少可以保证你会被美国前 50 名大学录取。当然，每年有很多 2 300 分的学生也仅被西北大学或者加州大学伯克利分校录取。这样的学生通常是申请文书或申请顾问不给力。

但需要注意的是，现在在国内读高中的同学，很大的精力都放在准备 SAT 考试上面，所以近些年来美国大学对于国内学生 SAT 分数的要求普遍提高。当然，SAT 在 2 250 分以上之后，边际效用也会递减。TOEFL 和 SAT 都有阅读和写作部分，虽然考查部分不完全一样，但是 SAT 远远难过 TOEFL，所以准备 SAT 也会对 TOEFL 有帮助。

TOEFL 考试毕竟是一个语言测试，而 SAT 则是学术能力和综合素质的测试，因此，SAT 的重要性要远大于 TOEFL。考生在准备考试的时候，应该多花功夫在 SAT 上。在 TOEFL 培训方面，我们觉得这个毕竟是考外国人的考试，难度相对较低。而 SAT 是主要针对美国高中生的考试，难度会比较高。考生一定要记住：1. 参加 SAT 考试次数不宜过多，最好不超过 2 次；2. 要和亲自参加过 SAT 考试并获得高分的老师学习。

就 TOEFL 来说，对于在国外上高中或者在国内上外语学校的基础比较好的学生，不需要上长期班从英音和美音的区别开始学起，可以上一个一星期的班，网上教学的也可以，买一本好的作文书读一下，熟悉一下题目，准备 2～3 星期就可以考试。建议英语基础好的学生，TOEFL 准备时间不超过 3 个月。

托福成绩达到 85 分以上的同学，可以直接准备 SAT 考试。

英语水平比较差的学生可以上一个时间稍微长一点的班，最好上有老师可以答疑的课程，这样才能有的放矢，尽快提高成绩。如果觉得考 TOEFL 都吃力的学生，那么 SAT 就是洪水猛兽了。如果你有这种感受，你的英语水平亟待提高。建议英语水平比较差的学生提早准备 SAT，才有希望拿一个好的成绩。

虽然雅思成绩在美国诸多学校也开始承认，但笔者今年给达特茅斯学院录取办公室打电话，问及雅思最低分为多少才可以录取时，对方则支支吾吾说不清楚，但当问及 TOEFL 成绩为多少可以录取时，他就直接告之 100 分就够了，可见在美国，雅思成绩的接受程度还是不如 TOEFL。此外，TOEFL 的考试体系和题型更加接近美国大学的真实生活，因此准备 TOEFL 考试在长线方面比雅思好。

学术能力评估测试一级（SAT I）、学术能力评估测试二级（SAT II）——美国“高考”

美国的入学考试有 SAT、ACT。美国前 50 名的大学大多需要 SAT 或 ACT 成绩，之后的学校没有明确的规定。但我们必须认识到一个惨痛的事实，考 SAT 具有相对优势：如果大家都不考，你也不考就不会有损失；但如果大家都考了，你不考就要吃亏。申请者如果只是一个普通的或者一般优秀的高中生，那么笔者希望你们既然选择了申请，就要好好准备，并按照学校的要求把自己培养成学校所需的人才。参加学校所要求的 SAT 或 ACT（一般好的学校会要求附加写作部分成绩），充分展示自己的实力。

成功当然是要付出的，但这个付出是投资而不是成本。也就是说，在学术准备、考试准备和活动准备的过程中，学生自身真的是完成了一次凤凰涅槃，提升了自我的修养和水平。根据笔者多年的经验来看，美国前 20 名的综合性大学对于中国学生需要同时提交 SAT I 并且根据专业不同可能会要求提交 SAT II 的成绩；对于 21～50 名之间的学校，学生提交 SAT I 成绩就足够了；极个别的前 50 名综合性大学，学生可以只用 TOEFL 成绩进行申请。

什么是学术能力评估测试（SAT）？

美国大学理事会（College Board）组织的 SAT（Scholastic Aptitude Test or Scholastic Assessment Test）是美国高中生进入美国大学的标准入学考试，用以弥补美国因地域不同导致的高中成绩的差异。考试名称直接翻译为“学术能力测试”。在美国大学评估一位美国学生是否应当被录取时，一般同时考虑高中成绩和标准考试。两者结合的优势是，高中成绩反映了一个学生整个高中的学术经历，是一个全面地、长期地对学生学习的客观描述。而这种全面性和持久性仅凭一个考试分数是无法体现的。而标准考试提供了将不同高中的学生横向比较的工具，这样录取官员可以很容易看到学生在整个申请群体中的水平。由此看来，SAT 虽然是一种标准考试，类似于中国的高考，但并不是仅仅凭 SAT 成绩好就一定能进入顶级大学。但是请注意，有 SAT 成绩一定比没有要占优势得多，相同情况下，大学一定会优先录取有 SAT 成绩的学生。SAT 是每年有超过 200 万美国高中生参加的考试，是很多美国大学，尤其是常春藤盟校承认并要求申请者提供成绩的考试。另外，SAT 成绩还是决定录取和评定奖学金发放的重要参考指标。

SAT 分为 SAT I 和 SAT II 两部分。SAT I 是一项能力测试，考查的重点是逻辑推理能力、分析判断能力和批判思考能力。SAT II 是科目测试，考查的是文科和理科的专业知识。并且 SAT I 成绩是常春藤盟校统一要求的，即一般情况下，SAT I 成绩达到一定标准，才能有机会迈入顶级名校的校门。SAT II 的成绩则要看相关院校要求，通过后才能录取。

SAT I 又称纵向衡量考生的能力：

	分数	题型	时间	考查内容
写作	800	选择题	35min（一个 25 分钟的 section，1 个 10 分钟的 section）	改错：改正句子错误和语篇错误。考查考生是否能够改进句子和文章。（写作部分的语法是公认最容易提分的部分，时代焦点许轶老师和雷静老师的写作成绩都是 800 分满分）。

（续）

	分　数	题　型	时　间	考查内容
		一篇作文	25min	议论文：要求考生针对命题阐述自己的观点看法。（写作准备及个人写作实力非常重要）
分析性阅读	800	8 个填空 15 个阅读理解	25min	考查学生的阅读和完成句子的能力。
		5 个填空 20 个阅读理解	25min	
		6 个填空 13 个阅读理解	20min	
数　学	800	8 个选择题 10 个填空题	25min	考查各种数学计算和思维能力。范围包括算术及应用题、代数及函数、几何及度量衡、数据分析、统计学及基础概率论。
		20 个选择题	25min	
		16 个选择题	20min	
合　计	2 400		200min	

请注意：

- SAT 的作文没有题库，出题范围广泛且角度独到。比如：“你是否同意任何事情都有一个‘然而’”或者，“人是否应该保护自己的隐私？”，这要求学生有深入分析和思考看似不需要思考的命题的能力。
- 阅读部分的素材取材广泛且包含了大量的学术词汇和文学词汇，因此对考生的单词量有一定的要求，同时，SAT 阅读中包含有较复杂的句子结构，而且有些句子采用高级的修辞，表达更加精妙，因此对中国学生的挑战很大。
- 对于大部分中国学生来说，获得 SAT I 数学考试的高分并非难事，拿到 750 分以上的可能性很大。但是数学成绩却并不是美国大学关心的重点（当然，数学也要有好成绩），而英文分析能力才是中国学生特别需要关注的地方。

举例说明：如果申请者小王 SAT I 考了 2 100 分，小李考了 2 150 分，然后两人都报考了麻省理工（MIT）、普林斯顿（Princeton）等美国东部名校。就分数而言，谁更有优势呢？一定是小李吗？答案是：不是。其实，分数的组合还有一定的讲究。我们来看看小王和小李的分数组成：

	小王	小李
分析性阅读	750	700
写　　作	700	750
数　　学	650	700
合　　计	2 100	2 150

我们可以看出，对于很多大学来说，小王的分数是更有优势的，原因在于其分数组成。

小王的优势在于：

（1）分析性阅读的分数极高，由于这项考试高分人群很少，因此他更出类拔萃。

（2）由于写作认可程度没有分析性阅读高，但还是比数学部分高。

（3）数学其实并不是美国大学关心的重点，而英文分析能力才是。小王的数学分数比小李低，但阅读却相反。所以，对于中国学生来说，小王的阅读 750 分远比小李的数学 750 分要难。而且，就算对于美国学生，阅读能上 700 分的人数比例也低于数学，所以，小王的总分虽然比小李少 50 分，但是小王分数的竞争力却胜过小李。换句话说，小王总分的“含金量”要大于小李。

但是，随着中国学生 SAT 成绩的“通胀”，现在 SAT 考试每个部分的成绩都变得非常重要。尤其是在诸多考生阅读成绩都相近的情况下，数学成绩也相近的情况下，你的写作成绩如果比其他人高，那你会有非常大的优势。每个人都希望能有 700 分以上的阅读成绩，但是这个目标对很多人来说可望而不可即。我们建议考生：阅读部分尽量拿高分，写作和数学也要尽量拿高分。

SAT 的每个分数段对应相应的名次，SAT 的分析性阅读考试，考 800～760 分这个分数段的人属于名列前茅者，他们的成绩比 99%参加考试的人分数高，属于第一梯队（以 1%来量化），以此类推，分数在 750～740 分的人位列前 2%的名次……成绩是 700 分的考生比 95%的考生分数高（而 SAT 数学考试中，成绩是 700 分的考生只比 93%的考生分数高）。

SAT 考试切记不可“先考一次看看”，因为 SAT 的成绩是累积的，也就是说，学校可以看到你每次的 SAT 考试成绩，因此，一定不要随便参加考试。虽然有各种“拼分”的说法，但是拼出来的 2 250 分肯定不如一步到位的 2 250 分含金量高。很多机构为了鼓励学生早报名、多缴费，让学生多考几次（考 3～4 次）。这是非常不道德的，也是促使学生申请失败的“动车车票”。最理想的 SAT 考试是 1 次，其次是 2 次。3 次以上的话，申请学校就会觉得太多了。我们建议考生，如果第一次 SAT 考试不到 2 000 分，干脆不要分数。具体细节可以关注许老师新浪微博进行互动解答。

许轶老师谈 SAT

在美国和韩国的顶级 SAT 培训机构，SAT 培训至少提前两至三年开始。第一年不太做题，主要就是练习阅读、写作和词汇。第二年或第三年才开始做题。

我非常认同这种理念，虽然我们也培训了很多 SAT 考试 2 250 分甚至 2 300 分的考生，但是说实话，高分考生一般都是阅读能力很强、涉猎广泛的考生。而单纯凭应试技巧的考生和单纯靠反复刷题的考生，很容易遇到瓶颈。

也就是说，实力最重要！我不相信有捷径，偷懒早晚会受到教训的。很多机构有各种“捷径”给你，但“切莫伸手”。

从 GRE、GMAT 到 LSAT 这些令人发狂的考试，再回到 SAT 考试，我是少有的“大满贯”的考试老师。我考过 GMAT，接近满分，成功进入斯坦福商学院攻读 MBA；我考过 GRE，接近满分，进入芝加哥大学攻读硕士；我也考过 LSAT，获得康奈尔大学法学院 JD 录取。

当我回头再考 SAT 考试的时候，我发现 SAT 和 GMAT/GRE/LSAT 的阅读和逻辑题目的本质都是批判性思维。SAT 虽然没有 GMAT 和 LSAT 的逻辑题，但是逻辑思维和批判性思维融入了几乎所有文章和阅读题目。

在美国读书、工作了 8 年，我有了亲身体会批判式思维（critical thinking）的真谛，因为在斯坦福大学和芝加哥大学的每一天，贯穿着批判性思维的学习。芝加哥大学的苏格拉底式提问（Socratic questioning）和斯坦福大学上课的 seminar 和 debate，让我有着深刻的体会。学生们普遍反映，用批判性思维思考问题，做题就有了理论基础和套路，感觉就像是有了灵魂。单纯做题，没有体会批判性思维的真谛，做题效果就不会太好。然而，中国学生擅长的是“背多分”，而不是批判、挑战和有选择地接受。

1．批判性思维

批判性思维是什么东西？何为批判性思维？

Critical thinking is reflective reasoning about beliefs and actions. It is a way of deciding whether a claim is always true, sometimes true, partly true, or false. Critical thinking can be traced in Western thought to the Socratic method of Ancient Greece ...

—— ***Wikipedia***

SAT 阅读的精髓是逻辑论证和批判性思考。在这里，涉及前提（premise/assumption）、论据（evidence/example）和结论（conclusion）等。此外，批判性思维的核心还涉及演绎（deduction）和归纳（induction）、充分性讨论（sufficiency）以及必要性（necessity）。

众多题目其实最后都是在考查考生这些答题套路，意即批判性思维在题目中的应用。

2. 关于英美文学

SAT 阅读备考的学生必然处在这三个阶段之一：

第 1 个阶段：单词不会，于是狂背单词。我实际上并推荐背诵巴朗 3 500，因为里面的单词生僻，很多解释也不正确。个人认为，《SAT 高频词汇完全分类》囊括了最畅销书 Direct Hits 的全部核心词汇，而且科学地将 SAT 词汇分类，更加适合中国学生参加 SAT 考试。

第 2 个阶段：单词已背会，但却发现，文章绝大多数词都认识，却依旧看不懂文章。绝大多数考生都停滞在这个阶段，650 分就达到了极限，只能通过不断刷题来提高考分。

第 3 个阶段：文章可以在规定的时间内读完，而且有相对充裕的时间做题。这个阶段通常是在美国读高中或者成绩较好的国际学校学生，抑或是在国内有比较好的阅读外国文章和书籍习惯的考生，他们可以进入这个阶段。但在他们当中，仍然有部分考生，文章虽然读懂了，但题目还是做不对。说明这样的考生阅读细节的理解力不够。而对于绝大多数考生来说，他们的“拦路虎”便是英美文学类的文章。

文学类的文章一旦出现，通常是节选和改写的文章，这样的文章的难度在于“没头没尾”，需要读者马上进入理解和做题的状态。对于美国本土考生来说，很多背景知识是可以帮助他们理解并做题的，但中国考生缺乏系统的对英美文学的理解。尤其是 19 世纪的作品，比如 OG 里面第 10 套题目的 Trab's Boy 这篇文章，选自狄更斯的《远大前程》，这样的古英语加古文化叠加的难度就让大多数中国考生不知所措。

解决的办法其实很简单，就是让中国考生系统地读一遍这些名著。时间不够？那就读一些名著的精选。个人推荐，《SAT 阅读真经 21 篇》就是取材于 SAT 阅读最常考查的文章，根据文章内容、背景、作者等因素，选取了 21 本名著的 21 个代表性章节汇编而成。本书尤其注重英美文学选读，包括了梭罗的《瓦尔登湖》、霍桑的《红字》和道格拉斯的《我的奴隶生涯和我的自由》等。

注：以上提到的《SAT 高频词汇完全分类》及《SAT 阅读真经 21 篇》，均为时代焦点教育美国本科黄皮书系列图书之一。由机械工业出版社出版。

3. SAT 阅读备考中的一大难点：知识面和抽象概念的理解

请看下面 SAT 阅读真题的文字：

Either aesthetic pleasure is the preoccupation with human content of the work or aesthetic pleasure is the response to the purely artistic elements in a work of art.

Aesthetic pleasure is not the preoccupation with human content of the work. Therefore aesthetic pleasure is the response to the purely artistic elements in a work of art.

这个文字说简单其实很简单，但考试紧张的时候，能把考生给绕懵了，读着读着就读成绕口令了。

再举个例子：

人对自然的认识是有限的，科学是有局限的，无论宇航学家多么高深，只能理解局部中的局部，而且了解的越多，就越是发现自己了解的少。这个过程不像是在河床上捡起石头或者搜集硬币那样简单。

这是个中文注释，可能大家还好理解，但是英文部分真的让很多考生读了很多次都还头疼。针对这一情况，《SAT 阅读真经 21 篇》中精选了《Scientific American》和《斯坦福大学内部校友杂志》的精彩文章，如《记忆如何被扭曲》则是告诉大家，我们认为自己真正记住的事情，实际上是会背叛我们的，而且很有可能是被扭曲的。

再有，SAT 考查过很多理科和工科的文章，比如鲸鱼、宇宙飞船等，这些都需要广大考生有广泛涉猎的。

4. 备考时间规划

高一准备什么？

高一应该先背诵单词，建议背诵《SAT 高频词汇完全分类》中的基础词汇和填空词汇。同时大量地进行阅读训练，多读读《SAT 阅读真经 21 篇》；如果时间充裕，读一些英美文学和科技类的文章。

我们有免费的书友会，带领大家诵读《SAT 阅读真经 21 篇》及相应的英美名著。前提是考生需要完成每次上课之前的作业。

高一应该开始接触 OG（官方指南，网上有销售，也可以网上下载）的前 5 套题。时代焦点教育网站，已经把 SAT 的 OG 精讲全部免费，您可以边看边学习。

网址是：www.360class.cn

我们 OG 免费的初衷，就是为了让更多的学生少走弯路、少受“捷径”的误导。本书的编者都曾考过很多次 SAT 考试，虽然不敢说是中国水平最高的老师，但从分数和授课经验来说，屈指可数。

从统计学来说，95%的学生可能没有机会找到比我们更好的老师，甚至走了些弯路。但没关系。你可以免费参与时代焦点教育部分培训计划。

做题的目的，不是学习技巧，而是有的放矢。“临渊羡鱼，不如退而结网”。当您知道 SAT 考试会考查考生什么内容，就可以更加有针对性地背诵单词、准备写作的例子及泛读文章等。

高二准备什么?

如果您在高一期间已按照以上的思路进行，那么恭喜您，您在高二的时候已经领先了。您可以继续阅读《SAT 阅读真经 21 篇》，并至高一暑假时准备 SAT 培训班。因为您的词汇量已经足够，已经可以背诵《SAT 高频词汇完全分类》中的高难词汇了。通过 OG 的 10 套的练习，您已可以将 SAT 基础打得非常牢固了。

您完全不需要再去上任何的“基础班”了，因为您的 SAT 基础已经超过绝大多数同龄人，您的词汇量已经很大，而且已经拥有几十篇小说文章的阅读基础了。

如果您的 TOEFL 成绩在 85 分以上，您需要参加 SAT 强化班学习，做 2008 年以后的真题。最好在高二下半学期的 1 月份或者 6 月份参加 SAT I 的考试(5 月份可以考 AP 和 SAT II)。当然，高二上半学期的 11、12 月份的考试也可以考，前提是您已经准备充分。

SAT 考试最好不要超过 3 次。因为美国大学不喜欢在 SAT 考试上花费太多时间的学生。我们觉得一两次最好。“考着看看分数”和“重在参与”的想法是非常愚蠢的，因为 SAT 的每次成绩大学都能够看到。虽然最后可以拼分，但是一步到位的肯定更好。

对于高二的学生来说，如果您的阅读基础差，但是词汇量好的话，还是应该做题和练习阅读相结合。这个和高原训练一个道理，必须要找到比 SAT 考试阅读文章难度再稍微大一点的文章来读，这样才可以提高自己的 SAT 应试能力。

在 SAT 考试准备的后期，单纯上课和做题的提高都很慢的时候，可以找有经验的老师一对一地接受辅导。有的放矢、扫除知识点的缺陷是提分的最好方法。很多培训老师都参加过多次考试，他们都是您的首选。不要盲信机构和“名师”。名师不如“明师”!

SAT II 是单科考试，考查学生对高中知识的掌握程度，横向考查学生的知识面，目前分为数学、科学、语言、英语、历史与社会科学 5 大类，其中数学类有数学一和数学二两门，科学类有物理、化学和生物 3 门，语言类有法语、德语、西班牙语、汉语、日语、韩语、希伯来语、拉丁语等 12 门，英语类只有英语文学 1 门；历史与社会科学类有美国历史和世界历史两门，以上加起来共计 20 门考试。考生可根据各专业和学校的要求参加科目考试。SAT II 各科目的考试题目都在同一试卷上，每科考试时间为 1 小时，一个考试日最多可以报考 3 科，在考试当天选择所报的科目答卷即可。除了写作（Writing Test）为 20 分钟的作文及 40 分钟的选择题外，其他科目均为选择题。每科满分为 800 分。

绝大部分美国院校只要求中国留学申请人提供 SAT I 的考试成绩，个别院校及专业要求申请人提供 SAT II 的单科考试成绩。一般来说，对于中国留学申请人，常春藤盟校大部分要求两科成绩，但学生选考三科是比较理想的，SAT II 考试的目的是为了测试考生在专业方面的技能。中国学生的最佳选择是数学、物理、化学或者生物。中文对于中国学生来说虽然简单，但是中国学生考中文并不能证明学生的外语能力，反倒会给招生委员会留下投机取巧的印象。

我们的一个北京四中的考生，考了美国历史，加分很多，后来进入排名前三的文理学院。考生参加 SAT II 考试的科目可以和 AP 考试的科目雷同，这样便于考试准备和复习，而且学校并不反感这类学生。可以考 SAT II 文科的同学会给自己的申请和面试加分很多。

笔者推荐

知识的全面性可以帮助考生更加引起名校的关注，也就是学理的学生可以在考 SAT II 时，选择两门理科的科目，另外再选一门文科的科目，这样考生就在综合素质上、知识面的横向发展上更加凸显自己。（附注：考文科时不推荐考历史或文学类科目，这些需要积累丰富的美国本土知识，不太适合国际学生。）但是，提醒学生，千万不要为了一个高分而参加多次 SAT II 考试，这不仅仅是金钱的浪费，更是时间和精力的浪费。明确要求 SAT II 考试的学校和专业非常有限，有些学校会推荐（recommend）而不是要求（require），所以一定要量力而行。

SAT II 具有可选性。随着每年考试科目的递增，考生有越来越多的科目可以选择，现在已经有 20 科考试可选。**如果考生不擅长某一科目，还可以根据想要申请学校的要求选择科目。**SAT II 主要考查考生某一专业的知识，考试范围较窄，就算考生所选的考试科目并不是考生所就读高中的学术强项，考生也可以自己买复习资料，自学课堂上没有涉及的部分，然后参加考试。

我们的建议

一定要学习完相应的课程之后马上参加考试。

我们一定要熟悉 SAT 的题型结构、题目类型、作答指导语及考试程序。了解涉及 SAT 考试的各种相关事项及规定，并且在考前按照真实考试的时间和进程，模拟标准考试自行测验一次。在此提出 SAT 的计分方式以引起注意：SAT 的每道题分数相等，答对一道题，得 1 分；答错一道题，扣 1/4 分；没有答，没有分。另外，SAT 的每一类型考题都是由易到难排列的。

我们的建议

考生在对分数没有把握也没有经验的情况下，应该去上个辅导班，这样可以了解更多相关信息，对考试加深了解，知己知彼。同时，看到周围有这么多和自己志向相同的朋友，心理上也是一种安慰。去上课可以增加自信，也是出国留学迈出第一步的好方法。

对于想要考高分的学生，一定要选择好的培训机构。绝大多数机构的老师没有美国名校背景，也没有亲自参加考试并取得高分，这样会严重影响学生能力的提高。时代焦点很多学生都是在其他培训机构遇到了瓶颈后来到该机构的，并实现了成绩的飞跃。

许老师参加过 SAT 考试，总分 2 290 分；其他名师也参加过 SAT 考试并取得了高分。时代焦点无论是网络课堂、面授还是答疑服务，都非常独特，因为这是专门为要取得高分实现飞跃的学生准备的。

考生应该多选修较富挑战性的学术性课程，广泛研读学术性及课外书籍。针对特别的学科进行自我充实是最有效的方法。

SAT 通过网上报名，使用国际通用信用卡缴费。考生只要登录 SAT 官方网站，按步骤注册填写相关信息并缴费即可。SAT I 与 SAT II 的报名时间和方法一样，考试日期是在同一天，所以不能同时报名，可以在一个考试年度里选择不同的考试日期分别考试。

附：

SAT I，SAT II 考试注册费用：

相关内容	费用
SAT I 注册费用	$52.50
SAT II 基本考试注册费用	$26.00
其他各科 SAT II 专项考试	$16.00
国际学生注册附加费用（美国境外考试点考试）	$48.00
更改考试点、考试时间费用	$28.00
寄送 SAT 成绩费用（每所学校）	$11.25
寄送 SAT 成绩费用（每所学校）	加急$31.00，每加一份$11.25

SAT 考试目前在中国内地没有考点，考生要到中国香港、中国台湾或新加坡去考，SAT 考试在美国是 1 月、3 月、5 月、6 月、10 月、11 月、12 月共 7 次考试；在亚洲是 1 月、5 月、6 月、10 月、11 月、12 月共 6 次考试。这么多的考试机会对考生而言时间安排是比较灵活的。考生可以提前一到两个月进行测试申请注册。而且每次成绩具有两年有效期。学生可以根据自己的实际情况，参加任何一次考试。

附：

许轶和龚晟老师接受采访并与学生讨论 SAT 考试对申请的重要性

问：什么样的学生需要考 SAT I 和 SAT II 呢？

答：其实标准和要求都不一样。基本上排名在前 30 名的学校都需要 SAT I 和 SAT II 成绩。我国申请去美国留学的人太多，正是这种水涨船高的效应，导致大家都在提高这两种考试的水平。每个人都能拿出比较不错的分数。而不考就会吃大亏。耶鲁大学说是可以只拿托福成绩申请该校而不用 SAT 成绩，然而事实上，耶鲁大学申请者的 SAT 成绩都在 2 250 分以上。排名前 30 名到前 50 名之间的学校，如果只提交 SAT I 的成绩也是认可的，不会苛求 SAT II 成绩，但如果为了加大自己申请成功的把握或提升一下自己的实力，参加 SAT 考试还是不错的选择。除非是实在没有精力去参加该考试。其实，排名前 50 名到前 70 名之间的学校，很多都可以直接用托福成绩申请，只要托福成绩还可以就行。申请排名前 50 名以内的学校，SAT 分数达到 1 900～2 000 分就行。如果只考了 1 500～1 600 分，就别提交 SAT 成绩了，因为那已经没用了。如果申请排名前 70 名到前 100 名之间的学校，托福成绩不是太差，申请故事讲得也比较杰出，还是有可能被录取的。

问：有的孩子由于时间紧迫，不一定能考 2 100 分以上，是不是就不需要考 SAT II 了？

答：一份儿没有 SAT II 成绩的申请简历，会显得单薄很多。时间虽然紧迫，但参加 SAT II 考试用一个月准备就够了，不会太耽误时间。其实，SAT 1 的成绩在 1 900～2 000 之间就可以考 SAT II。

问：假设 SAT I 考了 2 000 分，SAT II 考 2 200～2 300 分之间，申请排名前 30 名的院校成功概率大吗？

答：成功概率还是很大的，但这个区间并不是 comfort zone。

问：SAT II 要不要考？

答：我觉得大部分希望进排名前 30 名院校的申请者，一般不会自动放弃参加 SAT II 考试的，除非 SAT I 仅考了 1 500～1 600 分。换句话说，如果 SAT I 考分超过了 2 000 分，都应该参加 SAT II 考试。

备考心得

——许轶

我本人拥有两个美国顶级名校的学位：一个是斯坦福（Stanford）大学的工商管理硕士（MBA），一个是芝加哥大学的国际关系硕士。我在美国排名第一的投资银行高盛和欧洲排名第一的瑞士信贷工作。入学前，我顺利通过了美国研究生入学考试（GRE）、法学院入学考试（LSAT）和经企管理研究生入学考试（GMAT），但当我看到 SAT 的时候，还是觉得很难。我有一次乘坐私人飞机陪同一个太阳能公司的人员去纽交所上市，在与一个美国同事聊天的过程中得知他在芝加哥大学读过本科，后来又在那里读了 MBA。我问他觉得 SAT 难还是 GMAT 难，他说 SAT 更难，当时我很震撼。后来我问了很多既考过 SAT，又考过 GRE 或者 GMAT 的人，包括中国人和美国人，大家一致认为 SAT 最难。

当看到一些国内的 SAT 培训机构的教师俨然一副对 SAT 可以信手拈来的样子的时候，我感觉很惊诧。两个字：不信！我的 TOEFL 和 GMAT 的写作都是满分。从 2000 年进入新东方到现在，我教过数十万名学生，在芝加哥大学读文科经历过魔鬼般的阅读和写作训练，连我都感到吃力的 SAT，就不相信很多人可以轻松搞定。后来我去了一些机构听课，发现收效甚微。我回到美国去美国的顶尖机构学习，发现即便是美国最厉害的培训机构也不用速成的办法来培训 SAT。美国最好的学校要培训两年：第一年不做题，先练基本功；第二年再做题的时候，学生实力已经大幅度提高，很多人可以考 2200 分以上。后来我借鉴了一些他们的教材，结合中美阅读思维的差异，选定了美国 11 年级水平的阅读资料和适合中国人的补充资料（如假设论证、修辞方法等），进行长期培训，发现效果很好。**所以，请考生一定注意，SAT 是一项很难的考试，不能突击！必须长线准备，先从词汇、阅读和写作抓起。**如果仅去上 1～3 个月的培训班就想考个高分是不可能的，这一点很多培训老师心里都很清楚。如果词汇和阅读水平没有达标，无论给你什么技巧，你如何做题都是无用的。关于更多的我对于 SAT 的心得和学习资料，请参考 www.focusedu.cn。

总之，SAT 是考美国人的考试，不像 TOEFL 是考外国人的考试。首先要学会美式思维，最好是师从在美国名校学习过文科的老师，如果有中美两国的教学和学习工作经历则更好。这样的老师才真正理解美式思维，也知道中国学生的症结，并能有效地为中国学生补充知识点。

美国大学入学考试（ACT）（American College Testing）

ACT 有效期 2 年，与 SAT 并称为“美国高考”，也是大学录取与发放奖学金的主要依据之一。与 SAT 不同，ACT 更像一种学科考试，它放大要求考生对课程知识的把握，同时也考虑到了对考生独立思索和判定能力的测试。

以前，因为 SAT 设立时间早，被较多的美国大学认可，而 ACT 主要在美国中西部的大学中流行。但近年来，迅速发展的 ACT 已经被包括哈佛（Harvard）大学、耶鲁（Yale）大学等常春藤名校在内的 3 000 多所美国高校所接受。在哈佛（Harvard）大学 2004 年入学的新生中，递交 ACT 成绩的申请者占 1/5，ACT 和 SAT 所影响的地域已经开始模糊化了。“我们是完全以同等的姿态接受 ACT 和 SAT 分数的，”哈佛（Harvard）大学的入学主管威廉·菲茨西蒙斯（William Fitzsimmons）明确地表示。美国大学考试局最近发布报告显示，2007 年参加 ACT 的考生人数已达到了 120 万。由此可见，ACT 正在逐渐得到美国大学的青睐。

ACT 不同于以往的考查学生对所学习知识掌握程度的终结性考试，也不是单纯的语言考试，而是对学生综合能力的测试。考试重视学生对基础课程的掌握，也兼顾考查学生的学术能力，其内容接近高中生所学课程。ACT 分为 4 部分：英语、阅读、数学和科学推理，并可附加写作考试：

	题 量	题 型	时 间	分 数	考 查 内 容
英语	75	选择题	45min	36	考查考生书面英语的理解与分析能力
阅读	40	选择题	35min	36	考查考生理解、分析、评价性推理和解决问题的能力（测试内容涵盖自然科学、社会科学、人文科学，甚至文学和艺术）
数学	60	选择题	60min	36	考查考生定量推理能力
科学推理	40	选择题	35min	36	考查考生运用图表、表格和研究总结等方式处理科学概念的能力
写作	1		30min	1～6	考查学生的英语写作能力（虽为可选，但现在大多数学校需要此成绩）

除了检验考生的智力因素和综合学术能力以外，ACT 还十分关注考生的非智力因素。ACT 附有中学所学课程和等级问卷、学生个人信息资料和学生兴趣爱好问答等 3 份材料，从而可以比较全面地了解考生的教育需求、兴趣与能力。ACT 结束后 4～7 周时间，ACT 机构结合考生具体的答卷情况及成绩和上述 3 份资料向考生反馈相关信息，提出适合考生的学习专业和工作职业以供其选择和参考。

备考 ACT 考试一般需要 4 个月时间。迎战 ACT，第一，需要提高词汇量。在前一节说过，一般具备 TOEFL 考试词汇量水平才有把握达到 ACT 的词汇要求。第二，数学和科学推理都是中国学生的强项，**重点需要**温习一些专业术语。第三，**建议**大量做模拟试题。尤其要留意时间压力，学会尽快认识试题。模拟考试是发现弱项的最重要途径。此外，考生临考时不要紧张，着重要克服语言障碍，多在英语语法、阅读上下功夫。

ACT 考试每年有 6 次（2 月，4 月，6 月，9 月，10 月，12 月），美国本土以外每年 5 次（9 月考试不进行），提前一个月左右在线注册报名。如果参加的是不含写作的 ACT，11 天后出成绩。如果参加含写作的 ACT，顺延 2 周。考试费用分别为 **$61**（不含写作）和 **$76.5**（含写作）。

我国内地学生可以在香港参加 ACT（少部分参加过 GAC 培训的同学可在内地考点参加考试）。在我国，目前还没有专门的 ACT 中心，只有就读 GAC/ACT 预科课程的学生才能够接触涵盖 ACT 内容的课程。ACT 培训将全面贯穿于整个预科学习，并且学生可以直接报考 ACT。GAC 亦被称为“全球大学预科”。GAC 是 ACT 委员会认可的国际项目，专为母语为非英语的学生设计，是全球认可程度极高的课程之一。

ACT 是目前 GAC 项目的结业考试。只有学习 GAC 课程并且成功完成一、二、三各级别学习的学生才可以参加 ACT。GAC 学生必须参与 9～12 个月的 GAC 课程学习之后才可以参加 ACT。

ACT 考试目前在国内不可以脱离 GAC 课程单独进行。中国现有的 GAC 授权教学中心都不可以脱离 GAC 课程而独立操作 ACT。这一考试目前由 ACT Education Solutions Limited 集中管理，有 GAC 授权的教学中心没有直接接触 ACT 材料的权限。只有 ACT Education Solutions Limited 的教学总监或以上职位的工作人员才可以在 GAC 中心监管执行 ACT。GAC 课程的收费从 40 000 元至 90 000 元不等。也就是说，在国内想参加 ACT，必须先上 GAC 课程，并且在完成指定学习内容之后方可参加考试。

SAT 与 ACT 的博弈（PK）

全美综合大学对 SAT、SAT II2 和 ACT 成绩的具体要求

SAT 是 Scholastic Assessment Test 的缩写，相当于美国高考；SAT II 是 Scholastic Assessment Test Subject Test 的通常说法，是学能倾向测验的一种专项考试，主要考查学生在某一科目的能力；ACT 是 American College Test 的缩写，与 SAT 并称为美国高考。

希望去美国读名校的国际学生，除了考托福语言考试以外，还参加美国高中生的高考：SAT 或者 ACT。从 2013 年开始，在美国参加 ACT 考试的人数已经超过了 SAT，所以 ACT 完成了对 SAT 的逆袭。

随着在中国市场 ACT 的日渐火爆，很多学生家长会担心如何在 SAT、SAT II 以及 ACT 之间做出选择，哪些学校考了 ACT 就可以不需要 SAT II 的成绩，下面我们对美国名校的录取考试要求做一个总结归纳。

在美国所有的综合性大学中，对美国高考的要求一共可以分为以下 3 类：

1．SAT or ACT + SAT II：提交 SAT 或者 ACT 成绩，同时提交 SAT II 的成绩；
2．SAT or ACT：提交 SAT 或者 ACT 成绩，SAT II 可选择提交与不提交；
3．SAT + SAT II or ACT：提交 SAT 和 SAT II 的成绩，或者提交 ACT 成绩。

对于 SAT II 的态度，不同的学校之间各有不同，一般可分为 4 类，从 Required（要求）→Strongly Recommended（强烈推荐）→Recommended（推荐）→Not Required（不要求）。可以看出，前两种是非常重视 SAT II 的成绩的，所以我们把这类学校归为上述的第 1 类；而后两种则对 SAT II 没有那么明显的偏爱，所以我们把这类学校归为上述的第 2 类。

全美大学系统分类

属于第 1 类的学校有以下 9 所（SAT or ACT + SAT II）

排名	学校	中文名
1	Princeton University	普林斯顿大学
2	Harvard University	哈佛大学
7	MIT	麻省理工学院
10	California Institute of Tech	加州理工学院
10	Dartmouth College	达特茅斯学院
16	Cornell University	康奈尔大学
20	Georgetown University	乔治城大学
23	Carnegie Mellon University	卡内基梅隆大学
23	University of Virginia	弗吉尼亚大学

除了 Georgetown University 和 University of Virginia 对 SAT II 是 Strongly Recommended 以外，其他的学校都是 Required。所以申请以上 9 所学校，不管是考 SAT 还是考 ACT，都需要考 SAT II。

属于第 2 类的学校有以下 14 所（SAT or ACT, SAT II Not Required at all）

排名	学校	中文名
5	Stanford University	斯坦福大学
5	University of Chicago	芝加哥大学
12	Johns Hopkins University	约翰霍普金斯大学
12	Northwestern University	西北大学
14	Washington U. in St. Louis	华盛顿大学圣路易斯校区
17	Vanderbilt University	范德堡大学
18	University of Notre Dame	圣母大学
20	Emory University	艾莫瑞大学
20	University of California– Berkeley	加州大学伯克利校区
23	University of California– Los Angeles	加州大学洛杉矶校区
23	University of Southern California	南加州大学
23	Wake Forest University	维克森林大学
28	U. of Michigan– Ann Arbor	密西根大学安娜堡校区
30	U. of North Carolina– Chapel Hill	北卡大学教堂山校区

属于第 3 类的学校有以下 7 所（SAT + SAT II or ACT）

排名	学校	中文名
3	Yale University	耶鲁大学
4	Columbia University	哥伦比亚大学
7	Duke University	杜克大学
7	University of Pennsylvania	宾夕法尼亚大学
14	Brown University	布朗大学
18	Rice University	莱斯大学
28	Tufts University	塔夫斯大学

所以，学生可以根据自己的能力、时间安排以及理想学校，来确定自己是准备 ACT 考试还是 SAT 考试，以及是否要准备 SAT II。

SAT 和 ACT 成绩对照表

SAT/ACT Conversion Table

SAT	ACT	SAT	ACT
2400	36	1500	21
2340	35	1440	20
2280	34	1380	19
2220	33	1320	18
2160	32	1260	17
2100	31	1200	16
2040	30	1140	15
1980	29	1080	14
1920	28	1020	13
1860	27	960	12
1800	26	900	11
1740	25	840	10
1680	24	780	9
1620	23	720	8
1560	22	660	7

ACT 和 SAT 的一些区别

	ACT	SAT
考试注册	website: www.actstudent.org	website: www.collegeboard.com
考试时间	3 小时 25 分钟（包括加试题）	3 小时 45 分钟
Test Structure	4 Test Sections (5 with the Writing Test): English, Math, Reading, Science, Writing (optional), Experimental Test (sometimes added and clearly labeled)	10 Sections: 3 Critical Reading, 3 Math, 3 Writing (including Essay), and 1 Experimental (unscored but included as a regular section)
Reading	Reading Comprehension: 4 passages with 10 questions per passage	Reading Comprehension: Sentence Completion questions and short and long passages with questions
Math	Arithmetic, Algebra I, Geometry, Algebra II, and Trigonometry	Arithmetic, Algebra I, Geometry, and Algebra II
Science	Analysis, interpretation, evaluation, basic content, and problem solving	Science not included
Essay	Last thing you do (30 min)	First thing you do (25 min)
	- Not included in composite score	- Factored into overall score
	- Topic of importance to high school students	- More abstract topic compared to that of ACT
Scoring	Composite score of 1-36, based on average of scores from 4 tests	Total score out of 600-2 400, based on adding scores from 3 subjects
	- 4 scores of 1-36 for each test	- 3 scores of 200-800 for each subject
	- Plus optional Writing Test Score of 0-12	- score of 0-12 for the Essay
Wrong Answer Penalty	No penalty for wrong answers	1/4 point deduction for wrong answers (except for Math Grid-In questions)
Sending Scores History	You decide which score is sent	Your entire score history will be sent automatically unless the school honors Score Choice, which allows you to pick the scores you want to send

考 SAT 还是 ACT？不妨听听美国教育专家的建议

考了两次 SAT 和一次 ACT 之后，南卡罗来纳州南艾肯中学的 12 年级学生肖恩·哈姆雷特说他更喜欢 SAT。他感觉 ACT 大量的不同题型的组合需要超强的记忆力，ACT 比 SAT 更具挑战。

当他考完 ACT 最后的科学部分测试的时候，已经“筋疲力尽”了。他的 ACT 成绩不如 SAT 那么尽人意，当然这只是相对的。他的两个考试成绩都不错。

重点是两个考试他都参加了，几年前，学生们通常一次只选择一项来考试，那时候 SAT 考试在密西西比河以东得到大部分学生的认可。而 ACT 考试在西部地区深受学生喜爱。

但是两个考试受众范围的差距正在缩小。过去两年里，南卡罗来纳州 SAT 的报考人数几乎没什么变化，但是 ACT 的考生却增加了 25%。目前艾肯高中的毕业生平均 ACT 成绩为 23.6（ACT 满分为 36），这是艾肯地区教育局的最好成绩，并且在南卡州内也是名列前茅。

琳达·特洛伊，艾肯高中的指导老师尝试让她的学生这两项考试都参加，甚至是多次参加，以此把成绩做对比。

“学生的 ACT 成绩比 SAT 要好，ACT 考试需要快速记忆的能力。如果你善于玩 Jeopardy（一个美国流行的智力问答游戏），你也许也能在 ACT 考试中取得好成绩。”她说。

两个考试都参加的另一方面原因是经济上的，南卡罗来纳州提供 Palmetto 和 Life 奖学金，这两个奖学金申请者众多，竞争非常激烈。仅仅有好的成绩和年级排名是不够的，让申请者脱颖而出的最好方法就是优秀的 SAT 或者 ACT 成绩。

“两个考试的功能有所不同”，兰迪斯托，艾肯郡学区负责人如是说，“ACT 被广泛认为是一种成绩测试。ACT 考试的内容及问题是学生们通常在课堂上见过的。这些问题能展示出学生是否具有在大学里学好科学的专业背景。”

“SAT 是能力倾向考试，”斯托说，“考试的问题和内容通常不能在高中课堂上找到。但是 SAT 考试内容能考查学生是否有潜力学好大学的课程。”

“SAT 和 ACT 考试都在发生变化，并且在学术考试的核心部分将会达到一致”，斯托说，“SAT 已经改变，变得越来越类似于 ACT 考试。”

“目前看来，ACT 是一个更好测试。全美已经有十多个州开始为州内学生提供免费 ACT 考试了”，斯托说。

许轶老师做客新浪谈 SAT 考试改革及应对策略实录

2014 年 3 月 7 日下午，时代焦点教育创始人、斯坦福 MBA 许轶老师应邀做客新浪教育会客厅，就 SAT 考试改革进行了分析并提出应对策略。以下为访谈实录。

视频连接：http: //edu.sina.com.cn/yyks/2014-03-08/0007411726.shtml

主持人：各位新浪网友，大家好！目前你所关注的是新浪教育频道。大家都知道，最近两天关于 SAT 考试的变革引起了很大的轰动，所有教育类的网站上面的头条都是关于 SAT 考试变革，如分数要重回 1 600 分等。在新浪微博上，所有的人都在讨论，特别是家长们，非常担心这次变革将会对考生们造成什么样的影响。

今天，新浪网教育频道特别荣幸地请到了这方面的专家老师——时代焦点教育创始人许轶老师。许轶老师是毕业于斯坦福 MBA 的老师。许老师，您好！请首先跟新浪的网友打个招呼。

许　轶：新浪网友，大家好！主持人，您好！

主持人：欢迎许老师！许老师，其实在采访您之前，我对您做过一些了解。许老师您曾经考过 7 次 SAT 考试，是吗？

许　轶：是的。我在香港、新加坡和美国，在美国的纽约、新泽西和加州都参加过 SAT 考试。我参加过 7 次考试，应该是在中国教 SAT 考试里面考得最多的老师。

主持人：对，次数是最多的。

许　轶：成绩也不错，考了 2 300 分。

主持人：您觉得现在的 SAT 考试与之前您参加的那几次考试有什么变化？

许　轶：变化还是很大的，主要有三大变化。第一个变化实际上是考试时间上的变化。有传闻说 SAT 考试是非常耸人听闻的一个考试，因为绝大多数考生要去香港参加考试。

主持人：对，所谓万人考场。

许　轶：他们叫“万人坑”。不夸张地说，在考试的时候，考数学把计算器放到桌子上的时候，都是“轰”的一声，因为很多人在一起考。现在的 SAT 考试时间大概是 4 个多小时，进考场的时候是 7:30，出来的时候因为还有中间休息，而且还要读考试的规定，到最后还有加试部分（现在 SAT 考试是 10 个部分，但是会有一个加试部分），所以，最后学生出来的时候，可能要下午 1 点多钟。香港的空调特别冷，而且考生考试完成以后都饥肠辘辘，对体能的要求比较高。而改革后的 SAT，计分的部分只有三部分：阅读、数学和写作，而写作也单独计分，计分不再是原来的 10 个部分。所以，考生的时间会大大地缩短。我觉得从这一点来说，对考生是很大的一个福利。

改革之前的阅读实际上是三个部分的阅读，而考试改革之后只有一部分阅读，从这一点来说也是时间上大大地缩小了。

第二个比较大的考试变化是作文会单独计分，等一下我会详细地给大家讲单独计分的原因以及是变得简单了还是变得难了。但是，从考试的规划来讲，作文单独计分，这个也是一个比较大的变化。数学部分是中国学生的强项，对考生影响不大。

简单总结一下，阅读部分是 800 分满分，数学部分是 800 分满分，总分 1 600，写作单独计分。但要注意的是，在实际考试的时候，通常会有一个加试部分，所以你很可能加试数学或者阅读。而且在你考试的时候，你并不知道哪个是加试部分，所以，最终考试有可能是三个部分。

主持人：其实看到这个信息的时候，尤其是说写作变成选考的时候，我相信有很大一部分考生心里其实是高兴的，因为觉得变成选考了就可以不考。因为大家都知道，针对中国考生来说，英语写作一直是弱项。

那么许老师，您能不能跟我们谈一谈，以您的立场来看，选考，我们应该怎么来理解？是不是真的就可以说选择不考它。如果要选择不考它的话，会不会真的会影响考生？

许　轶：我想在回答这个问题之前，给大家回顾一下实际情况。实际上，SAT 考试有一个竞争对手—— ACT 考试，两个考试非常相近。以前 SAT 考生人数是远远领先 ACT 的，但在 2013 年，ACT 的考生超过了 SAT，而 ACT 的考试时间要比 SAT 少很多，这也是为什么 SAT 考试进行改革以便“反击”的原因。在 ACT 考试的时候，写作部分必考，且在实际考试的时候，绝大多数学生都是参加这个考试并提交他们的分数，即便是美国人也一样。所以我觉得，即便 SAT 写作考试是所谓的选考，而实际上对于很多考生来讲，它不是一个真正的可选部分。如果你选择不考写作的话，会显得你不自信。这是第一点。第二点，对于中国的考生来讲，我觉得还有第二重的意义。因为对于美国人来讲，英文是他的母语，所以他们很多人的写作都很好，在写作部分没有特别大的分差。其实，对美国人来讲，最难的部分是数学部分，而不是阅读部分；而对中国人来讲，最难的部分是阅读部分，其次是写作部分。

主持人：正好相反的。

许　轶：对，正好相反的。在大学申请时，你可以花很长时间准备你的申请文书，但很多好的学校更想看到你的实际写作能力。

主持人：是。

许　轶：所以，学校会看你写作的成绩以及写的文章怎么样，会把你在 SAT 考试的作文和你申请大学时的文书作对比。如果发现两个差别特别大的话，学校就会怀疑你是找了中介或者找枪手来帮你完成的申请文书。所以，对中国学生来讲，如果想申请好的学校的话，一定要考写作，而且要考得很好。

我在这儿想举一个例子，我们时代焦点教育今年有一个学生叫徐抱一，他是人大附中的，是哥伦比亚大学在北京唯一一个提前录取的学生，他写作的得分特别高，考了 11 分。这样的话，他的文章学校可以看到，他申请的文书也可以看到。一比对又非常吻合，增加了他被录取的概率。所以，虽然说写作不计入总分而是单独算分，但对想申请好学校的学生来讲是不容忽视的。

主持人：是的，SAT 考生一定要注意这一点。SAT 考试改革虽然有很多方面可能会有一些变化，但并不是特别大，还在我们能承受和接受的范围。

许　轶：是的。

主持人：我想很多家长都会问这样一个问题：许老师，SAT 考试改革对我们的孩子们来说，到底是变得更难了还是变得更简单了？因为您刚才说时间可能会缩短，那是不是证明它的题量变少了？但是，它题量的多少不能代表它的难易程度。对不对？

许　轶：是的，是的。

主持人：许老师，您能不能在这里给我们分析一下？

许　轶：可以。现在的 SAT 阅读部分是 67 道题，其中有 19 道题是填空题，就是词汇题，48 道题是阅读题。而 SAT 考试改革实际上只是把题量按比例减少了，但是题的难度并没有增加或者减少。就算是难度有所增加或减少，也是一个渐变的过程，不可能很快就提高或降低难度。SAT 考试按难度和容错比例给分数，就是说，如果一套题特别难的话，你可能会有很高的容错率，但如果题特别简单的话，你可能错一个题就扣分扣得很多。所以就这次改革，题量的变化并不代表难度的变化，在过去的几年里，SAT 考试其实一直都在变化。

在新的 SAT 考试当中，取消了原来写作考试中的语法改错部分，转而出现在阅读考试中的一些文章里让考生来选择怎么样优化其语法和段落，这是第一点。第二点，新的 SAT 考试会降低很多生僻的文学类的文章的权重，而更多地考现实生活中的社科类以及科学类的文章。在这一点上，实际上是考试中心对于 ACT 考试一个强有力的回应。前面已提到过，ACT 考试和 SAT 考试基本上并驾齐驱，而 ACT 考试会考物理和化学，而 SAT 考试不考物理和化学，只考数学。所以，它一定会增加这种理科文章的百分比。

我们曾做过统计，对 2008 年 1 月的 SAT 考题至 2013 年 1 月的 SAT 考题这短短的 5 年时间进行分析，理科类文章由原来的 43%占比提高到 67%。所以，无论 SAT 考试怎么变革，从 2 400 分变到 1 600 分，理科文章以及现实社会中比较新一点的文章的权重一直在非常稳定地增加。这一点也是一个趋势。

当然，这对中国学生是一个好事。因为比较老的 SAT 考试考查考生大量的美国历史和美国文学等这方面的信息，举个例子，考狄更斯的《远大前程》，里面有很多古英语，有很多生僻的单词，对中国学生非常不利。但是，如果你每天看新闻，而 SAT 考试考的现实社会的文章增加了，我觉得对学生是非常有利的。

给大家讲一个笑话，其实 80%、90%的美国人不太看新闻，不像中国人，特别关心国家大事和世界大事。很多美国人你问他，你说加拿大在哪儿，他都不知道加拿大在美国北边，而中国人都知道；国际新闻，比如说日元贬值，日本的什么安倍经济学，欧洲的经济复苏等，他们更不清楚了。所以，这样的改革其实对中国学生可能是一个特别利好的消息。学生及家长要与时俱进，适应新的出题权重，而有的放矢地学习。

主持人：我们其实也都了解过，国外的一些名牌大学所考查的是学生的基本素质。正如许老师在开场前所说的，SAT 考试改革好像更贴近我们的生活了。

许老师您说它以前可能考一些历史上的比较生僻的词或者我们根本就没听说过、没见过的东西，我相信我们中国学生对于中国的历史有一定的了解，但对美国的历史不一定有深入了解。那现在改革后，可能对于我们一些或者一大部分考生来说，只要关注眼前或者关注我们时下的一些我们所说的时事新闻或者国际上的一些内容的话，我相信还是会考得不错的。

许　轶：对。主持人讲得非常正确。我们回顾一下 2013 年 1 月份的考题，其中就讲了生活当中去海底世界看海马这么一个过程，还讲了吃大米，很多人吃有机食物，而不是转基因食物，这都是 SAT 考试所考查到的。而这些如去海底世界探索以及吃有机食物、健康食物、绿色食品，也都是现代比较流行的话题。所以，如果学生对生活当中的这些事情比较关注的话，同时多看一些英文的与时事性相关的文章，我觉得都会在新的 SAT 考试当中更加得心应手。

主持人：其实现在，在我们新浪微博上讨论的人群当中，并不是说只有最近或者将要考试的人比较紧张，一些想要出国的高一新生们也比较紧张。因为大家现在很模糊，不知道应该把学习的重点放在哪些地方，也不知道到底应该抓哪些重点。

许老师，您多次考过 SAT，且成绩非常好，我相信您对于复习 SAT 或者英语学习方面肯定有很多技巧。那么，从现在整个形势来看，SAT 考生应该把重点放在哪些地方，或者说考生应该怎样去准备？

许　轶：实际上，像刚才讲过，SAT 考试并不会有特别大的变化。我们回顾一下如 GRE、托福、GMAT 的历次改进，实际上都是逐渐地变化。所以就这而言，有点儿像做股票交易，要看最近的趋势分析，这很重要。SAT 考试从 2006 年到 2013 年共有 30 多套真题，大家在复习的时候，应重点关注 2010 年以后的即 2010 至 2014 年的真题，这样的题可能会更多地代表考试机构、College Board、大学委员会的出题思路。所以，在做阅读的时候，应更多地关注新题，因为跟以前的题目不太一样。

另外我们会发现，在读文章的时候，早些年的 SAT 考试会考很久很久以前的作者，而现在可能考黑人文学的会少一些，更多地考近代文学，所以，考生可以更多地看 20 世纪作者的文章，这一点很重要。

我还希望考生能大量地阅读课外的书籍，除了文学类的以外，包括一些科学类的，比如 Scientific American（《科学美国人》）等，这样的文章都非常好，对丰富考生的知识面有很大帮助。

此外我想说的是，无论 SAT 怎么考试，都跟 GMAT、GRE 等很相似，考查的还是考生的阅读速度和理解能力，而这些都需要考生的日积月累，多做练习。

在此我为考生推荐一本阅读书——《SAT 阅读真经 21 篇》。书中的文章全选自 College Board 所推荐的书目中的文章，他们大概推荐了 20 本书。我们从每一本书里选出一章，供大家阅读，中英文对照，而且把生词都查了出来，我的很多学生阅读都考到满分 800 分，得益于这本书。实际上，考试中心不希望看到考生惊慌无措，他们会给出很多指导，这是非常重要的。考试中心一直以来都有推荐阅读的书籍，所以考生应更多地关注其推荐阅读的书籍以及新添的书籍，这是考生应遵循的一个规律。所以，从这个角度来讲，我们要耐心地等考试中心给我们更多的指导，然后我们严格地按照它的建议进行微调，我觉得 SAT 阅读考试这样准备就可以。

主持人：我相信许老师想给我们说的重要两点，一是大家不要慌，SAT 考试的改革其实并没有什么。主要是一开始的时候家长们比较慌，因为确实也不太了解 SAT，站在他们的立场上确实也不太懂为什么突然间要变革。但正如许老师所说，SAT 的变化并不是说突然间的转变，而是一点点地慢慢的改变，所以说考生及家长不用特别慌。二是在应考 SAT 上，许老师刚才讲了很多技巧。许老师，刚刚您介绍了阅读部分，那么对于我们词汇学习方面的总结，您有没有好的书籍给我们推荐一下？

许　轶：好的。在词汇方面，有一本书叫《SAT 高频词汇完全分类》，实际上这本书跟市面上的其他词汇书不太一样。

主持人：完全分类是指？

许　轶：我们背单词的时候，比如我在大学的时候背单词，我所有的词汇书都是从 A 到 Z，我发现通常我背到 C 或者背到 D 的时候就很痛苦，就背不下去了。

主持人：对，我明白。

许　铁：所以，为了解决这样的问题，我们把很多词进行分类，比如分成理科类词汇、文科类词汇、经济类词汇、法律类词汇等，这样学生背单词的话，就不会那么枯燥，而且能有的放矢。

SAT 考试在 2005 年改题之前，实际上它是考类比反义的，而现在的填空很大程度上是考词与词之间的逻辑关系，现在考的生僻词汇越来越少，更多的是熟词僻意以及一个词更深层次的含义。用分类的方法背单词，可以看出很多词细微的变化。我举个例子，afford 这个词实际大家背得最常见的意思是能不能够负担得起，比如说 I cannot afford the house。但是 afford 在 SAT 考试里面考什么意思呢？是“提供，给予”的意思。所以，你在“提供，给予”这一类的词背到一起的时候，你就能把这个词背下来。再比如 negotiate，我们常见的托福的意思是“协商”，而在 SAT 里面常考查的意思是“穿梭”；再如 coin，“硬币”是常见的意思，而在 SAT 考试里面考的意思是“生造出来”；再比如 channel 意思是“渠道”，在 SAT 考试里面考的意思是“疏通”；check 是“检查”，而 SAT 考试考的意思是“阻碍”。所以，SAT 考试考查的单词意思更多是生活当中的一些小词在特定的意群下面的含义。从这个角度来说，我觉得分类的词汇是非常好的，而且这本书也结合了最近考试的趋势，每次有一些新的考点，我们都会把这些单词或者背景知识给大家总结出来。所以，学习单词，我觉得分类记忆是很重要的。

主持人：肯定很重要，因为有的时候我们读一篇文章可能会因为某一个生词而读不下去，很多时候都是这种情况。我相信很多人跟我们一样，就是 ABCD 这样按某一个字母的抬头去背，每一次背得很枯燥，而且每个词的意思都完全不一样，完全连不到一起去，背起来很困难。

许　铁：此外，我还想跟大家说一下几个背单词的误区。第一个误区是，很多人过于迷恋词根、词缀，其实词根、词缀是一种不完全归纳，就好像炒股票一样，你看有的股票出了这种图，所以你就会觉得它会涨，但很多股票它反而会跌。举个例子，比如说 im 前缀，大家会觉得是“负面的”的意思，impossible 是“不可能的”，impolite 是“不礼貌的”，但 passion 这个词是“充满激情的”，如果你把 im 加上，按照上面的理解应该是“没有激情的”，而 impassion 是“充满激情的”意思，恰恰相反。

我本人参加过 7 次 SAT 考试，我在美国读过两个研究生院，也读过斯坦福商学院。说实在的，我见的很多在美国成功读了本科或者顶级学校的学生，他们很少有人是背词根、词缀记单词的。

主持人：那这是我们这么多年一个学习的误区吗？

许　铁：是一个误区。虽然我也是中国人，但我觉得中国人有一个特别不好的习惯，就是大家喜欢走捷径，大家相信捷径，大家相信背单词可以不劳而获，少付出也可以提高，这是非常错误的，这是第一个误区。其实，背单词没有什么捷径，就是需要不断地重复。

主持人：重复记忆最重要。

许　铁：没错，所以，不要被这些词根、词缀迷惑。就好比刘翔或者姚明想教你如何跨栏、如何投篮，我觉得他们是最权威的，因为他们是非常成功的运动员。但如果路边的一个人，他告诉你如何跨栏、如何投篮的话，他是没有权威性的。同理，如果没有参加过 SAT 考试或者没有在美国留过学的人所编的 SAT 考试词汇词根、词缀记忆的书是不可信的。这是第一个误区。

第二个误区，我觉得背单词就跟健身一样，因为健身的时候你要心肺等很多功能一起锻炼，而单词可能就是局部的某一块肌肉，很多人先不做阅读、不看语法、不练写作，而先背单词，背上半年以后再去做，这是非常错误的。考生应该一边背单词一边看阅读，这样就能看单词在阅读里面是如何被应用的。很多 SAT 考试考生直到最后还经常抱怨：看到一篇文章，几乎每个单词都认识，但这个文章的意思就是不知道。所以，如果你只是机械地背单词的话，就好像你健身的时候只是局部地练某一块肌肉，最后的结果就是只见树木不见森林，是非常错误的。我能举一个现实生活中的例子吗?

主持人：嗯。

许　铁：其实很多人以为篮球运动员或者高尔夫球运动员每天训练的时候就是在打篮球或者就打高尔夫球，这是错误的。实际上，这些专业运动员每天 70%的时候是在跑步、练体能，只有 30%的时候才去练投篮、团队协作或者真正地去打球。所以，背单词只是一方面，更多的应该是背完单词之后在阅读中记忆，而不是机械地准备好单词之后再去做阅读试题。

主持人：的确，我们很多时候很容易犯您刚刚所说的那几种错误。像您一开始提到的，每个单词在不同的语境下的确有不同的意思，就像咱们博大精深而丰富的汉语，在不一样的语气下也表达不一样的意思。

许　铁：是的。

主持人：所以，我也希望在线的一直在观看我们这段视频的考生要多多注意这个问题。

许老师，我看您在刚进来的时候，拿的一本书是《去美国读高中》，我对这本书特别感兴趣。因为在采访您之前，我们新浪教育频道也做过一些调查，出国留学的学生低龄化越来越严重，对于出国读高中，家长们也都比较关注，到底应该注意哪些或者应该做哪些准备，其实很多人具体也不是很清楚。那么，就请您给我们推荐一本这类的书来帮助我们学生及家长可以有迹可寻吧。

许　铁：好的。这本《去美国读高中》是我走访了美国 100 多所学校之后，跟学校的录取委员会的招生官以及成功申请的学生访谈之后所编著的一本书。

其实很多家长也在想，他们也在纠结，孩子到底应该在中国读高中还是在美国读高中？这就要看怎么比较了，在中国读是因为中国的传统文化学得更好，此外在中国数理化的基础打得更好；在美国读的话，美国的文学和历史肯定会比在中国学得更好，而且孩子会拥有美国的成绩单、美国的活动和美国的推荐信等。

我给大家举几个例子，相信对大家会有帮助。哥伦比亚大学以前在北京提前录取的时候，大概可以招到 3、4 名学生，一年一共会招 20 名拿中国护照的学生，而今年只在北京提前录取了一名学生—— 时代焦点教育的学生徐抱一同学。布朗大学之前在中国，如 2012 年、2011 年的时候，每年提前录取能录取将近 7、8 名学生，而 2014 年全中国提前录取只录取了 2 名学生。那大家会问，中国的录取名额去哪儿了？其实，都给了在美国读高中拿中国护照的学生。美国大学 70%、80%的录取委员会的招生官，他们实际都是文科生，而美国绝大多数专业都是文科专业，所以，他们对数理化好的学生，尤其中国学生数理化都好，他反而会有审美疲劳。因此，如果你到美国去学建筑或者学画画等，你申请成功的概率反而会增加。所以，对于那些想在美国读高中的学生，我强烈地建议，如果你能去特别好的学校，那么你录取的概率比在中国的重点高中录取的概率还会大一些。从统计学的角度来讲，如果看大数据的话，是这样的。但根据个案，每个人的个体情况可能不一样，所以也不能一概而论。

主持人：之前我也做过一些采访，对于那些愿意让孩子去美国读高中的家长们，他们觉得九年义务教育已经完成了，对于咱们中国国情，包括一些中国历史，都已经有了一个根深蒂固的记忆，并不是说去了国外就会忘记自己的国家或者说自己的思想会改变，现在的大多数人都已经形成了固有的思想。专家老师们也这样提到过，所以觉得去美国读高中的话，应该会好一些，能更好地适应当地生活。还有一部分家长对于孩子的独立性没那么自信，可能会觉得出国读高中，特别是寄宿高中，孩子在那里的学习生活会非常让人担心。所以有的时候，这两者之间的争议会比较大。所以正如您所说，这也得看家长们自己的选择。

许　铁：对。

主持人：要是他们真的能有出国留学打算或者也有这个能力去国外读更好的大学的话，还是提前出去会更好一些。

许　铁：对。但是，前提是一定要上相对好一点的学校。

主持人：这是非常重要的。

许　铁：对。实际上很多美国高中的学费也都非常高，但属于精英教育。在美国，通常师生比是 1:10 或者 1:12，所以老师还是非常关注每个学生的个性化成长的。所以，很难出现家长所担心的孩子学坏这种事情。美国的高中，尤其是寄宿高中管得非常严，我觉得这个大家可以不用担心。

主持人：许老师，SAT 考试有一个考试指南，咱们的备考材料最多的是 SAT 官方指南吗?

许　铁：对，叫 The Official SAT Study Guide，是一本特别厚的书，里面有十套题。

主持人：现在有很多人也在议论，是不是该书上面会出现很多 SAT 考试范围或考试方向的内容?

许　铁：是的。College Board 考试中心每年都会对该书进行更新，而且 College Board 今年还宣布，会和美国的一个网上课堂——可汗学院开设公开课，大家在中国也可以看到它上面很多的免费的公开课，我觉得这是个趋势。

我知道现在国内有很多的网络课程，如 YY 等，上面已经有很多托福和雅思的免费课程，也有一些与 SAT 考试相关的免费课程，希望大家都看看。我给大家推荐一个 SAT 学习网站 www.360sat.cn，上面有很多免费的网络课程。所以，我觉得 SAT 未来的趋势，很大程度上真的是可能会有越来越多的免费的资料让大家可以去学习，可以去看。

主持人：也就是让我们的 SAT 学习变得更简单了，也更方便一些了。

许　铁：是的。

主持人：今天能请到许老师，我觉得非常开心，因为许老师考试经验极其丰富，仅 SAT 考试就考了 7 次，而且都取得了高分，更重要的是，许老师毕业于大家都十分向往的斯坦福大学。所以，请您对以后也许会成为您学弟学妹的那些学生，还有那些特别渴望能像您一样去一些比较好的大学的学生们，给予一些寄语或者一些叮嘱。

许　铁：这个题目还挺大的，我给大家分享几个我上学的一些经历吧。

我想说，其实决定人成功的东西很多是书本以外的东西。大家在考试时尽自己最大的努力，必然会水到渠成，不用刻意地或过分地去准备考试，只要做最充分的准备就行，因为考试不是一切。

我在华尔街工作了很多年，当年从斯坦福 MBA 专业毕业以后，我就参加了投资银行的面试，到面试最后一轮的时候，面试经理把我们带到纽约的一个特别高档的西餐厅，同去的有 8 个面试的人，但最后只录了两个人，我觉得我去美国比较晚，而且我有相当长的时间还比较自我封闭，不是特别融入当时的美国。

主持人：您是性格内向的还是性格外向?

许　轶：我相对外向，经常只跟中国人玩，不太跟美国人玩，因为当时我觉得我去的时候可能年龄比较大。

主持人：这也是很现实的一个现象，目前很多人也是这样。

许　轶：对，所以我鼓励学生们到美国后，要多跟当地人接触。因为有句话叫‘在罗马做跟罗马人一样的事，When in Rome, do as the Romans do’。面试时，我比较清醒，因为我在美国看了两次橄榄球、两次棒球，也去过很多好的西餐厅，用餐礼仪还比较了解。所以，我印象特别清楚，就是我们在笔试和面试的时候，有一个印度人的水平比我高很多，但是在用餐时，他可能一提到棒球、橄榄球就没有话讲，所以最后印度人被淘汰了，我就上去了。后来面试经理跟我讲，实际上我是排第三的，那印度人是排第一的，但是他们觉得那个印度人就是……

主持人：不太全面。

许　轶：对，不太全面，他只会学习，是个学霸。所以，我觉得书本以外的东西，大家也要多学习，因为考试不是全部。

另外，我想其实无论你上什么样的学校，多交朋友总是有益的。我在斯坦福商学院最好的朋友是一个犹太同学，我们经常切磋，比如股票等。其实，犹太人是不过圣诞节的，他们有自己的新年。

主持人：自己的节日?

许　轶：对，在圣诞节时，全美国的饭店，尤其在曼哈顿，全都关闭了，因为大家都过圣诞节。但你知道什么餐馆还开着吗? 中餐馆，而去吃的一半是中国人，一半是犹太人，所以我跟他们的关系非常好。而这些同学对我的人生，包括对我的投资理念和创业都给了我很多很多的支持。所以多交朋友，多关注一些书本以外的知识，做一个全面发展、健康的人。大家既然到了美国，而美国又比较注重这种全面发展的精英教育，所以，考生一定不要把考试尤其数理化考试认为是全部，我觉得，这就是我给大家的一些建议和分享。

祝大家都能考出自己的好成绩，心想事成，进入自己理想的学校。

主持人：特别感谢许老师今天做客我们新浪访谈，和大家聊了那么多。我相信，通过许老师的对于 SAT 考试的解释，大家应该不会再迷盲下去了。

在节目的最后，我们新浪网教育频道也希望在线的所有考生们，能像许老师刚刚提到的，我们不仅要学习，更要广交朋友，多做学习以外我们能够发展兴趣的事情。在这里，我们也祝愿大家能够取得非常好的成绩。

关于更多的有关于 SAT 考试的一些新的变化，包括考试试题，请大家多多关注新浪网教育频道，也多多去咨询和关注时代焦点教育。

感谢许老师！感谢新浪网的在线网友！希望大家以后多多支持我们，我们下期节目再见！

大学预修课（AP: Advanced Placement）

近几年来，申请美国留学的中国高中生越来越多，留学美国的竞争也越来越激烈。在这样的环境下，仅仅提供语言和 SAT 或者 ACT 成绩就想获得美国顶尖名校的录取往往还很不够。一般来说，申请哈佛（Harvard）、耶鲁（Yale）、普林斯顿（Princeton）等顶尖名校的高中生这两项成绩都非常优秀，难分伯仲，如何想使自己脱颖而出，吸引顶尖名校的目光就成了关键。于是，更多体现知识面以及应用能力的大学预修课程（AP）也越来越成为留美学生关注的焦点。已经逐步被视为是美国名校的“敲门砖”。

美国高中 AP 由美国大学理事会主持，考试设计公平合理，学校在比较和甄选过程中可以直接根据考试成绩，对申请学生的潜在学习能力做出合理比较，更具有权威性。AP 是在高中阶段开设的具有大学水平的课程，有 22 个门类、34 个学科，已在美国 15 000 多所高中普遍开设。AP 项目的开发和阅卷通常由大学教授主导，开发和阅卷科学合理。试题主观题与客观题各占 50%。AP 的所有课程和考试都是由很强大的大学教授团队和高中教师一起参与设计完成的，例如：哈佛（Harvard）、耶鲁（Yale）、普林斯顿（Princeton）等的著名教授或者著名高中教师。更重要的是，AP 考试的考卷不是由高中老师批改，而是由大学教授参与批改、打分，实行人工阅卷。这样教授在试卷的评判中，尤其是在主观题的评判中，更能够发现学生在专业学科上的学习能力和发展潜力。所以，相比中学里我们学习的课程，AP 更接近真正的大学同等课程的水平，更能够检测学生是否适合这个专业的学习。

AP 是学生未来发展潜力的最好证明。在美国，通常选择参加 AP 学习的学生首先要通过荣誉课程，而欲进入荣誉课程的学生则必须先通过普通课程。因此，很自然，在学校看来，如果外国学生也能参加 AP 的学习，那么他们会认为该外国学生本身已经具备充分的学习能力了，已经比较优秀了。由于学生在 37 门具有大学难度的 AP 的选择过程中，必须考虑到未来大学的专业方向，因此使得很多名校从学生所选择的课程中，就能有力判断和确信学生是否做好了未来专业发展方向的充分准备，以及是否具备了相应的潜力。

同时，参加AP考试也是学生能否敢于挑战难度的依据。由于AP是美国大学一年级的内容，较之中学内容难度增加很多。因此一流大学能够轻易地通过学生在中学期间是否选修AP、选修多少门来推断学生挑战困难的信心和能力。需要注意的是，选择AP一定要在保证自己高中学业成绩的情况下进行。如果高中成绩不好，还勉强选择AP加重自己的负担是得不偿失的。其次，AP成绩在申请时可以增加平均积分点（GPA），而GPA恰恰是美国一流大学录取学生时考虑的要素。可以说，GPA是整个高中阶段学生综合学习能力的体现。并且AP可以使高中学生提前接触大学课程，避免了高中和大学初级阶段课程的重复；考生入读这些大学时，可以将部分考试通过的AP学分折抵大学学分。美国许多大学都接受AP考试并授予大学学分，这就意味着学生可以提前一学期毕业，从而节省大学费用和时间。

AP考试中，每门考试分两部分：第一部分为多项选择题，第二部分为自由答卷（Free Response）。根据考试科目的不同，每门课程的考试内容会有所差别。考生可以根据自己的实际需要选报考试科目。根据考试科目的不同，每门课程的考试内容都会有所差别。考生可以根据自己的实际需要选报考试科目。自2011年5月开始，在多项选择题部分，AP考试的计分方式有所变动，多选部分的总分将由答对题目的数量决定，做错或未答的题目将不再扣分。所以，如果考生不确定答案的话，随意的猜测是不可能达到提高分数的目的的，因为AP考试对于错误题目扣分的方法是不同于中国一般升学考试的。但是，如果了解问题的一些相关知识，并且可以估计出一个或更多的答案选项，从这些选项中进行猜测通常还是益处的。

AP考试的时间较长，从5月6日延续到17日，但并非每个考生都要考十多天，考生只需选择自己要考的学科即可。每门课程考试费用是117美元。大部分学科的AP考试为2～3个小时，AP考官会通知考生考试的确切时间。AP考试的组织方为美国大学理事会，试卷在考前通过联邦快递送至考点，考完后将封存试卷快递至美方。AP考试每年3月份报名，5月份举行，7月份考生将收到AP成绩单。令人高兴的是，AP官方考试网站于今年7月份开始，考生可用College Board账户在网上查询、向申请院校寄送自己的考试成绩，这与之前的AP电话查分和送分服务相比无疑更为方便、快捷。

参加AP考试没有次数和年龄的限制。美国学生在初中和高中阶段都有人报考AP考试，往往修完一门AP课程就去考试。因此，AP的选修可以贯穿整个高中阶段的学习。

建议

在中国读高中的学生一般不需要参加AP考试。AP考试满分5分，有AP高分才会锦上添花（如我们的学生王潮，5门AP都5分，顺利被纽约大学录取），而考很多门低分AP，没有任何价值，因此，国内很多“AP班”都是噱头，基本上是误人子弟。

尽管参加 AP 考试没有次数和年龄的限制。但对于大部分中国学生来说，在初中阶段自身的英语能力有待加强，如果此时就去准备 AP 考试的话会感觉很吃力，同时由于在初中时期我们往往对未来自己所学习的专业和发展方向不太明确，因此在 AP 的选择上可能跟最后自己上大学是有所偏差的，这样就会起不到应有的作用。因此建议大家在高一、高二时准备 AP、SAT 的学习或者考试，英语能力已经得到了更大提升，同时高中阶段我们对自身知识结构的了解更深，在科目的选择上会更加实际和准确。在高一或高二，大家既要准备 TOEFL 考试，又要参加那么多其他的考试，制订好每个复习计划是非常重要的。

AP 的选修可以贯穿整个高中阶段的学习。倘若高一着手准备的话，我们可以将计划定为每年 2 门，分 3 次考；倘若在高二开始着手准备，可以计划每年 3 门，分 2 次考。这样通常情况下都能保证最后有 4～6 门的 AP 成绩。学习起来相对轻松。倘若第一次有的课程未考好，在后面也还有机会弥补。

另外，建议考生结合自身实际，科学选择科目。AP 涵盖的科目除了数、理、化、生物以外，还有音乐艺术、历史、经济、计算机、外语等。其中有很多课程对英语的要求比较高，一般的中国学生不适合，例如，英美文学、美国历史、美国政治、音乐艺术等。举例来说，音乐理论教育课在我国中学里相当不普遍且水准较低，我国学生基础太弱。AP 计算机课程主要涉及编写程序，我国学生中虽然计算机很普及，但是普遍没有编写程序的基础，开始学习时很难掌握。欧洲史、人类地理学等课程需要很深的基础知识，AP 物理必须具备微积分的知识。因此，中国学生学 AP、考 AP 可以先从中国学生比较擅长的、有基础的、对英文水平要求相对较低的学科入手。目前在中国，报考理科考试相对多一些，如数理化等课程，例如：微积分 AB、微积分 BC、化学、宏观经济、微观经济、统计学等。英文基础较好一点的中国学生也可以尝试环境科学、心理学等，因为这些课程对基础知识的要求相对较低一些。

很多考生认为 AP 学习越多越好，甚至为了能够将来在大学节省时间和花费做准备，于是一下选择十几门以上的课程，结果学起来非常吃力，顾此失彼，导致在考试中通过率极低。AP 考试一年只考一次，不是越多越好，关键要做到有效，要做到在选择了正确科目的情况下提高通过率。美国大学理事会早在 2014 年的年度报告中，就列出了美国前 200 所收到 AP 成绩最多的大学，平均每人提交 3 门以上成绩。至于顶尖大学，每位学生所提交考试的门数更多，平均在 4 门以上。

很多人误认为 AP 只是大学一年级的课程，实际上未必如此，AP 考试中的微积分、生物、经济、心理学等是大学一年级的课程，但是外语课程就不是。根据美国大学理事会公布的 AP 与考试手册说明，法语、西班牙语、西班牙文学、德语、法国文学等一些语言课程都需要学生完成大学三年的学习才有可能通过考试，难度可想而知。掌握各课程基本题型的用语也很重要。

对于一些我们有优势的科目，很多时候考查的基本上就是我们的英语，能否准确读懂题目意思，只要正确读懂了题目意思，正确作答基本上是没有问题的。例如：微积分，除了一些世界通用的阿拉伯数字，剩下的就是英语命题内容了，而题目本身对于我们来说是没有什么难度的。因此我们在备考期间，一定要将自己所选择的考试课程的各种考试题型的用语完全掌握。此外，AP 各科考试的容错率是不同的，比如经济学拿 5 分就很难，因为容错率很低，要达到很高的正确率。但是微积分的容错率就很高，错很多也可以拿 5 分。和 SAT II 一样，能考一些文科项目就会多加分（如美国历史这样的科目）。

考前进行真题练习及时查漏补缺。在考前一段时间，我们可以通过辅导书上的习题或者美国大学理事会官方网站下载往年真题进行练习，通过练习，将自己尚未掌握的概念和复习漏洞一一检查，及时弥补，同时，通过大量的练习，我们可以领会考试出题的意图，把握各个考点。在练习时，一定要找出错误的根源，把每个薄弱的知识点强化巩固。

时代焦点教育有专业的 AP 培训，请查看 www.focusedu.cn。

建议

如果时间允许，建议同学们最好是通过美国大学理事会（College Board）官方网站把里面的大量真题都下载下来，多做几套，用以查漏补缺，同时也有利于形成自己的答题方式，提高答题速度。

长线规划的重要性

家长们和学生们最常问的一个问题是：如何进入美国顶尖名校?

想要进入美国名校很简单：把自己塑造成他们想要的栋梁之材就好了，由内到外地重塑自己，完成一个量变到质变的转变。

我们不主张很多机构所提倡的投机取巧，为了丰富简历而去功利地做一些事情。相反，我们提倡通过科学而长期地规划，提高学生的综合素质，这样就可以成为学校想要的人才。进入目标学校只是一个水到渠成的过程。

要做好合理的前期规划，首先我们要先了解学校对人才的要求，即什么样的学生是他们想要的。我们将从学术、课程以及活动等方面展开介绍，以帮助高中同学作好合理安排，从而顺利地进入目标学校。美国的高中规划体系，经过这么多年的积累，基本分为 3 类：

1. 学术规划（Academic planning）
2. 考试规划（Test planning）
3. 课外活动规划（Activity planning）

这 3 个规划，在我们 2011 年读书出版后，就被中国的中介机构广为学习并引用。但真正

了解其中内涵和精髓的人太少。

学术规划

学术规划主要是在高中阶段的课程规划。出国读高中或者在我国的国际高中读书的学生，很多的课程体系和美国的课程体系相似或者相同。他们可以选择不同难度的课程进行学习和考试。这一点与我国的高中课程设置不同：我国的高中课程是所有学生在一个教室里面学同样的内容，而美国的学生是有选择空间的。同一个年级的两个美国高中生，毕业时候修的课程可能截然不同。一个可能选了很多高级的课程，甚至达到了大学水平；另外一个可能只是完成了规定课程。我们用跳水来比喻课程的难度和选择：入水的水花小，固然漂亮，但是要看难度系数；但是如果一味追求难度系数，动作完成得吃力也不行。如何找到平衡点，是升学顾问的责任。我们对于长线规划的学生，尤其是在美国和中国顶级国际学校读书的学生，会每个月都有课程、考试和活动规划的监督和指导。只有这样，才能确保在这个长跑中取胜。其实，人跟人的差别没有那么大，每一个月都比别人领先一点，几年高中下来就领先竞争对手一大块了。韩国学生为什么 SAT 考试和本科申请那么好，很大程度上就是取决于他们的合理的长线规划。我有幸与美国和韩国的顶级升学顾问切磋并长期交流，发现他们对高中学生的规划会细致到 9 年级的暑假、感恩节和圣诞节进行什么学习和活动的安排。

此外，学校的品牌对申请的影响是非常大的。一个排名在前十名的高中的 3.8 的 GPA 成绩可能要比一个普通学校的 4.0 还有分量。美国排名在前三的高中 Horace Mann 中学在 2013 年就有 12 名被哈佛大学录取的学生，还有超过 30 名学生被宾夕法尼亚大学录取。

当然，这些课程的含金量不同，因此录取委员在考量学生素质的时候，也会把学生选择课程的广度和深度考虑在内。当然不是课程越难越好，如果学生选择了非常难的课程但是成绩很差，还不如选择正常的课程但是成绩很好。此外，课程选择对未来专业的选择有很大的影响。

考试规划

我们之前已经详细介绍了美国各种考试的情况。其实这是一个自然而然的过程，当我们做好了课程规划以及学术规划后，经过长期的积累和学习，适当地结合一些考试技巧（如对题型的熟悉），考试成绩会给我们一个公平的交代的。在考试规划中，合理安排考试时间尤为重要。

安排考试时间就像是和时间赛跑，美国的高中四年，中国的高中三年，最后一年申请考试，通常 10 月份是第一轮申请。一般第一轮申请的录取率最大，因此，赶上第一轮申请是非常重要的。在筹划考试时间方面，考生须注意：以目标来规划自己的考试时间。

换句话说，考生一定要根据自己的真实水平制订客观的、符合实际的学习方法和考试时间。时间设计上要用倒推的方法，同时要留有余地（比如一次考试没有考好，要有时间考第二次）。

在先学习托福还是先学习 SAT 方面因人而异。但是 SAT 的准备应该至少给出 1 年的时间。原因很简单，在 11 年级的时候，无论是在中国还是美国读书的高中生都非常忙，要准备 SAT I，II，面对很多 AP 课程以及 AP 考试，还要进行社会活动和体育比赛。所以 11 年级之前就要准备 SAT。10 年级升 11 年级的暑假开始准备 SAT 其实并不早，准确地说是有些晚了。最理想的是 8 年级升 9 年级的暑假或者 9 年级升 10 年级的暑假就应该开始准备 SAT 了。SAT 是一道坎儿，早晚都要过，早过比晚过好。

没有人嘲笑巴菲特 13 岁就开始买股票，也没有人嘲笑朗朗 4 岁开始弹钢琴。高中生涯有很多重要的事情要做，SAT 早点准备好了，就能更加从容地进行其他活动。

我们拥有多个亲自参加 SAT 考试并获得 2 250 分以上的老师，老师们一致认为，SAT 的技巧性和对基础的考查同样重要。所以，早做准备可以让学生更早地了解考试的内容和自己在知识点上的欠缺，这样在学校可以更加有针对性地进行学习。比如，SAT 要求阅读速度快，如果学生对小说类或者科技类的文章不擅长，那么就可以在未来的学习当中更加有目的性地学习。或者如果学生早知道了 SAT 写作对例子的素材的要求，就可以早准备等。关于 SAT 的词汇就更加不用说了，早准备早好。

另外一个提早准备 SAT 的好处就是，很多美国顶级大学的好的暑期课程项目要求 SAT 和托福成绩。

总结一下，高中就好比我们往玻璃瓶里装沙子、石头和水，一定要先放大块的石头，再装沙子和水才能尽可能地把瓶子填满。SAT 无疑是大块的石头之一。

课外活动规划

申请美国大学与在国内考大学有天壤之别。美国没有三好学生一说，如果你担任班长（在美国是要选举，而非任命的）或者学生会干部，这都会给你很多加分。当然这个加分不是真的在成绩上加分，而是会让你的申请脱颖而出。此外，参加过重大的体育活动、是校队的成员等都是学校乐意看到的。这些活动都体现了学生身上的优良素质，比如领导力、勇于面对挑战等。

做活动就像家里来客人作客。如今天来一位意大利的朋友，我们不能请人家吃我们自己爱吃的东西，因为人家可能连筷子都不会用；请客就要投其所好，人家喜欢吃什么，我们请人家吃什么。很多机构的活动策略都是错误的。我这些年结识了几个学校的校董，其中一个是斯坦福的校董。当年是他给我发的助学金。这里简单说一下高校的“奖学金”政策：很多学校的研究生政策是 need blind，就是你缺多少我们给你多少。我当时上学的时候，很多同学都已经有房有车了，但是被问到经济条件的时候，都说自己经济条件不好（印度人除了说自己经济条件差之外还说要供养好几个亲戚）。我填表的时候，有同学暗示我，但是我觉得我条件还是挺好的。后来大家讨论都拿多少奖（助）学金，我才发现他们都比我多拿 2 万多美金。第二年我就改了策略，于是就拿到了最高额度的奖（助）学金。给我发奖学金的人就是我之前提到的这个校董。后来我还结识了一位宾大沃顿商学院的校董。也是通过跟他们的交谈，我才知道他们想在中国申请者身上看到什么样的特质，而这也正是中国学生最缺的三样东西：领导力、创造力和国际背景；在美国读高中的学生需要体现的则是领导力、创造力以及（与美国人的）团队合作能力。你知道他们印象当中典型的中国学生都是什么样子的吗？大都是戴着眼镜，数理化成绩还不错，到了美国也不跟别人交流，只跟中国人在一起；女生背名牌包上课，男生到美国没几天就买辆好车，学校最不喜欢这样的中国学生。那么，学校想看到什么样的中国学生呢？他们喜欢能融入美国文化的学生，而不是关着门打游戏的孩子（美国的孩子基本都不打游戏，他们更喜欢户外活动）。他们喜欢看到中国学生参演话剧、参加运动团队或者其他能体现才艺、领导力的活动。

现在在美国读高中的学生相对更有优势：同等的分数下，他们是美国的成绩单、美国的 GPA、美国的推荐信、在美国参加活动，而且更能融入当地文化，更容易跟美国人交流。我们有一个在美国读高中的学生进了波士顿大学的商学院，虽然 BU 本科排名第 50，但是本科商学院是全美前 20 的。他上了大学之后继续打橄榄球、游泳，还每天跟老师喝咖啡，跟老师关系好到恨不得他不去上课都给他 A。后来他很快就当上了学生会主席，不是中国学生的学生会，是全校的。现在找工作也如鱼得水。而那些大一才去美国的学生基本都需要适应半年。

这里需要说明一下，申请不同专业的学生在申请的时候是没有冲突的。举个例子，斯坦福每年招 16 个中国人，一两个奥赛金牌的人、两个学历史的、两个学生物的、两个学心理学的、两个学这个的、两个学那个的；这些人之间是不 PK 的，他们都是跟同样有奥赛金牌的或者同样要学历史的申请者互相 PK 的。也就是说，如果 A 同学申请历史而 B 同学申请政治，他们两个之间是没有竞争的。当然，每个学校每个专业的录取名额都是不一样的。不管专项成绩如何，领导力、创造力和国际背景都是非常重要的。

领导力：学生会主席是领导力中最强的一张牌。以前四中的学生会主席一般都能上耶鲁，成绩差一点的去宾大，学生会主席是皇冠上的宝石。如果不是学生会主席，可以当一个社团或者项目的负责人，也很好。

创造力：中国人都擅长考试，而美国人最鄙视的就是考试，那我们就要体现一些美国人看重的创造力。英文里有一个词是 status quo，默认的现状。创造力就是要打破现状的，不只是小发明小创造，更多的是创造性地解决问题和改变现状。人大附中有个学生被哈佛录取了，他就是创造性的解决了问题。他做到的是让非最优秀的人也能参政议政。学生会通常都被学霸垄断，一般的学生没机会参加；他就是让一般的学生也能参加，这个就是实现民主，这在美国人看来就是创举。他们会想，竟然在高中的时候就能做出这样的成绩，那以后岂不是能怎么样怎么样。另外一个学生把一座一直无人问津的小桥修好了，从画图纸到选木材。这些都是典型的创造性地解决问题。

再跟大家分享一个案例：今年有一个学生跟徐抱一一起被哥伦比亚大学录取，是当地最好的学校。这个同学班里有两个学生，一个是拉丁舞冠军，SAT 成绩为 2300+；另外一个 SAT 成绩为 2200+，学计算机。跳拉丁舞的这位得过英皇的奖项，经常上 CCTV；大家都觉得她会被 ED 录取，但是她没被录取。有些大学就拒绝录取这种看起来很好的学生。哈佛每年都会拒收很多 SAT 成绩为 2400 的申请者，有的时候还偏招 SAT2250 的，单纯的因为那个学生是黑人。我们后来分析了这两个学生，虽然都不是我们辅导的，但是我们觉得之所以会录取学计算机的那位同学是这样的：如果是个物理社团的团长，可能也做不出什么成绩；爱因斯坦、牛顿和霍金之后的人类好像就没有什么物理学上的突破了，至少本科生、研究生什么都做不出来。但是计算机、统计学之类的都比较容易做出成绩。学计算机的这个学生做了一个图书馆计算机检索系统；在美国人看来这是个创举，因为你改变了我们的 community。这个 community 是广义的，不一定是小区，可以是学校这个 community。他创造性地提高了学校的工作效率。美国的大学看到这个就会做一个假设：有一天你到了我们学校，也可以给我们学校的系统优化一下。再看那位拉丁舞姑娘，就算跳得再美，能给学校带来什么呢？可能每年开几次派对她出来跳一下；但是在每天的校园生活里，她的贡献并不大。大家不要只觉得优秀就该被学校录取。优秀的人有很多，美国优秀的人也很多。哈佛每年只录取 9 个中国人，因为那是美国人的学校。所以不要跟学校说自己多么优秀，而是要让学校看到你能给学校带来什么。

国际背景：加强国际背景最好的方法就是上暑期课程。暑期课程可以体现学生的态度。为什么呢？想健身的人都去健身房了，想漂亮的姑娘都去美容院了，想提高的想去好学校的同学就都去上暑期课程了。选择暑期课程的时候我希望大家不要选数理化。很多人假期去哈佛上两门数学，拿两个A，可是这对升学一点帮助都没有。因为首先，他们不上哈佛，从概率的角度来说也上不了。其次，哈佛和耶鲁是全世界最商业化的暑期课程，就会显得没有头脑。最后，数理化这些课太大众，学的人太多，互相一比较的时候这一项就被抵消掉了。暑期课程应该选跟要申请的专业相关或者对要申请的专业有帮助的课程。中国人都学数理化，所以数理化暑期课程拿多少个A，作用都不大。

跟大家分享一个好的暑期课程的例子：我们去年辅导的一个学生，在耶鲁上了两门暑期课程，其中一门是关于文化保护的，他最后拿了个 B；但这个成绩对他也帮助很大：第一是因为这门课程很难，是本科生和研究生上的；第二是因为他自己对这方面很感兴趣，也跟他的主文书内容呼应。

这些活动都要提前着手，如果到申请的时候才觉得自己的背景太单一的话，那就太晚了。很多人过于功利地为了攒活动经验而参加活动，效果也会很差的。根据笔者多年的经验来看，相对零散、缺乏主线的活动都不会有太好的效果。比较理想的活动应该持续一年以上。要有持续性的兴趣和活动，并且逐渐深入；活动太多、太散，缺乏主线，浅尝辄止都会给人留下不好的印象。

举例来说

2003 年，我的一个学生在深圳外国语学校上学期间，参与了一些校报编辑工作。后来遇到非典，他就在报纸上登广告，组织了一些学生和在深圳的外国人进行文化交流活动，主要是去城外人少的地方。这在中国人看来没什么，但美国人就会考查他的主动性和领导力。尽管他成绩一般，最后还是成功获得波士顿大学半奖。

2012 年，有一个在美国东部读住宿高中的北京男孩，成为该校橄榄球队历史上第一个亚洲学生。他在第一次选秀的时候，所有人都愣住了，因为他们第一次看到一个亚洲人来选秀。所有人起立为他鼓掌。后来我还观看了他们的一次比赛，他触底得分的时候，全场雷动。我在美国看过 3 场橄榄球，这次是我最难忘的一次。我和他妈妈都在观众席上哭了。他后来去了杜克大学。

2014 年，我们的一个学生在所在学校大规模地办起了社团。这看起来也没什么，但在中国的重点高中，大家都以高考至上，说服学校批准这些社团并找到学生参与，实际上是充满挑战的一件事。在申请时，她从这些活动说起，从自己家里、老师和其他同学的各种利益冲突展开，描绘了她如何克服阻力、把社团成立起来并获得成功的经历。同时，她的成绩还不错，最后去了美国西北大学。

比较好的活动，诸如在美国的大学里进行科学研究、参加有国际影响力的社团在美国或者中国的活动、在自己感兴趣的领域进行主动探索和深入体验都是值得借鉴的。

在申请时，希望工程、扶贫和敬老院的例子都已经被我国学生用滥了，需要有些创意才可以。再有，很多学生盲目地去美国或者欧洲参加夏令营。夏令营本身没有问题，但是要结合学生的条件而选择。如果学生是因为去夏令营而导致准备 SAT 或 TOEFL 考试的时间减少，最后考试成绩不理想，那可真的是丢了西瓜捡了芝麻。相反，如果学生考试没有问题，那么选择高质量的夏令营就会锦上添花。

如何选择活动

一、规划与策略

美国大学录取与中国大学录取最显著的不同是，中国大学只看分数，而美国大学非常看重学生的综合素质。如果学生只有 SAT、TOEFL 的高分而没有任何课外活动是没有竞争力的。因此如何规划课外活动就变得很重要。

这时候我们需要思考的第一个问题是，课外活动都要做什么？往往很多同学都是没有认真想，随大流地做了些没有什么特色的课外活动，其实是白白浪费了时间。课外活动是中国学生的弱项，他们从小在一个只看重分数的环境下学习，突然一下要转变思维，积极寻找有价值的课外活动，这对中国学生来说是个非常大的挑战。这里笔者将课外活动规划分成几个步骤，只要按照这几个步骤思考，选择好的课外活动就能变得容易很多了。

第一步，从录取官的角度思考，找出录取官看中的素质，为自己的课外活动找到主题。

学生在进行课外活动时的一个常见误区是因为觉得课外活动越丰富多彩越好，今天去弹琴，明天去跳舞，后天又去支教，这样不但不会给录取官留下深刻印象，反而会让其觉得你不专注。课外活动对申请的作用有两个：第一个是在申请表课外活动一栏中填写；第二个是在申请文书中描写。如果你的课外活动多而杂，第一个作用貌似可以顺利完成：把申请表填满。而到了申请文书写作时，你就会发现你的文书很可能写成了活动流水账，没有主题和亮点了。如果仔细阅读几篇成功的申请文书，你就会发现成功的文书其实就描写一两个主题，说清楚一两个经历就够了。但是就是这一两个独特、深刻的体验，才使成功申请者的申请文书从众多的申请文书中脱颖而出。

上面阐述了为什么课外活动要有主题、有亮点。下面讲述如何找到属于你、体现你独特性的主题。

第一步，投其所好，看看录取官看重什么特性

在下表我们为学生们列出了录取官最看重的智力、人格、领导力、才艺这四个方面涵盖的各种特性。

利用这个表，你可以在符合自己的一栏中打钩。

智力（Brains）	
☐ 学术成就（Academic achievement）	☐ 研究能力（Research skills）
☐ 分析能力（Analytical ability）	☐ 沟通能力（Communication skills）
☐ 定量分析能力（Quantitative skills）	☐ 积极参与课堂讨论（Effectiveness in class discussion）
☐ 创造力（Originality）	☐ 语言能力（Mastery of language）
☐ 有效质疑能力（Healthy skepticism）	☐ 洞察力（Insight）
☐ 想象力（Imagination and creativity）	☐ 考虑周全（Thoroughness）
☐ 克服困难能力（Problem-solving ability）	

人格（Character）	
☐ 道德高尚（Sense of morality）	☐ 人际关系（Involvement in relationships）
☐ 可给予重任（Dependability）	☐ 社会责任感（Sense of social responsibility）
☐ 动力（Motivation and sense of initiative）	☐ 社交能力（Social skills）
☐ 幽默（Sense of humor）	☐ 成熟（Maturity）
☐ 不屈不挠（Perseverance and work ethic）	☐ 潜力（Potential for growth）
☐ 独立（Independence）	☐ 开明（Open-mindedness）
☐ 守纪律（Discipline）	

领导力（Leadership Ability）	
☐ 管理能力（Managerial Skills）	☐ 尊重（Respect for others）
☐ 公平（Fairness）	☐ 号召力（Ability to motivate others）
☐ 组织能力（Organization Skills）	

才艺（Other Talents and Skills）	
☐ 艺术天赋（Artist talent）	☐ 外语（Foreign language skill）
☐ 运动天赋（Athletic talent）	☐ 计算机（Technology and computer skills）
☐ 音乐天赋（Musical talent）	☐ 其他（Other special talents and skills）
☐ 表演天赋（Acting talent）	

第二步，列出可行性计划

利用上表找出你的特点后，就要在这些特点中挑选 3～4 个最能体现你的特长和能力而且可以付诸实践的。举例来说，如果你选出的是学术成就，社会责任感和管理能力。那么下一步就是将其排序。你认为你的社会责任感比其他申请者要强，那么就可以考虑挑选独特的、具有人文关怀特质的活动。就如一个成功申请到了哈佛的学生，他的理想就是想让社会更加公平些，在观察到很多人由于疾病而失去了工作和学习机会后，他认为自己有责任改变这一点，因此立志要做医生。他从高一就开始定期地去医院做义工，获得了很多独特的体会，因此他的申请文书就写得非常感人和深刻。这个学生就是对自己进行了准确的定位，真正找到了自己的理想，并且规划得很早，进行了有主题的、长线的活动。对于一个高中生而言，录取官并不期望你是 007 或者爱因斯坦，他们真正想看到的是你是否具备成功的潜质，只要你能够选择一个真正适合自己的主题和目标，通过活动有了深刻的体会，那么你的申请文书自然就会变得独一无二，获得录取官的重视。

第三步，收集信息，找到课外活动的机会

如果一个活动随便什么人都能参加，那么这个活动必然不会有含金量。然而门槛过高的活动又不是一个普通高中生可以胜任的。这时候就要看学生自己“八仙过海，各显神通”了。其实有很多活动很有意义，但是由于参与的人少，信息不对称，不为学生所熟悉。这时候顾问的作用就显得很重要，因为顾问有大量的成功案例，熟知申请成功者的每一步，可以提供很多课外活动的经验和机会。在以下章节，笔者会具体讲述几大主要的暑期活动，为你规划活动提供灵感。

学生关于课外活动的疑问

- 什么样的活动叫做好活动?

好活动要做身边的事：就像之前说的把那座大家都遗忘了的小木桥修好就是好活动。

好活动要做小事：奥运会是大事，但是跟个人关系不大。但是在学校开展一个课外活动的社团就是跟自身有关的小事。

好活动要做长线的：比如 9～12 年级都是学校橄榄球队队员，或从高一就一直参加辩论社（辩论是好活动，因为这是对脑力的一种锻炼）。

好活动要有递增递进、要有升华：什么是没有递进的活动？模联、模联、模联，三年都是模联。递增递进是什么意思呢？就好像打拳，第一拳打在肚子上，第二拳打头，第三拳一个上勾拳。就怕一直只打肚子，没有强度。讲个有递增递进的活动例子：我们一个申请 NYU 和西北传媒系的学生，一开始做过校刊工作，后来去央视实习过，又到优酷实习过。这样一来，她就平面媒体、电视媒体和网络媒体都涵盖了。招生官能从中看出，她的这一系列活动是长线的、有主线的、层层递进的。清华附中有一个学生被哈佛录取了。他做过模联，对国际政治感兴趣，然后去哈佛上了国际政治的暑期课程，假期又去做了一些研究，这就是不断的提升。我们的学生王润哲 SAT 考试考了 2150 分，上了霍普金斯学校。跟他一起申请霍普金斯的另一名学生 SAT 考了 2300+，但他文书写他的爱好就是解剖人体，这就显得有点太急迫了，因为大家都知道霍普金斯的医学院全美第一；一个十七八岁的孩子，说自己每天喜欢对着死尸，这就有点太急于去跟学校靠拢了，所以，就算他考了 2300+也没被录取。而王润哲的文书就讲了一个很独特的故事：他是云南少数民族的，他讲的是少数民族文化的传承和保护；他文书中最有利的就是他最后提到的暑期课程，把活动升华到了学术层面，他看柬埔寨、缅甸、老挝的人是怎么样保护自己文化不被商业化侵蚀的。所以，他是从自己当地的文化上升到国际角度，俯瞰整个事情。

从活动本身来说，有三点是非常重要的：

持续： 很多人误以为去一趟敬老院就可以解决课外活动问题，这是错误的。录取官看重的是你对一件事情持续的兴趣，比如说你讲组织社团活动，这本身没什么，毕竟很多人也有过类似的经历。但是如果你常年领导这个社团，扶植它一步一步地成长、发展壮大，这就是一个很好的活动，因为录取官能够看到你对这项活动的执着与热情。

独特： 这一点不是太容易做到，毕竟受教育系统的影响，申请者的兴趣爱好大都一致。当然，仍然有个别申请者拥有非常独特的课外活动与研究经历，这使他们极容易脱颖而出。比如有个同学研究了很多年古代文物和甲骨文，他多次参与考古活动，到各地巡回演讲，还写了一本关于考古的书。这种独特的课外活动是非常有中国特色的，也是非常难得的，因而这位同学被多个名校录取并拿到了奖学金。再如一个北京四中的学生，喜欢人类学，他和美国教授一起做研究；此外他还喜欢影评，并且在美国的杂志上发表了影评，这些都让他脱颖而出，最后他被排名第三的文理学院 Swarthmore 录取。

高质量： 有些同学在填表的时候，把各式各样只要可以写的都拼凑进去，到头来简历上的东西多了，却不足以打动人，因为课外活动重质不重量，贵精不贵多，自己花费了很多的精力，却没有真正地得到锻炼，也没有什么感悟。有经历、有能力的同学当然多多益善，但一定要量力而行，不要贪多嚼不烂。

- 什么样的活动是不好的活动？

不好的活动没有主线，凌乱：今天南极，明天北极，然后美国的。

不好的活动是短期的，一次性的：特别是申请之前的那个夏天去做的活动，过于功利。

不好的活动没有壁垒：最好的和最差的学生都可以去参加的，比如支教和扶贫。学生会主席就不是班上第一名和最后一名都可以做的事情，辩论也不是所有人都可以做的。我们要做有壁垒有技术含量的活动。

不好的活动还包括批量设计的活动：我最不希望看到的就是学生请我们给他们设计活动。市面上有专门设计活动及卖活动的机构，让学生去美国参加一个机器人活动，结果去了发现参赛者全是中国人，请个美国教授上台讲两句，颁奖的时候大家都是一等奖。招生官一看，参加这个比赛的中国人怎么都是一等奖？还有一些更商业化的机构：20 万去南极保护企鹅，5 万去澳洲保护大堡礁，4 千去青海保护藏羚羊等。这是一种集体自杀的方法，因为大家都去，申请的时候招生办一看都知道是在哪家中介做的。活动是没有办法设计的，适合 A 的活动不一定适合 B，每个学生申请的学校、专业和这些学校录取的名额都是不一样的。我们要从学生自身、生长环境和各种背景里面挖掘适合每个学生的活动。

- 关于课外活动的三个注意事项

课外活动总体来说还属于我们之前所提到的 activity planning 的范畴。课外活动、课程准备和考试准备是申请成功的三驾马车，要综合发力。课外活动需要注意几点：

避免俗套：中国学生最常见的就是“扎堆”的活动，陈词滥调。2008 年时，很多人按照奥运会志愿者申请，2010 年夏天，很多学生放弃宝贵的准备 SAT 和 TOEFL 考试的时间，奔赴上海去做世博的志愿者。可以想象，当录取委员会的人看到千篇一律的、雷同的、刻意培养的课外活动经历，不但不会加分，反而会扣分。同样，没有创意的还有希望工程、扶贫和养老院的活动。而对于美国人，很多人讲自己郊游爬山克服困难或者到第三世界国家去考察，也是做作和没有新意的。

要有连贯性：很多申请者的活动非常多，而且杂乱，并没有一条主线贯穿。从我们十余年的经验来看，这样的经历通常也不会被青睐。

不要只想做大事：中国人喜欢把事情讲大，生怕如果没有惊天地、泣鬼神的经历，就不能给录取委员会留下深刻印象。而美式思维恰恰是喜欢以小见大，从一件而不是几件事情出发，来体现申请者的特质。花费两年时间在学校里建立并做好一个社团，要比给市长当两天翻译或者被美国总统接见更反映一个人的本质。在美国的一个寄宿高中，有个小池塘的桥坏了很多年，没有人修。有个喜欢工程的学生，自己设计图纸，找木材，把桥修好了。这个事情在小镇都产生了轰动。最后这个同学进入了康奈尔大学。

另一个例子：有个同学申请进入了哈佛大学，他的课外活动是跳街舞（brick dance）。作为一个十几岁到美国的中国人，他讲述了自己的成长经历。刚到美国时，他发现自己并不能很快地融入到美国白人的社会，也不能融入到美国出生的中国人的学生圈子，所以刚开始，他只能和其他二代移民在一起，后来通过各种活动，他逐渐接触到白人同学和美国出生的中国人的同学。一次偶然的机会，他加入了一个街舞的活动社团，而街舞是黑人的最爱和专长，于是他和黑人孩子混在了一起。意外的是，他最好的朋友最后成了他的舞伴——一个黑人男孩。他和这个男孩的交流使得他从另外一个角度认识了美国社会，从黑人和白人的社会文化融合和差异开始，他更加深入地认识了美国的社会和文化。文章描绘了一个小男孩从初次来到美国的憧憬和恐惧，到自尊心的损伤和重新振作，以及真挚友谊的形成，体现了远远高于同龄人的成熟。

再举个例子，我们有个进入了普林斯顿的学生在洛杉矶附近的一个高中读书，我们发现她喜欢动物，就帮助她找到了一个与动物相关的实验项目。她 9 年级升 10 年级的暑假，在加州一个养马场做实验，研究马对智障人士智商提高的影响。她发现和动物的交流可以帮助智障人士提高智力。她把这个研究结果发给了 UCLA 的医学院，并表示想来实习，做研究。医学院院长亲自回复邮件，邀请她来。作为国际学生，她无法领报酬，她在 10 年级升 11 年级的暑假在 UCLA 进行了科学研究，并进一步将自己的研究深化。最后她在写申请的时候，非常明确自己想要学习神经科学和生物学的交叉学科，最后她被这个领域最好的两所学校：MIT 和普林斯顿同时录取。

关于申请的注意事项：

1. 动态调整

我们希望所有的孩子都是学霸、准学霸，分数特别高，哪怕有一个阶段是没有活动的。我们每年都有两三个这样的学生—— 托福成绩 110+，SAT 成绩 2200+，可就是没有活动，这样的学生肯定会有排名前 20 的学校要，而活动可以在日后被艺术性放大。前几年有一个学生很夸张，托福八九十分，他妈妈每天让他去参加机器人比赛，幻想着拿个冠军就能上好学校。最后倒真拿了奖，但是机器人比赛这种活动，几乎谁都能办一场，然后一百个一等奖，两百个二等奖，五百个三等奖。这位同学最后也没去上好学校，时间都浪费了。我们希望学生哪怕托福一开始考不到 100 分，但是能把活动放下，专心准备考试，最后考过 100 分。大家看通用申请（Common Application）的页数安排就会明白：前几页问的都是分数，最后才问活动，而填表的时候，对可填写的活动数量和描写活动的字数也都有限制。

2. 录取好学校的文书

如有兴趣，同学们和家长们可以向我们时代焦点要常春藤文书的书，大家可以学习一下什么样的文书是优秀的。我们要杜绝闭门造车，如果想成为美女，不能自己关在房间里想当然地给自己打扮，出了门才发现大家的审美观都不一样。想成为美女，就至少要先看看那些大众认可的美女是什么样子的，然后再依照她们的样子来打扮，再差也差不到哪去。

我们以前辅导的一个小女孩写过这样一篇文书，没写学术，也没写美国文化，只写了自己在美国喜欢一个男孩，然后如何约他去舞会，也算是有组织有预谋。她为了约这个男生，跟他选一样的课，去看他所有的篮球比赛；但是这个男生有女朋友，我们的这位同学也觉得没有关系，跟他的女朋友也成为了朋友，吃饭的时候跟他们坐在一起。后来男生跟女朋友分手了，这个小女孩就特别开心，去问男生能不能一起去参加舞会，男孩也答应了。这位同学托福得了 101 分，最后选择去了范彼得堡学校。这个文书好在讲了一件符合十七八岁小孩生活的事情，这让招生官看到了之后会有“我在那个年龄的时候也会做一样的事情”的共鸣。中国的学生喜欢写沉重的东西，比如说发现了一个社会问题，然后就去调查研究，发表文章。千万不要写发表文章，在国内很多研究生都很难发表文章，一个高中的学生发表文章，招生官一看就知道是父母做的。做调查研究是可以，但是不用非要有什么结果；哪怕就是在学校范围内发表也可以。不要写得痕迹太明显。

我们还有很多优秀的文书案例和活动介绍，大家可以参考 www.focusedu.cn 网站。

课外活动的具体介绍

一个好的暑期活动规划对申请成功起着至关重要的作用。申请名校的学生，绝大多数都有很高的 SAT（2 250+）和 GPA（3.8+）成绩，然而是什么决定了录取官看中的是你而不是别人呢？那就要看你考试外的闪光点了。而暑期活动是凸显你的闪光点的重要机会。如果你在暑假单纯去准备 SAT，或是出去旅游了，等到写文书的时候就会非常后悔。与之相反，如果你的暑假规划得好，从高一甚至初三暑假就开始考虑增加自己的申请亮点，那就会事半功倍，大大增加上名校的概率。

我们的长线规划帮助许多学生进入了哈佛等众多名校，于是很多机构都在模仿。他们会组织一些肤浅的、功利的活动，如让孩子去西北支教一个暑假、去美国一个项目等。这种临时抱佛脚的活动都是非常幼稚且同质化的。每年申请美国大学的两万多人中，至少有 3 000 人的故事是支教、模拟联合国或者去美国等这种短期的、千篇一律的活动，这种活动不但不会加分，反而给录取官留下不好的印象，导致自己的失败。

美国的大学最看重的就是有长期的规划的（最好持续一年以上）、有主线的活动。最忌讳的是：

1. 零散的活动。杂乱无章，没有逻辑，而且如蜻蜓点水，每个都浅尝辄止；
2. 临时抱佛脚的活动。尤其是申请大学之前的这个暑假的活动，谁都知道你做这个活动的目的；
3. 缺乏主线和逻辑的活动。

好的活动，应该抓紧几个重要的时间节点。在学校的时候应该做的是：

第一，去美国上暑期课程

去美国上暑期课程是一个非常好的选择。首先，如果你从来没出过国，那对美国名校的认识只是停留在网上的介绍的程度，我建议你去美国的学校亲身体验一下。我们有很多学生上了暑期课程回来之后学习热情极为高涨，有了更加明确的目标和动力。学生们亲身体验了名校生活、课程和环境之后，知道自己不仅是为了一个抽象的名校光环而努力，而且是对自己的未来学术和人生规划有了更为明确的见解。其次，暑期课程会给你的申请加上亮点。试想，如果你是录取官，招收外国学生的一个最大顾虑就是申请者是否能和我交流，能不能适应我们学校，能否在学术上跟上我们的节奏。而如果你上过美国的暑期课程，并取得不错的成绩，这就可以充分地证明你是有这个学术能力做好的。

第二，进行一个科研项目

如果阅读过常春藤名校的成功申请文，我们就会发现一个现象，里面有不少申请文都提到了自己做一个科研项目的经历，看起来都非常精彩，有做蛋白质跟踪的，有做防止鱼肝油氧化的等等，给人的印象是这些学生简直是天才！可你也许想不到的是，如果给你机会，你也能做很前沿的项目，也能参与到最高端的科研中去。

大多数人对科研项目的理解仅限于电影，误以为进行科研项目就是一个头发像爱因斯坦的天才独自在一个充满奇形怪状玻璃瓶的实验室中时不时地搞出些爆炸火花之类的。殊不知，当今的一项重大科研项目是由多人参与的，其中有高度的分工，也有程序化的实验步骤。而且利用的科研手段是高度规范化的，有些步骤如配置溶液，过分离柱，并不需要多么高深的知识。

时代焦点的一名老师（新泽西州立大学的化学博士，统计学硕士）在美国任大学助教的六年中，介绍过很多美国学生参与到科研项目中去。而这些前沿实验室是很欢迎没有什么科研背景的高中生、大学生参与的。这些学生的贡献也许仅仅是配置个溶液，记录下仪器的数据，洗洗试管等。该老师的一个学生去了一个很好的神经学实验室，参与的课题非常有趣：研究鸟类的语言，看百灵鸟是如何通过歌声来交流的。这个学生被安排的唯一任务就是负责给参与实验的百灵鸟喂食和打扫鸟舍。然而耳濡目染，这个学生通过观察和参加实验室的讨论，也学到了很多前沿的知识，至少在同龄人里面应该是最懂百灵鸟语言的人。因此不要以为前沿的科研项目遥不可及，只要给你机会，你一样可以获取一个眩目的科研经历。

第三，组建一个社团

美国大学非常重视领导能力。而社团活动能够非常好地体现这一点。如果有条件，你也可以拉上几个好朋友，创建一个社团。比如有个学生，他的个子比较小，他就利用暑假时间组建了一个“小个社团”，这个社团规模并不大，但是在这个学生的带领下，这个社团组织了小个交友聚会，办了以“小个子的视角”为主题的摄影展，还对小个子的名人进行了访谈。通过这个社团活动，这个学生获得了领导的自信，也体现了他的人文关怀精神。

一些常见的课外活动如下：

出国交流：有一年的交流生项目，也有短期的代表学校的出访活动。

WWOOF 活动（World Wide Opportunities on Organic Farms）：近几年 WWOOF 活动成为了部分高中生课外活动的新趋势，参与 WWOOF 计划的同学可以到国外农场打工，每天只需工作 4～6 个小时，就可赚取农场提供的免费食宿，不失为好的出国交流项目。

如何利用手中的活动脱颖而出？

A 同学列举了一套自己的课外活动，在申请文章中大谈自己是如何的多才多艺，然后流水账式地在申请文章中又一次列举了自己的课外活动。

B 同学的课外活动和 A 同学的几乎一样，但在申请文章中，他没有重复列举自己的课外活动，相反，他重点谈了一个自己最有激情、最感兴趣的活动，谈得很深刻，重点讲了自己在活动中的感触和收获。甚至还说到了这个活动对他性格上起到的一些作用，如何使他看待问题的角度更加全面，更加健康乐观。

很明显，虽然拥有相同的课外活动，但 B 同学的课外活动显得更加个性化、真实化。A 同学对于课外活动的重复赘述是多余的，浪费了一个深刻展现自己的契机。而 B 同学侧重于自己的个性展示和具体经历的描述，内容上就会自然很多，他只是在娓娓道来“Who I am and how I feel about life.”，因而他的申请更加个性化、更有感染力。

因此，我们可以看出，在同等的课外活动条件下，简历上的那一行字的作用是非常有限的。录取官真正感兴趣的是你在这些活动当中做了什么、学到了什么、有什么感悟和成长，而这些东西都只能在申请文书中体现，这就要靠大家自己把活动的经历写成文章，而不是仅仅在简历上加一条。总而言之，真正对申请有巨大帮助的课外活动，应该是能够被写成文章、能够反映出自己真实感受的活动。

写给去美国读高中的中国学生

“海外军团”的强势抢滩

目前，去美国读高中的学生越来越多。这些学生在申请美国大学的时候具有得天独厚的优势，比如说英语比较好，所读高中比较容易被认可等，他们拥有更多的机会。笔者将重点为去美国读高中的学生介绍一个美国高中的重要部门：大学申请顾问（College Counselor）。很多美国高中都会设有这样的部门，并为学生提供免费的服务。如果能利用好这个部门，对本科申请会是很有帮助的。

美国高中所设的大学申请顾问的作用：

1. 提供大学的简介，为学生选校提供意见。
2. 记录学生的学习情况，并给出建议。
3. 组织大学招生人员来高校讲座。
4. 提供 SAT，ACT 考试信息。
5. 为文书写作提供建议。
6. 提供奖学金助学金（Financial Aid）信息。
7. 写推荐信。
8. 办申请讲座。

学生如何利用学校的申请顾问：

1. 尽早联系申请顾问，越早越好。

2. 仔细阅读申请顾问提供的材料。
3. 参加申请顾问组织的高校招生讲座。
4. 注意提前和申请顾问预约，因为申请顾问带的学生太多。

独立顾问的重要性：

然而，学校自配的大学申请顾问（College Counselor）也会有自身的缺点。第一个缺点是顾问的任务过重，一个顾问通常要为 500 个学生服务。这样的话必然不能给每个学生足够的关注。而且中国孩子有时会羞于向顾问咨询，就更加得不到应有的关注。第二个缺点就是由于是学校自设的顾问，水平往往会有比较大的差距。如果遇到一个效率低的顾问，可能会拖后申请的进度。因此，美国专门有一种职业：独立升学顾问（Independent Counselor）。这种顾问收费不菲，但是能够给学生提供足够的关注，因此受到了家长的欢迎。我们时代焦点的升学顾问就相当于在中国的 Independent Counselor。再与海外同行的学习交流过程中，我们借鉴了很多经验。与海外顾问相比，我们在保证服务质量的同时，更加针对了中国学生的特点，和中国学生交流更加顺畅，因此不失为学生和家长的一个好的选择。

摘自 The Washington Post

A critical shortage of school counselors

Though the recommended number per counselor is 250 students, the American School Counselor Associations shows that the national average is actually one counselor for every 457 students. And those figures were from 2008-09, the latest available, but before many states slashed school budgets last year.

选择合适的专业机构

赢在起跑线上——找个好的升学顾问（counselor）陪你助跑

升学顾问是美国高中特有的老师，主要帮助、辅导学生完成学业，包括如何选课（美国高中的课程是可以自己选的）、升学建议等，毕业时为学生写推荐信、鉴定书等，同时也负责学生的心理辅导，帮助学生心理健康地完成学业。在美国，高中辍学的人有很多，因压力大而自杀的学生也不在少数，如斯坦福（Stanford）大学旁边一所很好的高中——葛恩高中（Gunn High School）（李嘉诚的儿子就是该所学校毕业的），2009 年就有 4 个学生自杀，所以升学顾问的心理辅导就显得尤为必要了。一些升学顾问比学生的父母更了解学生的学业情况和心理状况，因此有的学生考试失利后不是找父母，而是找升学顾问倾诉。学生与升学顾问密切的关系常常可以维系很久，很多学生毕业十多年后还会回母校找自己当初的升学顾问叙叙旧。

美国每所高中都有升学顾问。升学顾问设置的目的因学校而异，公立高中是为了保证学生顺利完成学业，私立高中是为了提升学校的升学率。不同学校配置升学顾问的比例也不同。好一些的学校，三四十个学生就有一个升学顾问。升学顾问可以定期安排与每个学生的单独谈话，以便更好地了解学生的状况；差一点儿的学校，如公立高中，升学顾问的比例就很低，尤其最近几年学生人数增加，有的学校学生与升学顾问的比例由原来的500:1减少到1 000:1，这样很多升学顾问根本认不全自己的学生，辅导的效果也就可想而知。此外，升学顾问“跳槽”的现象也时有发生。美国高中升学顾问的水准参差不齐，使得一些素质较高、想考入好大学的学生需要得到高水准的升学顾问服务，由此也就应运而生了很多独立升学顾问（independent counselor）。

独立顾问通常知名度高、经验丰富，曾经成功地把很多学生送入知名高校。他们给学生做一对一的辅导，根据历年的经验，他们主要在3个方面提供服务：一是课程选择规划(course planning)，根据学生的兴趣爱好和特质，帮助学生选择适合自己的课程；二是考试规划（test planning)，包括考试时间的安排、考试内容的选择、SAT、TOEFL的准备等；三是课外活动规划（activity planning)，为学生量身打造需要做的实习、课外活动、志愿者服务等。在12年级第一个学期申请大学的时候，独立顾问会帮学生作出完全符合录取委员会要求的规划构架，帮助学生顺利走入理想的高校，这也是独立顾问在美国备受推崇的原因。即便是独立顾问收费不菲，也受到了家长的热捧，很多家长尤其是华人家长依然舍得这笔投入。即便是在美国最顶级的高中，比如Trinity, Exeter, Groton，几乎每一个顶尖学生背后都有一个专业的、长期指导的顾问。

美国高中4年（9～12年级），学生从10年级开始就有了升学顾问，无论在学业上还是心理素质上，美国高中生进入大学前就做好了充分的准备，这与我国的教育体系完全不同。所以，如果你想顺利进入美国高校，就必须赢在起跑线上，从高一开始，就找个好的升学顾问陪你助跑！

升学顾问的价值：你相信他的价值有多大，就有多大！

小故事

有个工厂有一套很好很昂贵的设备，有一天这套设备出故障了，工厂就找了一个很有经验的工程师来修理，工程师在电缆上画了一条线，说把这条线后面的电缆全部除掉，照做之后设备就恢复了正常。工程师要价100 000美元，工厂不解为何收费如此之高。工程师说：“我给你画这条线，收1美元，我告诉你在哪儿划，收99 999美元。”而在哪里画这条线，就是升学顾问的价值。很类似地，我的一个客户投资了很多公司，它们都在美国上市了。我问他，你如何知道这家公司就一定有发展？他说："看得多了，掂量一下就有手感。之前没有这个好的都上市了，这个肯定也没有问题。"这个没有问题的公司上市之后市值超过了 100 亿美元。

选择升学顾问需要注意的七个要素

目前中国留学机构鱼龙混杂，乱象丛生，因此家长在选择升学顾问时应该慎之又慎，否则会直接浪费掉孩子的这个宝贵的机会。因此，我们为家长和学生提供了鉴别升学顾问的七个要素。如果一个升学顾问没有好的资质，是不可能满足这七个要求的。

1. 留学背景。没有留学背景的升学顾问只能是雾里看花，无法提供第一手资料。家长在和升学顾问交谈时，应该就顾问本身的留学背景展开详细询问：如升学顾问在哪里上的学，所在学校学的什么专业等种种情况，以鉴别是否是欺诈性的机构。甚至可以要求升学顾问提供相应的学位证明。时代焦点为了给学生提供更好的服务，特别采用了"双顾问"的形式。对于每一个学生，都会配有一个中国顾问和一个外籍顾问。这样做的好处是既保证了交流的顺畅，又能从外籍顾问那里得到第一手的海外咨询。要警惕，很多说是"哈佛才子"和"西北校友"的人并没有在这两个学校学习过也有很多是没有毕业的或者只参加过短期的 1～2 个月的学习项目的"校友"。在选择顾问的时候，一定要敢于问"老师，您毕业了吗？您学的是什么专业？您的毕业证能让我们看看吗？"不要碍于面子，你如果要花费很多钱请人做咨询，做做尽职的调查是非常必要的。

2. 成功案例和成功率。一个出色的升学顾问必定会有不少申请成功的案例。家长可以要求顾问提供这些案例。如果有条件，可以要求升学顾问提供成功案例的家长和学生的联系方式，去亲自核实。还要警惕的是有些大机构给出了不少进入名校的案例，也都是确有其事的，然而，要知道在接受升学顾问服务的 500 个学生中，可能只有 5 个成功案例。所以在选择升学顾问的时候，成功率比成功案例更加重要。此外，成功案例中提供的如果是模糊的 Z 同学和 F 同学，可能就是杜撰的。一定要问，我可以和 Z 同学和 F 同学聊聊吗？或者和他们父母聊聊？真金不怕火炼，如果是真的，就能拿出来看看。我们时代焦点的案例不但真实，而且这些学生在录取之后都主动来录像，参加讲座来分享自己的经验。此外，很多机构每年辅导很多人，一定有不少成功案例，那么分子是很耀眼，分母有多大呢？所以一定要看成功率。

3. 警惕所谓的"全包服务"。如果升学顾问提出在申请材料的准备上他可以完全替你写，不需要你做任何事，那么一定不要去这个机构。这是因为，美国大学非常强调学生个性的体现，而且近年来这种千篇一律的申请文书已经涌入了美国申请的大军中，非常容易被识破。学校一旦感觉到这个学生的文书是有人代笔的，将会直接将学生的材料丢进废纸堆。一个好的升学顾问，工作的重心之一是了解学生的各个方面，并在写作上给予方向性的指导。"授之以鱼不如授之以渔”，好的升学顾问不但提供个性化的服务，还会教授学生写作技巧和申请技巧。这对学生未来的继续深造和工作申请都是受益匪浅的。

4．是否有专业团队。由于申请环节的繁琐，优秀的升学顾问从来都不是一个人在战斗，其背后一定会有一个强大的团队。团队中应该包括：SAT、托福讲师，专业文书，外籍教师，心理辅导老师，活动组织人员，技术支持人员等。

5．量化比较其对您的孩子的重视程度。在面临一个 SAT 2 300 分想要申请耶鲁的学生和一个 SAT 2 100 分要申请耶鲁的学生的时候，绝大多数机构，都会更加愿意优先帮助 2 300 分的，这是人之常情。如果您的孩子是 2 300 分，那么几乎所有留学机构都会重视您的孩子，但是如果您的孩子是 2 100 分，那您就要问问，是否您的孩子可以被重视。他们辅导过这个分数的学生吗？结果怎么样？孩子是否会被一视同仁地重视？每个机构每年都会面对很多学生，而每个家庭只有一个孩子，所以是否能够像父母一样重视孩子是最重要的。量化的另外一个原因是，同样是进入了哥伦比亚大学，能把 2 180 分的学生送进去的顾问，通常会比能把 2 300 分的学生送进去的顾问的水平高。

6．能否清楚地记得学生的信息。如果家长在一次面谈之后还是无法确定是否选择这个顾问，那么可以约第二次面谈。这次面谈时，家长要注意此顾问是否记得学生的信息。因为留美本科申请是一个劳动密集型、高度个性化的过程，有些顾问为了盈利，会同时操作很多案例，这样必定不能提供很好的服务。如果这个顾问有太多客户，那就有可能会对学生信息记不清楚。

7．警惕“特殊渠道”型顾问。有些升学顾问声称自己有人脉，可以通过“特殊渠道”来保学生进入某大学。如果遇到这种顾问，家长和学生一定不要上当。美国正规的大学录取制度很严格，不会有此类“特殊渠道”。

录取轮次（提前录取、有条件提前录取和正常录取）介绍及策略

美国大学通常有 3 种录取方式，即具备约束力的提前录取（ED，Early Decision）、不具约束力的提前行动（EA，Early Action）以及常规录取（RD，Regular Decision）。不过这 3 种并不是全部的录取方式，比如，提前回复（ER，Early Response）也可以看做是提前录取的一部分。

常规录取（RD）是通常采用的申请法。大多数学校要求申请者必须在 1 月 1 日之前递交申请，可在 4 月 1 日前收到是否被录取的通知。申请者可申请多所大学，一旦被录取，申请者可根据自己的意愿选择中意的大学入学。提前回复（ER）的截止日期和提前录取（ED）的基本一样，但没有任何制约，越早申请越有优势。

提醒申请者注意

提前录取（ED）是一项对于候选人答复具有约束作用的申请办法，具有唯一性。

当申请者签署提前录取协议的时候，意味着已作出了承诺，即申请者只可以在设置提前决定申请的学校中选择一所学校进行投递，倘若被学校录取，那么申请者必须选择该校就读大学，同时放弃申请其他学校的机会。因为在校方看来，违反提前录取（ED）规则的学生存在诚信问题。

有的学校较为灵活，可以将提前录取（ED）分为提前录取 1（ED1）和提前录取 2（ED2），申请截止的时间不同，原则上 ED1 只能申请一所学校，是唯一选择，在 11 月 15 日前完成申请，并将材料发往学校，在此之后，不得在学校给予通知前以提前录取（ED）形式申请其他学校。很多学校的协议只说明同一时间不能有第二个 ED 申请，并没有明确说明不能进行其他学校的提前行动（EA）申请。也可同时进行常规录取（RD）申请。但是 ED1 一旦被学校录取，不得以任何要求拒绝学校录取，并同时将正在进行的常规录取（RD）申请撤回，通知这些学校自己已被 ED1 录取，最通俗的理解就是不得申请一所以上的 ED1 学校，并且要服从学校录取决定。如果 ED1 被拒绝，则不可以参加同所学校的 ED2 或者 RD，可以申请其他学校的 ED2 和其他学校的常规录取（RD），不影响录取，如果 ED2 被录取也应该立刻撤回通知 RD 学校申请结束，一般申请者可在 12 月 15 日收到 ED1 是否被录取的通知。一旦被录取，申请者必须去这所大学报到，不能拒绝。

但 ED 申请也不是绝对不可退出的。当申请了需求奖学金（need-based financial aid）而学校没有给申请者所要求的奖学金时，在缺少资金而无法入学的条件下，申请者有权拒绝学校的 ED 从约束承诺中解脱出来。在申请需求奖学金的条件下，在收到学校的资助通知之前，不需要撤回正在进行的其他申请，因为如果 ED 的学校不给奖学金，申请者可以继续其他的申请。特别提醒：如果不申请需求奖学金，那么被 ED 的学校录取之后，是不具备退出条件的；但是如果申请了需求奖学金，对于我国学生来讲，美国大学如果不给需求奖学金，通常就不会在 ED 情况下录取你；部分美国大学直接明确地说明，国际学生 ED 是不能申请奖学金的。所以，我们可以基本理解为中国学生如果 ED，就要做好经济方面自负的准备。

提前行动（EA）有非限定性提前行动（NEA，Non-restrictive EA）、限制提前行动（REA，Restrictive EA）和单一提前行动（SCEA，Single-choice EA）。非限定性提前行动就是最宽松的一种。即使申请到了也可以不去，而且可以和其他限定性提前行动（REA）、提前录取（ED）同时申请。而限制提前行动（REA）则是说虽然你申请到了可以不去，但申请者只能提前申请这一所学校，连提前录取（ED）都不能再申请。

普通提前行动（NEA）是一种一般不限制申请者申请其他学校的提前申请形式。学校如果发出录取通知后，一般要求学生在 5 月 1 日前答复是否接受学校即可，申请者也不必撤回正在进行的其他申请，仍可以再做其他新的学校的 RD 申请。这意味着 EA 申请结果如果是录取，申请者基本可以把此校当成一个保底学校。而且在申请某校的 EA 时，还可以申请其他学校的提前申请形式，只要那些学校不限制申请这个学校的 EA 就可以了。比如芝加哥大学的 EA 就是非限定的

（non-binding）和多选的（multiple-choice），学校表明在 11 月 1 日之前可以申请本校的 EA，也可以申请其他学校的 EA，只要其他学校也说行就行了；但如果选择的其他学校是单一提前行动（SCEA）的学校（如普林斯顿大学（Princeton University））或者限制提前行动（REA）的学校（如斯坦福（Stanford）大学），就必须遵守那边学校的约定，不能再申请芝加哥大学的提前行动了；或者如果要继续申请芝加哥大学的提前行动，就必须放弃单一提前行动（SCEA）或者限制提前行动（REA）的学校了。

单一提前行动（SCEA）和限制提前行动（REA）是两种特殊的提前行动，是限制申请者申请其他学校的提前行动（EA）和提前录取（ED）。单一提前行动（SCEA）的典型代表目前是普林斯顿大学（Princeton University）。其明确声明如果选择了该校的单一提前行动（SCEA）之后，就不能同时申请其他学校的提前行动（EA）和提前录取（ED）了；换句话说，如果申请了其他学校的提前行动（EA）或者提前录取（ED），就不能再申请普林斯顿大学（Princeton University）的单一提前行动（SCEA）了。限制提前行动（REA）的典型代表是斯坦福（Stanford）大学，其要求学生签署的限制提前行动（REA）协议里面明确声明，选择了该校的限制提前行动（REA）之后，就不能再申请其他学校的提前申请形式，只能申请常规录取（RD）。

我们可以用如下表格作详细说明：

提前申请类型	是否约束候选人的答复	能否申请其他提前申请	能否申请其他正常申请
Early Decision (**ED**)	是	否	是
Early Action (**EA**)	否	是	是
Single-choice Early Action (**SCEA**)	否	否	是
Restrictive Early Action (**REA**)	否	否	是

一般来说，提前录取（ED）、提前行动（EA）的申请截止日较早，通常在每年的 11 月 1 日或中旬。少数学校有不同规定，而录取结果在 12 月中旬就能知道。素有“迷你常春藤”之称的美国文理学院基本上都是提供提前录取（ED）申请，截止日是 11 月 15 日。

排名前十位的大学的 EA/ED 情况：

Harvard University	SCEA
Yale University	SCEA
Princeton University	SCEA
Standford University	REA

（续）

Columbia University	ED
University of Pennsylvania	ED
Duke University	ED
University of Chicago	EA
California Institute of Technology	EA

大概有 450 所学校（包括那些以我们的标准看来是备受推崇的学校），都提供至少一种提前录取或提前行动的选择；有 45 所学校既有提前录取又有提前行动项目，如美国杜兰大学、圣奥拉夫学院、阿勒姆学院、韦尔斯利学院、新罕布什尔大学等；此外，如史密斯学院、里德学院、范德比尔特大学、卫斯理大学和塔夫茨大学等仅有提前录取项目，但提供了两个不同的日期：ED1 的截止日期是 11 月 15 日左右，提前 ED2 申请日期约为 1 月份；还有一些学院甚至有三个提前项目可选，如迪金森学院，就有 ED1、提前 ED2 和 EA 选项。

提前行动，特别是提前录取项目一直以来都是讨论中极具争议的项目，希望我们这里讨论的这些提前录取的部分相关定义及规定能够帮助申请者作出正确的决定。

为什么要申请 EA、ED?

最直观的原因是大部分学校的 EA、ED 录取率（录取学生在所有申请学生中的百分比）更高。对于申请大部分私立学校和一些公立学校的申请者来说，拿到 EA、ED 的录取更加容易。对于一些申请竞争激烈的学校，EA、ED 录取的学生可达到全部录取学生的 15%～35%。下图是 8 所常春藤盟校的 EA、ED 录取率和 RD 录取率的对比，结果一目了然。

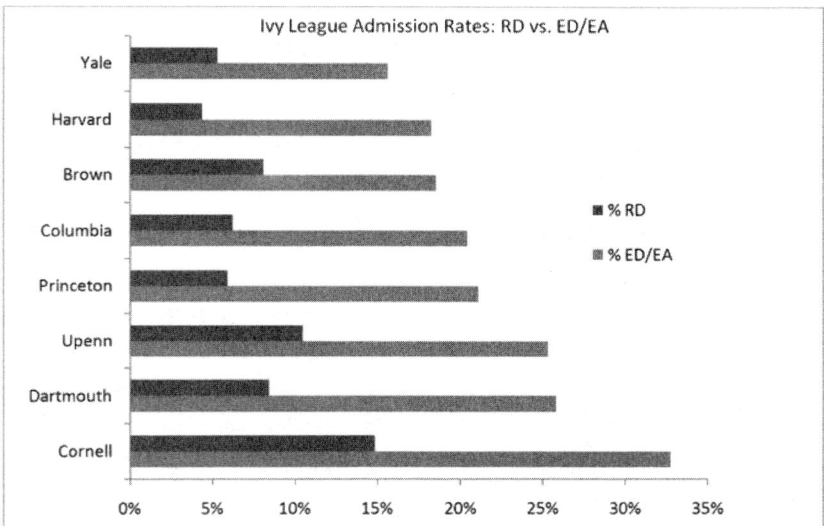

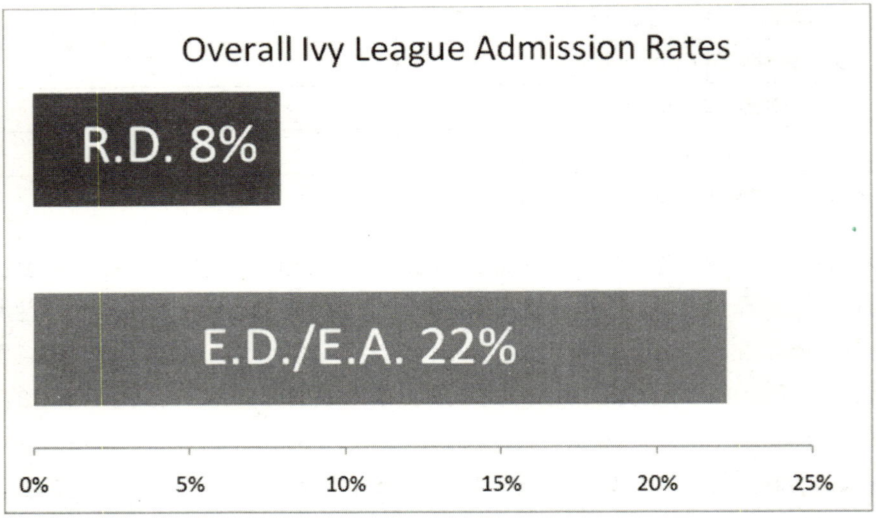

来源：https://www.applerouth.com/blog/2013/05/09/be-an-early-bird-for-that-ivy-worm/

从学院的角度来看，通过提前录取招收特别渴望来校学习的学生不失为一个良好的开端，至少对于是否能招生满员的学校是这样的，因为这样，学校就可以知道除非学生是出于奖学金的原因，否则不可能拒绝学校的提前录取，通常只要学校发出了提前录取通知，招收率是百分之百。与普通招生的生源未知性相比，提前录取降低了大学招生的不确定性，它可以帮助大学在招生方面减少麻烦，诸如招生未满或超额招生之类的，并可以使招生成本最小化。毕竟，从竞争的角度来讲，可以使符合要求的生源远离对手学校，所以大学的提前申请的录取率往往比正常申请的要高一些。

实证

2012～2013 年度，杜克大学的提前录取（ED）录取率为 30%，而常规录取（RD）的录取率为 10%。另外，2012～2013 年度，约翰霍普金斯大学的提前录取（ED）录取率为 37%，而常规录取（RD）的录取率为 17%。

根据美国大学理事会（College Board）的数据，大部分顶级大学在作提前申请的时候，就已经录取了当年录取总数的 25%～50%的人数；近年来，常春藤盟校有 40%的学生是提前申请时就被录取了。

从学生的角度来看，提前申请有更早的申请截止日期，也可以更早地获得录取结果，就有时间和精力去做其他有意义的事情，比如更早地选修大学级别的课程、更早地和家庭成员一起规划自己的大学生活、安排资金和住房方面的事情以及整个家庭提早从等待申请结果的巨大的焦虑及心理压力下解脱出来。其实，提前申请如果申请正确且成功，结果是双赢的，学校招到了合格的学生，学生也能如愿地进入理想的学校中学习。我们的许文睿同学就是康奈尔大学 ED 录取的，圣诞节之前就可以开心庆祝了。

相信以上两点原因足已有吸引力。如果你还能满足以下大部分条件，就更别犹豫，一定要申请 EA、ED：

- 你很确定最想申请就读的一所学校；
- 该校开设 EA 或 ED 申请；
- 你对在 RD 申请能拿到该校录取并没有十足把握；
- 你不需要奖学金（学校通常对 EA、ED 申请者提供更少的奖学金，因为申请者入学率高），或你需要资助而该校提供助学金；
- 你的申请材料在 12 年级不会有太大变化；
- 你在 12 年级初，EA、ED 申请开始前已经准备好了大部分申请材料；
- 你的父母或直系亲属是该校校友。

当然 EA、ED 没有录取也不必灰心。ED 没有录取，可能是运气原因，也许是竞争太激烈，也许是策略不对。今年我们的一个同学 ED 没有录取，我们马上调整策略和定位，最后这个同学进入了排名第 12 位的西北大学。

提前申请也并非人人双赢，它也是有利有弊的。申请“提前录取”的学生最大的收益是被录取的概率增大。通常而言，常春藤盟校每年招收国际生的比例在 10%以下，而如果通过“提前录取”的话，录取概率将增加到 20%左右。并且相比于常规录取，“提前录取”发布的录取结果较早。如果申请“提前录取”不行，同样还来得及申请“常规录取”，对于学生而言，这样被美国院校录取的机会就相对更多。但可惜的是，“提前录取”一般都不提供奖学金，所以申请的学生家庭必须经济实力较强。即使有学校表示提前录取（ED）可以申请奖学金（FA），那么要申请多少钱的奖学金也是大有学问的。

提前录取要求的申请时间较早。如果申请者准备时间较为仓促，对于那些标准化考试成绩还未出来，或者是分数不理想的学生来说，并不建议申请提前录取（ED）。因为申请和考试同时准备会牵扯很多精力，材料很有可能准备不够充分，匆忙地递交申请很可能让自己处于劣势，而不能把自己最好的一面展现出来。

总之，“早起的鸟儿有虫吃”。如果想申请提前录取，就要提前准备，并且仔细咨询专业人士，作出适合自己的正确选择。正确的提前申请策略应该视提前录取（ED）和提前行动（EA）的不同情况而有所不同。对于提前录取（ED）的申请策略来说，如果申请的学校排名过高，那么会得不到结果，白白浪费机会；如果申请的学校排名过低，又不得不去读，会委屈自己。正确的方法是，应该由一个专业且有经验的人帮助评估综合实力，然后适当拔高一些去申请，这样既容易成功，又没有"低就"的遗憾。而且还可以根据申请者的其他考虑，如地理位置、专业等其他因素，可以再适当调整提前录取（ED）的申请策略。

对于提前行动（EA）的申请策略，第一种和提前录取（ED）的申请策略一样，就是尽量申请力所能及的且适合自己的好学校；第二种策略则是申请一所适中的学校，获得录取即相当于获得一所"保底"学校，然后再继续申请其他学校。

等待结果

网上申请和补充材料提交都完成后，我们就要等待录取信息了。这个时间段并不等于没事可做，自己应该时刻关注邮箱，看看对方学校是否还需要其他材料。一般来说，在这个时段，学校会需要你寄最后一年第一学期的成绩，所以一旦有了成绩单，应立刻寄出，所以不要忽视了最后两个学期的学业。之前没要求财产证明的学校，在这个时候也可能向你要财产证明，及时给他们寄去对申请也有很大的帮助。不能及时寄到的东西，一定要尽快联系校方，看看发电子扫描版的证明是否可以。千万不要网申一完，就对申请置之不理。成绩是否被学校收到，推荐信是否已上交都是你要监督的问题。

除了直接拿到录取通知和被拒这两种结果，你还可能遇到 waitlist。意思是你没有被第一批录取，但进入了候补名单。很多学校的 waitlist 有几百人，不是在 list 上就有很大希望。

在申请中，面对 waitlist 这样的结果，有的人无动于衷，甚至出去旅游几个月后回来才发现竟然被录取了，也有人采取了一系列努力，但依然徒劳，当然也有人写了封动人心扉的信，于是被名校录取。进入 waitlist 既不约等于 reject，也不约等于录取，毕竟 waitlist 可以发好多好多。所以对于大多数学生，静静等待是上策。根据我们的经验，当且仅当你在从提交申请到得知在候补名单上之后，有一些很重大的进展，才建议提交补充说明。如果你在 waitlist 之列，我们建议你在校方不反对的情况下主动采取措施与校方联系。以下是大家可以采取的措施：

- **收集录取学生信息**

录取学生是那些已经被 Admission Committee 的价值体系所肯定的一群人，他们那里有你需要的某些通性，所以，你可以去联系或了解一下他们的个人情况、申请细节或者申请中有的某个你所没有经历过的特殊环节。这样做你可以得到什么呢？也许是别人一次成功面试的经验，一条关于 why essay 的独到见解，甚至是 Family Contribution 的数目。在这个基础上对新获得的录取学生资源进行整合，按照时间顺序将新资源排序以确保自己所获得的不是过期信息，这些都会为你的进一步努力提供方向。

- **发邮件**

由于 Admission Officer 们在这时平均每天收到的邮件应该比前些日子少很多，所以他们有更多的精力去关注你的 case。而你也应该利用好这点，所要做的就是写一封言简意赅的信为学校录取你提供新的支持。

从 waitlist letter 里提供的建议入手：对于 waitlist letter 里学校给的建议要遵从，比如同意参加一些 Additional Courses 或者采纳校方的其他建议。校方要求的 Additional Information 一定要及时提供。

重申自己对学校或某个 program 的巨大兴趣：简单感谢学校继续给自己机会，同时再一次重申学校的特点、教学理念等和自己的喜好、理想是多么的 match，一定要让 AO 听见你自己的声音，感受到你的热情，当然，不要提及自己由于没有被直接录取而感到的莫大失望。

讲述自己最近取得的新的成就：比如最后一个学期 GPA 拿到 4.0；创建了一个新的社团或领导了一个新的研究项目；参加了志愿者活动；发表了新的文章；获得了专利；开始了自己的生意等。如果有这些新的没有在申请中提及的成绩，可以把这些新成就和 essay 中已有的主题及个人特点相结合，使你的个人形象更加充实有说服力。

讲述自己是怎么应对自己的“弱点”的，同时不要过分强调它们：如可以提及自己在两个月前开始学习 AP 的物理课程用以强化自己的自然科学知识，讲一下自己在这个 experience 中有什么收获，获得了什么荣誉和成就。但是不能说自己参加 AP 物理课程是为了弥补 SAT II 中恼人的物理成绩。

提高 Family Contribution：如果多方考证发现，自己是由于要奖太多而被拉入 waitlist 行列，可以在家庭经济情况允许的条件下，适当提高 Family Contribution。

表明自己进入该校的决心：如果你确定自己一定会去这所学校，说明一下这个学校是自己的 First Choice 而且一旦录取就一定会去。

这封信要做到短小精悍，最多两页。不要把自己的人生经历或过去的 essay 在这里罗列，而应该把重点落在提交申请以后自己有什么新的成绩。当然这封信不能随便发，发到学校的大的 Admission Email Address 基本上会石沉大海，也可能会有收到回信说请你继续等待之类的官方客套话。所以，一定要找对人。招生官是按地区划分的，一般美国本土是以州划分，国际学生的是以洲划分：亚洲、欧洲、非洲等。要找到一个负责你所在地区的 Admission Officer，才能保证你的声音真正被听到。

- **保持联系**

接下来可以与校方保持密切联系，不断表达自己对学校的兴趣以及与特定 program 相称。可以在接下来的几个星期里提交其他的推荐信，申请面试，到学校参观，进行学生教师交谈甚至与录取官见面。在与学校进一步接触的基础上，可以写明“How the visit strengthened your conviction that you and School X are a match.”。

总之，要在这一系列的行动中突出自己在初次提交申请以后已经是“new and improved”了。这些都会提高你被拉入“Accepted List”的概率。

家长必读

● 鼓励孩子多参与

现在有很多留学机构，有些甚至宣传“VIP”服务，说孩子可以不用动手，只要动嘴就可以完成候补申请。这样无疑将院校申请变成了机械化生产，难有特色，而且缺乏孩子参与的申请文书，根本无法体现学生本人的精髓，学生自己也无法完成自我的认识和提高，参与到这个宝贵的经历。好的机构提供的是指导，不仅是带领孩子经历一次申请过程，更是要让这次经历一生难忘。让孩子主动参与自己的申请，不仅限于写文书、网络申请，还有查学校、选专业等一些工作。毕竟，大学是要孩子自己去读的，孩子要了解、要喜欢。申请本身也是一种锻炼，它给了孩子一个认识美国教育、认识美国文化和认识自己的过程。申请比较复杂，耗时也费力，但是如果自己连申请都不能做好，又怎么在美国独立学习生活呢?

● 选择合适的角色

笔者发现很多家长扮演了决策者的角色，一手操办了申请的各个环节。然而，家长的爱子之心有时候并不能得到孩子的理解。家长有时无法理解学生在这个艰巨的过程中面对的压力、恐惧和挑战。这时，家长和学生的沟通变得至关重要。在学生即将成年、离家去上大学的这个年龄段，家长要调整自己的角色，更多地把孩子当作朋友，给孩子更多的鼓励和信心。

● 选对顾问

这些年，海归越来越多，从美国名校海归的留学顾问肯定要优于某些批量“生产”的机构。美国的名校本科、商学院、法学院毕业生是真正的翘楚，他们的毕业薪水和水平也远高于含金量低的学位的毕业生，希望家长斟酌清楚。很多非北京、上海的优质留学顾问稀缺，可以考虑来北京或者上海聘用顶级顾问。

● 和升学顾问配合

笔者经营过的许多成功申请案例中，都和家长建立了良好的互动。家长是最了解孩子的人，如果和升学顾问充分交流，可以充分挖掘孩子的特长，深入了解孩子的成长故事，使申请文书变得非常具有个性化，而不像有些机构提供的千篇一律的文书。笔者还发现了一个有趣的现象，很多孩子会对家长的有些建议有抵触情绪，但是如果这些建议是来自升学顾问，孩子的接受度会高很多。因此，家长可以把升学顾问作为和孩子沟通的桥梁，使繁琐的申请过程变得明晰和高效。

● 家长的几个误区

施加过大的压力：望子成龙的家长往往会对学生施加很大的压力，比如说必须去常春藤盟校。其实往往家长并没有了解去常春藤盟校究竟需要什么样的材料，如何做准备，录取率如何，孩子的竞争对手是怎么样的。武断地给学生制定一个宏大的目标而没有一个可实施的计划，会给孩子带来极大的压力，还会破坏家长和孩子的关系。

不了解孩子的梦想：家长需要意识到的是，帮助孩子进入美国名校的目的，是为了让孩子实现自身的梦想和价值，而不是为了获得向周围人吹嘘的资本。每所名校都有自己的特色和风格，我们的目的不是进入最好的那一所，而是进入最适合孩子发展的那一所。

2014 年和 2013 年的录取率及中国籍学生入学人数

2012 年的录取率是美国大学录取率最低的一年，其中一个重要原因，是美国在第二次世界大战之后有个生育高峰，产生了“婴儿潮（baby boom）”。这些人的孩子正好现在到了上大学的年龄，从而产生了一个特别严酷的竞争环境。哈佛（Harvard）大学和斯坦福（Stanford）大学的录取比例只有 7%左右，比起以往，难度增加了很多。

根据 CNNMoney 的报道，几所美国顶尖大学 2012 年的申请录取率比 2011 年都有不同程度的下降：

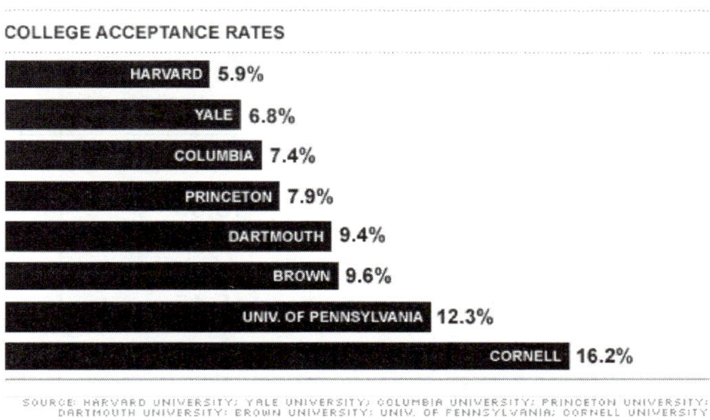

来源：http://money.cnn.com/2012/03/30/pf/college/acceptance_rates_ivy_league/index.htm

随着 2014 年申请季的结束，各大教育网站对于美国顶尖本科院校申请的最终录取数据也相继给出了报道，2014 年 8 所常春藤大学的整体录取率是呈下降趋势的，只有达特茅斯学院有所提高，当然常春藤盟校中最难录取的仍属哈佛大学，其录取率下降到了 6%以下。以下内容是引自 The Ivy Coach 的 8 所院校的具体数据分析：

2018 Ivy League Admissions Statistics

Ivy League Colleges	Overall Accept. Rate	Regular Decision Accept. Rate	Regular Decision Apps Accepted	Regular Decision Apps Received	Early Decision / Action Accept. Rate	% of Class Filled by Early Apps	Early Decision / Action Apps Rcvd	Early Decision / Action Apps Accepted	Expected Number of Students to Enroll	Total Apps Received
Brown	8.6%	7.4%	2,036	27,344	18.9%	37.4%	3,088	583	1,560	30,432
Columbia	7.0%	5.5%	1,641	29,654	19.7%	46.8%	3,298	650	1,390	32,952
Cornell	14.0%	12.3%	4,689	38,266	27.7%	41.5%	4,775	1,325	3,190	43,041
Dartmouth	11.5%	9.9%	1,751	17,618	27.9%	42.3%	1,678	469	1,110	19,296
Harvard	5.9%	3.5%	1,031	29,603	21.1%	n/a*	4,692	992	1,660	34,295
Penn	9.9%	7.3%	2,252	30,719	25.2%	53.7%	5,149	1,299	2,420	35,868
Princeton	7.3%	5.4%	1,225	22,787	18.5%	n/a*	3,854	714	1,308	26,641
Yale	6.3%	4.6%	1,200	26,182	15.5%	n/a*	4,750	735	1,360	30,932

* n/a = not applicable since an Early Action Policy was in place or later eliminated, or an Early Decision Policy was eliminated.

来源：http://theivycoach.com/2018-ivy-league-admissions-statistics/

申请学校	2014 年录取率（%）	2013 年录取率（%）	上升（%）
哈佛大学	5.8	5.79	0.01
耶鲁大学	6.9	6.72	0.18
普林斯顿大学	7.4	7.29	0.11
达特茅斯学院	10.4	10.05	0.35
宾夕法尼亚大学	12.2	12.1	0.10
康奈尔大学	15.6	15.15	0.45

申请学校	2012 年录取率（%）	2013 年录取率（%）	下降（%）
哈佛大学	5.9	5.8	0.1
耶鲁大学	6.8	6.7	0.1
普林斯顿大学	7.9	7.3	0.6
宾夕法尼亚大学	12.3	12.1	0.2
布朗大学	9.6	9.2	0.4
康奈尔大学	16.2	15.2	1.0

为了帮助中国学生更好地了解美国大学的申请趋势，以及使学生在选校的时候更加清楚地给自己一个正确的定位，笔者特提供以下表格供学生们参考。该表格的数据信息是2014年和2013年，美国US News大学排名非常靠前的一些顶尖院校的中国籍学生的入学数量。从入学数据也可以看出，虽然2014年相对于2013年录取率有些许上升，但是涨幅还是很小的。更多关于本科录取的详细内容以及每年实时录取情况，请参考许轶老师博客：http://blog.sina.com.cn/xuyi129。

录取率和入学率是两个不同的概念。录取率是高校发出的录取通知（offer）与该校申请者的比例。入学率是高校实际入学学生人数与该校申请者的比例。

- 入学率≤录取率

我国高考填报志愿后是顺序录取。在美国，学生可以在数量上无上限地申请高校，然后在所有拿到的录取通知中选择一所就读，所以最后是学生选择高校，而不是高校选择学生。美国高校一般分两批或三批录取，根据历年的入学率，确定第一批发放的录取通知数量。通常第一批发放的录取通知数量较多，这也是很多人喜欢申请第一批录取的原因，第二批或第三批根据前面批次录取学生的情况，酌量发放录取通知，数量上有不确定性。一些知名高校还有候补录取名单，在招不满学生的时候从名单上依次递补录取。

2015年美国前100名大学秋季入学申请的截止日期汇总请参见附录。

本科留学申请的四大趋势

海外兵团抢滩

随着去美国读高中的中国学生日益增多，进入名校的有限名额很多都被这个群体抢占。这些学生比起在中国读高中的学生来说，有以下几个优点：第一，其就读的美国高中为美国人所熟悉，认可度比较高，特别是如果这个美国高中每年都有申请到名校的记录，那么学生只要在此高中排名靠前，就能大大提高进入知名大学的机会。第二，美国高中提供的信息可信度高。其实美国大学对中国学生成绩单和推荐信造假的现象是了解的。相比之下，如果学生在美国读高中，提交的申请材料会更加可信，从而更加受到重视。第三，英语沟通能力比较强，在美语环境中比较能够融入美国社会。

学校看重长期活动

留学申请的另一大趋势就是学校越来越看重长期活动。美国大学已经对所谓的“一次性活动”产生了审美疲劳，因为几乎每个申请人都会列出一些短期活动：如运动会、世博会志愿者、支教、小规模竞赛等。如果学生在描述课外活动时只列出了这种“一次性活动”，甚至会产生反作用，让学校认为你没有独立思考的精神。与之相反，长期活动越来越得到学校的重视和认可。比如一直参加某项运动，并长期坚持且取得了一定的成绩。这样就会比较容易获得学校的认可，在个人文书写作时也会有比较深入的素材。

看重才艺，兴趣和爱好

从我们最近几届的录取情况来，美国高校越来越青睐有个性和一技之长的学生到海外就读。通过和美国招生官员的交流，我们得知这是因为：

首先，一个学生的兴趣爱好以及为自己设定的发展目标对学习专业的投入程度影响很大。有一个或多个长期爱好的学生，通常在专业学习上也会有同样优秀的表现。

其次，兴趣爱好也会影响到灵感，决定创造力，关乎成功与否。几乎所有成功者都有热爱甚至为之疯狂的爱好，相比起考试成绩，这更是学生未来能够投身一个领域并成功的标志。

最后，拥有广泛兴趣爱好、喜欢积极思考的学生更容易融入海外教育，得到更好的发展。能够适应中美两国不同的教育体制，真正融入美国大学文化的学生才更受到高校的欢迎。

个性化的文书至关重要

现在某些留学机构为了吸引学生，单纯地找些美国名校毕业的本科生来帮助学生包装一份豪华文书。写出来的文章都是地道的美语，辞藻也很华丽。但是这种文书并不能得到美国大学的认可。究其原因，第一是因为这种豪华文书的包装只能做表面功夫，没有办法在内核上发力。第二是因为内容空洞，缺乏长线规划及有代表性的活动。一个比较可行的方式是由升学顾问和学生、家长一起共同讨论，选择几个好的角度。然后由学生创作，在创作的过程中不断和升学顾问进行互动。文书写作是一个至关重要的过程，根据往年的经验，这个写作往往需要 5～10 稿的修改，很多学生改到最后对自己也产生了新的认识，变得更加自信。这对学生的写作技巧也是很大的提高。

成功申请：感动学校的一次成功营销

去美国读本科

准确的目标大学定位——选一道最适合自己的菜

选择合适的学校和专业！

关于选择专业和就业前景

热门专业点评

个人定位

申请文书创作：感动学校的"情书"

家长必读

申请文书范文：你的"情书"也会精彩

外教详解文书题目，附"牛气"范文

面试：第一次亲密接触

营销是通过创造、提供出售、并同别人交换产品和价值，以获得其所需所欲之物的一种社会和管理的过程。

——科特勒

留学申请的本质就是推销自己。营销成功的标准可以量化为录取通知（offer）和签证（visa）的取得。如果我们把自己看作是产品的话，成功的营销就是将自己推销给最理想的学校，获得尽可能高的回报（如学校排名、奖学金数量等）。

我们将帮您：

分析营销的外部环境 —— 目标学校和学校看重的因素；

集合综合作战的营销团队 —— 家长、科目老师、推荐人、考试辅导教师、专业机构；

作好整体营销计划 —— 个人定位；

打造营销法宝 —— 文书创作；

装配营销终极武器 —— 面试圣经。

留学申请中的成功营销——你的第一笔最伟大的生意！

准确的目标大学定位——选一道最适合自己的菜

美国大学一般分为两大类。第一类是公立学校，一般是由州政府或者特殊机构（如军队、教会等）拨款成立的。公立大学又分为州立大学（State University）和社区大学（Community College）两种。第二类是私立学校，主要由私人基金组织出资兴办的，常春藤盟校都是私立学校。在美国，最好的、排名顶级的、收费最贵的几乎都是私立学校，不过，通常奖学金发放最多的也是私立学校。私立大学也分为两种，一种是综合性私立大学，一种是文理学院（Liberal Arts College）。

了解了大学的分类，根据自己的实际情况，作出准确的目标大学定位。

公立大学：州立大学&社区大学

州立大学 ▶▶

每个州基本都有自己的州立大学体系。一些较大的州甚至有十个以上的分校，分校独立招生，独立设置课程，但学位由州立大学体系统一发放。州立大学的校园规模较大一些，要经过一定的筛选才能入学，收费相比私立学校便宜。著名的州立大学有加州大学伯克利分校（UC Berkeley）、加州大学洛杉矶分校（UCLA）等。最好的州立大学（如密歇根大学、加州大学伯克利分校（UC Berkeley）等）在全美排名可以排进前 21 名。

> 适合人群
>
> 自身有一定的综合实力，经济条件不太优越，难以申请到全额奖学金的学生。

社区大学 >>

对本社区里所有的人开放，存在的目的是为那些上不起大学或者没有机会上大学的人提供一个教育的平台。学生的素质差别很大，有上了年纪的老人，也有一些对自己要求较高的高中生。学校课程设置较杂，有很多兼职的教师，教师水平有限。一些学生的背景不够上好的综合性大学，会用社区大学做“跳板”，在这里修几年课程，打好基础后再转学去更好的高校。知名高校每年都有一定的比例接收转学的学生，上半年 3、4 月份申请，5 月份可以知道结果。转学对学分有要求，社区大学因为学生整体水平差别大，拿高分容易些。

> 适合人群
>
> 背景不够上好的综合性大学，或者入学准备得比较晚、不充分的学生。

私立大学：综合性私立大学 & 文理学院

综合性私立大学 >>

最受学生青睐的就是这类学校，美国教育系统排名前几名的都是综合性私立大学，如我们熟知的哈佛（Harvard）、斯坦福（Stanford）、耶鲁（Yale）、普林斯顿（Princeton）、哥伦比亚（Columbia）、杜克（Duke）等。这类学校无论师资水平、科研力量或学生素质无疑都是顶级的。一些私立大学还成为了产业的核心，如斯坦福（Stanford）成就了硅谷的崛起等。如果你的综合实力很强，综合性私立大学肯定是首选，不过热门高校的残酷竞争是不可避免的。

> 适合人群
>
> 最牛的学校，当然适合最牛的学生。

文理学院 >>

这类学校在中国的知名度相对不高。其实文理学校有比较悠久的传统和独特的学校文化，虽然与综合性私立大学相比规模小、师资力量少，但是文理学院基本没有研究生学院，专攻本科教育，教学质量比较好、比较精。由于学生比综合性大学少，老师和学生的比例也是非常好的，甚至可以达到 1:10，学生与老师的互动更多，有助于学生学习成绩的提高。老师对学生的关注度也比较高，在申请读研时推荐信可以写得很好。美国对好的文理学院的认可度一点不比顶级综合性私立大学差，比如排名第一的威廉姆斯学院（Williams College），在美国人心中能与哈佛（Harvard）、耶鲁（Yale）比肩。一些很优秀的学生，如果不能去读排名前 5 名（TOP5）的综合性大学，但可以去读排名前三的文理学院也是不错的选择。

适合人群

想避开绝大多数人竞争的锋芒，无法挤进最顶尖私立大学的优秀学生。

另辟蹊径的选择——学校的地理优势和专业优势

如果无法申请到综合排名特别好的学校，可以从学校的地理优势或者专业优势考虑，作出另辟蹊径的选择，这样在毕业之后的就业上也会占优。

比如硅谷附近有很多不错的学校，师资力量是从硅谷吸收过来的，学校里常有丰富的社团活动和社会实践，毕业生对薪资待遇的要求没有斯坦福（Stanford）等顶级名校毕业生那么高，在同样的能力下，公司更愿意录取这类学校的毕业生。加州的圣塔克拉拉大学（Santa Clara University）就在硅谷旁边，近 20 年在美国西部地区大学总体排名第二，其法学院、商学院和工程学院有相当高的知名度。硅谷旁的圣何塞州立大学（San Jose State）综合排名在 50 名左右，但是计算机、电子工程类专业非常好，可以排到十几名，很多学生没毕业的时候就被硅谷的信息技术（IT）公司招去实习，毕业之后直接上班。

芝加哥附近有 3 所学校也不错。一所叫伊利诺伊理工学院（IIT），是比较小的私立学校，地理位置好，在芝加哥市中心，学生毕业后好就业。另一所是芝加哥伊利诺州立大学（UIC），位于中西部的核心，也是由于地理位置的原因就业很方便。还有一所伊利诺伊大学香槟分校（UIUC），离芝加哥 2 个小时车程，会计专业在美国排名第一，这是一个很热门的专业。如果你去这所学校学会计且成绩优秀的话，可能比你上布朗大学（Brown）、康奈尔大学（Cornell）等这类学校还要好。

再如福特汉姆大学（Fordham）、纽约大学（New York University），因为学校在纽约，所以不愁就业，尤其是金融方面找工作非常抢手。

学校与专业，并非鱼和熊掌的关系

我国很多学生和家长申请时都会考虑要先选学校还是要先选专业。在这个见仁见智的问题上，我们通过对美国高校教育体系长期的了解，建议大家先选择学校。

首先，在美国高校的第一年或前两年，学生都是先修通识学分的。绝大多数学校在申请的时候虽然要你先报一个感兴趣的专业，但美国本科阶段更偏重于综合性教育，前两年所有的课程基本都要学，如修文科专业的要学很多理科的课程，修理科专业的也要学很多文科的课程。美国本科是相对弱化专业的，没有医学院和法学院的本科，也很少有学校开设会计和金融的本科，更多的是开设经济学专业，这样能保证基本教育是完善的。

其次，美国高校内部转专业比较容易。申请大学的时候还需要决定申请该校的哪个学院，不同的学院申请难度很可能不同。在一个学院内转专业相对容易，但跨院就很困难了。这一点不同于中国高校，申请了某个专业之后就很难更改。美国推崇学生有自己的兴趣爱好，也鼓励学生自己设计自己的未来，比如你想将来从事生物计算机方面的工作，就可以自己选择一部分生物的课程，一部分计算机课程，如果获批，便可以成为生物计算机方向的学生。

从美国教育来说，学什么和将来做什么之间的关联度不是很大。比如美国有很多律师同时是某专业的博士，懂得理科、工科方面的知识，工作起来更得心应手；而大部分中国的律师，可能除了自己专业之外，对其他领域所知甚少，这种功利性的教育反而不利于一个人的综合成长。

综上来看，选择学校还是选择专业，并非是选择鱼还是选择熊掌的问题，而是你要选择学校这个“大池子”，在这个“大池子”里，你才能养更多的鱼。

选择合适的学校和专业！

在一次成功的市场营销中，营销定位至关重要。营销定位是指一个产品寻找特定的目标群体的过程。在目标市场里某产品在“竞争性比较中相对所处的位置”——“定位”是目标市场在人心目中所感知到的。一个产品的定位是潜在购买者如何看待该产品。举个例子说，一个人要买房子，他要结合手中的钱有多少，交通是否便利等多方面因素综合考虑，最终决定是购买豪宅、商品房还是经济适用房。在留学申请中，申请者也应该有一种位置感，学会给自己定位，从而寻找到适合自己的学校。

每年春夏都是各大中外留学论坛 Chance 帖爆发的时候。Chance 帖，就是申请者把自己的考试成绩、课外活动等自身条件以及大致的择校要求发表在网上，等待其他网友们评价的帖子。近两年 Chance 帖在国内也越发成为一种论坛风尚。这种现象的产生一方面说明了留学信息交流日益密切，但同时也说明了不少申请者对自身定位不够准确。选择一所适合自己的学校是留学申请的第一步，不幸的是，很多留学者却容易忽视这一点，有的人是为了出国而胡乱选一所学校，还有的人是抱着一些错误的认识选校，这样做将给以后的留学生活埋下隐患，下面我们就具体谈谈究竟如何定位。

根据自己的资源选择

首先要做的就是用一些标准衡量一下自己。只想到学校如何，而没有首先想清楚自己的条件如何、留学的目的是为了什么、这所学校是否适合自己，这都是不健康的择校观。衡量自己的最基本的标准就是标准化考试成绩以及高中成绩，TOEFL，IELTS，SAT I，SAT II，ACT，AP 等，这些硬性指标在绝大多数场合都是最为重要的。其次是课外活动，兴趣爱好，所获奖励，工作实习经验等，对于那些已然拥有分数的人来说，有漂亮的 EC、实习经验等相当于锦上添花，可以说为上名校增加了一个重要的筹码。而对于一些在分数上没有绝对竞争力的申请者来说，拥有一份完美的课外活动则挽回了一张名校的门票。对于个别申请者来说，可能还有一些其他的优势，如知名人士的推荐信等，这些都会在申请中起到大大小小的作用。

根据自己的分数双向定位

这里我们再次强调分数的重要性，在定位中，根据分数纵向与横向定位都是必不可少的。纵向定位，就是与前几年的申请者相比较，根据他们的分数与最终所读的学校确定自己的择校范围。当然这种比较方式存在一定的风险，尤其不能认为别人申请上了什么学校自己也会绝对没有问题，毕竟申请中还有很多偶然因素，甚至有运气成分，相对来说，学校提供的平均统计数字更具有可比性。同样，横向定位也必不可少，这种定位方式就是考量自己与同届申请者相比分数的情况。举例来说，某人在 2012 年 SAT 考了 2 100 分，上了某个好学校。在同等条件下，2013 年拥有 2 100 分则不算什么优势，因为近年来国内考生的分数普遍有所提升，因而需要充分认识到自己的分数在同届考生中的竞争力究竟如何。

选校时还需要考虑的其他因素

- **规模**

美国院校中有些学校很小，学生总数不过千名，也有些学校很大，最大的学校有超过五万名学生。规模大小并无好坏，但适合不一样的学生。我有个学生就读于美国前十名的文理学院卡尔顿学院（Carleton College），因为学校规模太小，计算机课程有限，反而需要到附近的明尼苏达大学去学习，就很不方便。

规模大的学校通常知名度更高，校园文化更为人熟知，社交机会更多；但规模小的学校学生集体归属感要强一些。

规模大的学校研究设施较完备，课程选择更多；但规模小的学校每个班的学生数量较少，学生得到老师的关注更多。

规模大的学校开设更多职业类专业，如商学和护理学；但规模小的学校在选课制度上更自由，极少会因为某门课太过热门而选不上。

规模大的学校课外活动的机会更丰富；但规模小的学校更容易让你找到适合的活动并拥有自己的一席之地。

- **类型**

就学校的资金来源来说，美国大学可以分为公立大学和私立大学两类。公立大学是由美国各个州政府和当地政府创办并资助的大学。私立大学的资金来源主要是私人捐赠、学费收入、研究经费和校友捐赠。

公立大学的学费远低于私立大学（注意：国际学生和来自美国其他州的学生不能享受和州内学生一样的低学费）；私立大学的学费一般比州立大学高，但是私立大学对国际学生的资助力度要大一些。

公立大学通常规模更大，课程选择更多，开设的职业类专业也更多；但私立大学在选课制度方面通常更自由一些，不会有学生太多、班级名额有限而选不上课的情况。

公立大学的学生大多来自本州，除了像知名的 University of Michigan，University of California，Berkeley 外，公立学校在州外的认知度稍低；私立大学的学生背景更丰富，在美国甚至国际的知名度更高。

● 专业

大部分公立学校和一些私立学校都开设职业类专业。所谓职业类专业，就是通过大学学习，向某一岗位输送人才，如商学，工程学等。这些专业的学生需要修大量专业课程，专业以外的课程修得不多，通常在申请大学前就已经有了明确的职业目标。

与此相反，文理学院很少开设职业类专业。文理学院的教育宗旨是教会学生批判性地阅读、思考，分析并表达事实和观点。学校相信，不管未来学生选择的职业是什么，这些技能都会给学生打下坚实的基础。文理学院的学生一般不必在申请大学前就确定未来的职业方向，在大学则需要选修很全面的课程。

● 位置

学校所在地的气候对你会有很大的影响。如威斯康星州的气候寒冷，而加州的气候则非常温暖。如果你喜欢户外运动，可能就会避免到威斯康星去了。这只是一个例子，我们建议大家对美国各州的地理有个大致了解，如果你对某个州情有独钟的话，你的搜索范围就可以大大缩小。

学校所在地的地域文化很重要。如果你打算去南方的学校，那么你得准备好融入轻松的学术环境和结交观点稍保守的朋友。大家可能会穿着正装去看周末的橄榄球比赛。当然南方的学校也不全是以学术轻松而著称，比如几所学术严谨、对课程要求极高的文理学院就在南方。

学校周边的环境也不容忽视。大城市附近的学校工作和实习机会更多，课外生活也相对丰富，你能发现不少有意思的餐厅、博物馆、艺术馆等。离城市较远的学校自然风光都很好，治安也好一些，你能时不时地和同学去郊游、野营甚至划皮划艇等。

● 成本

去美国留学的费用要比在国内上大学高很多。这些费用主要包括学费、食宿费、书本和其他开支。美国大学的学费都可以在大学理事会的网站上（www.collegeboard.org）查到。另外每所学校的网站上都有学费信息。食宿是学费之外的另一项主要开支。这项成本的高低和学校所在地区的生活成本有直接关系。举个例子，纽约和洛杉矶等大城市的房租可能比西部中小型城市的高出很多。希望大家在选择学校的时候对学费之外的费用要有大致的了解。

需要指出的是，美国很多学校都提供奖学金，所以在你没有充分了解你可能得到的奖学金数目时不要把学费贵的大学轻易放弃掉。除了奖学金外，你可以到美国学校后试着在校园里寻找工作机会。记住国际学生每周只能在校园里合法工作 20 小时。这种工作机会并不是很多，而且工资也不高。

以上的五个因素可以帮助你在选校时大大缩小范围。

美国招生官告诉你如何选校

如上所述，对于有意向出国的学生，在选择申请学校的时候会遇到各种各样的问题，需要考虑到很多因素，如何才能找到一个适合自己的学校呢？下面来看一下美国招生录取委员会的官员是如何谈选校的。

（1）思考自己属于什么类型，什么环境最适合自己。尽请选择吧！毕业后的一切顾虑都抛诸脑后——工作、毕业院校都不必想，只需想自己愿意在哪里度过这四年最美好的岁月就足够了。这样你将会做一个快乐的、出色的自己，毕业后也必将拥有更多可能的机会。

——R.B. 加州理工学院（California Institute of Technology）

（2）申请者要对大学进行仔细的实地考察然后再做出抉择，这一点很重要。我们（各所学校）各有千秋。比如，斯坦福作为一所重要的研究性大学，特别重视跨学科研究、本科生研究和本科教育的质量。其他学校的学生或许有不同的天赋和学习重点。申请者需要知道自己想要什么，在哪种环境下自己最快乐。

——R.S. 斯坦福大学（Stanford University）

（3）我认为，学生应该拓宽他们的勘察范围，保持思想开放。也就是，调查那些他们不曾耳闻的大学。很多时候，学生只申请“名”校而错过了很多好学校。

——D.S. 史密斯学院（Smith College）

（4）学生不应该将择校的问题建立在学校的知名度上。这可不像给你的汽车选择某种保险杠贴纸那么简单。你需要找到一个可以满足自己需求的教育机构。

——C.G. 戴维森学院（Davidson College）

（5）当年我上大学甚至都没去参观学校！今天的学生在择校和申请学校上非常认真。比如，他们甚至会不止一次地来拜访学校。申请者们正在认真地调查布朗大学，在申请之前他们得完全了解我们——这种方式对他们很有益。

——M.G. 布朗大学（Brown University）

（6）不要“压力山大”啦！你最关心什么？努力找到那所可以满足你需求的学校就行了！有时学生们选择大学会出于随意的印象感觉——比如他们参观校园时的天气是晴天还是阴雨。做决定的时候一定要考虑真正重要的东西。

——S.S. 麻省理工学院（Massachusetts Institute of Technology）

（7）如今因特网对学生们“参观”大学真的大有帮助。网络上有虚拟的参观游览，有意向的学生还可以在网上查看我们的学生报纸和班级信息。这是一个非常棒的信息资源。

——J.B. 弗吉尼亚大学（University of Virginia）

（8）最常见的便是掏出一本书，或者是排名，然后说“我要申请这些学校”。这就忽略了很多不错的地方——我们很幸运，生活在这样一个充满机会和选择的国度。学生拥有充足的时间去探索学校——大小、地理位置等，然后找到最适合自己的那一个。他们还需要思考一点，即他们在学术上和社会属性方面会随着时间成长、改变，到那时候什么学校仍旧是最适合自己的。

——N.T. 圣路易斯华盛顿大学（Washington University in St. Louis）

（9）学生们总是在倾听他人的声音，而忽视了自己的心声。如果他们已经做好了调查，下定决心要申请与自己匹配的大学，最终他们需要思考的是自己感觉哪所大学适合自己……而不是适合父母、朋友或邻居。

——D.S. 史密斯学院（Smith College）

（10）学生和家长择校时最常犯的错误是太关注排名。有一年，《美国新闻与世界报道》将一所大学列为第九名。一夜之间，大批学生将那所大学列为目标大学，就在这一年的前一年，几乎没有人向它伸过橄榄枝。学生和家长需要明白，这些排名体系是易变的，也是随意的。所以与其依据排名，还不如根据自己的需要和喜好做出抉择。

——P.M. 里德学院（Reed College）

（11）学生和家长最初的时候，甚至在整个申请过程中，都太看重学校的名气，不够用心去寻找那个最合适的学校。相反，你应该去那所大学，或这一类的大学做调查——那将是最适合你孩子的理想学校。或许，他们最终去了一所非常著名的学校。但如果你在申请过程中真的做得好，或许他们最终会去一所你现在一无所知的学校。如果这正是最适合他们的地方，他们将能够在那里成长、发展——而那也正是这个申请程序的目标所在。

——J.L.P. 普林斯顿大学（Princeton University）

（12）学生犯的最大的错误是申请太多的学校。如果你申请 16 所学校，这本身就是一个问题。

——S.F. 北卡罗来纳大学教堂山分校（University of North Carolina at Chapel Hill）

（13）学生择校时最常犯的错误是只看重名气。名气是什么？它常常指的是运动员的名声或排名。没有人关心谁拥有最好的法语系，或对于一个梦想成为兽医的人最好的学校是什么？资源都在哪里——找到适合自己个人需要和目标的学校特质吧！

——L.C. 塔夫茨大学（Tufts University）

（14）"适合"很关键。我们并不只是评估一个学生能否在这里取得学术成就。这不是那种你可以混了四年，然后一切顺利的学校。你需要像这里的其他人一样，时刻都具有思考、探讨科学的求知欲。

——R.B. 加州理工学院（California Institute of Technology）

（15）申请者要了解我们，这一点一直很重要。关键是要运用你的判断力和平衡感。说过多的对范德堡大学的溢美之词并不明智。我们想看到的是了解范德堡大学的学生。不过我们可不想被捧上天。一个学生说喜欢范德堡大学，而我们想看到的是他/她喜欢范德堡大学的哪些事物？这些事物能否满足这个学生的需求和兴趣？如果一个学生能清楚地说明范德堡大学特别与其匹配，那将大有效果。对学校华而不实的谄媚之词展示不出你的"合适"，这是不会给力的。

——D.C. 范德堡大学（Vanderbilt University）

从以上的引述中我们可以看出，申请学生与学生父母在选择学校的时候的确存在一些比较片面的地方，比如说过度关注大学排名，被身边的朋友或老师影响而在选择学校时没有自己的主见，对院校缺乏深度的了解和剖析等。

在了解了招生官的建议之后，我们更加清楚地了解了选校需要避免的问题。为了更好地申请到自己心仪的学校，有一个关键词"Stereotype"需要学生们注意。所谓"Stereotype"，就是指招生官的惯性思维。首先，学生要自我分析，找出自己的"stereotype"，然后根据个人特点制定申请策略，凸显自己的申请优势的同时，也要极力弱化申请中可能存在的劣势。

下表列出了申请者常见类型（stereotype）以及每种类型的优势和劣势。你可以对号入座，看看你是哪一类型的学生，明确自己的优劣势：

类　型	优　势	劣　势
学霸	聪明，学习能力强，成绩优异	呆板，交际能力差，领导力缺乏，安静内向
运动健儿	热情有活力，有团队意识，交际能力好，领导力强	不够聪明，不专注学习

（续）

类　型	优　势	劣　势
弱势背景孩子	吃苦耐劳，有毅力，表达非主流观点	不懂世故，不机灵，难融入大学新环境
特权背景孩子	见多识广，懂世故，机灵，未来成功轻而易举	不能吃苦，傲慢，被宠坏
艺术先锋	有创造力，机灵，感触灵敏	数理分析能力差，不够务实，未来就业和成功无把握
语言天才	表达和写作能力强，有创造力	数理分析能力差
数理天才	数理分析能力强	表达和写作能力差，呆板，书呆子
大城市孩子	懂世故，机灵，能和不同背景的同学交往	傲慢，适应不了小地方的大学生活
城郊孩子	务实，踏实	平凡普通，缺乏独特性
农村孩子	独特，表达非主流观点，务实踏实，性格好	不懂世故，不机灵，难融入大学新环境
移民后代	独特，表达非主流观点，性格好，吃苦耐劳，有毅力	英语差，过分专注学习，课外兴趣少，难融入大学新环境
顶级私立 / 寄宿高中学生	专注学习，大学准备充分，未来成功轻而易举	傲慢，被宠坏
残疾学生	性格好，吃苦耐劳，有毅力	难融入大学新环境
年长的社会申请者	见多识广，对未来职业有规划，专注学习	难融入校园环境，和同学互动少，对课外活动不感兴趣

大学录取委员会的人见多识广，各种各样的学生见多了，会容易有先入为主的概念。举个例子，当他看到一个有理科特长的中国人，就会担心其是否会有书呆子倾向，来到课堂是否会参与不够，课后或课外参与是否会少。如果知己知彼，掌握了招生官的想法，有目的地进行活动规划，或者在文书里面明示、暗示自己没有他们想象的劣势，会给自己增加很多竞争力。招生官要考虑两件事：第一是从收益角度考虑录取这个学生会对学校有什么好处，特别是顶级名校，其收入的大部分都来自校友捐助，因此这些学校也就格外看重学生的成功潜力，格外偏重于天才型和特长型人才。第二是从风险角度考虑录取这个学生会给学校带来什么风险，包括这个学生是否会对其他学生造成人身威胁，是否会考试不及格，是否会严重扰乱校园秩序，建立不良社团等。在挑选学生的时候，每个招生官心里都会有杆秤，那些被招

生官认为是高收益、低风险的学生会比较容易被录取。

无论是长线规划的活动，还是文书的策略性强调，都是必要的、能够有效打消录取委员会顾虑的手段。下面分析两种典型学生的案例。

第一种学生我们称之为“典型成绩好型”，这种学生的特点是各科成绩都不错，发展挺全面，成绩排名都很稳健。这种学生是名校申请者中人数最多的一群，因此竞争也格外白热化。在招生官眼中，这种学生给学校带来的风险几乎为零。因此对于这些学生来说，再在申请文书中体现自己低风险的优点（如成绩一直很好，勤奋踏实等）已经是多余了，因为招生官已经默认这种学生为低风险了。这时候就要突出自己的高收益潜能。这类学生的申请文书应该着力于自己的独特性，以使自己从一大群成绩好的学生中脱颖而出。比如说自己的独特经历，特殊社团活动，伟大的梦想等。这样才能说服招生官你不是碌碌之辈，而是未来之星。

第二种学生我们称之为“偏科天才型”，这种学生的特点是具有非常显著的特长，而其他方面非常一般，甚至很差。从招生官的角度来看，这种学生将来更有可能成为改变社会的那类人，从而更有可能为学校带来更多捐助。然而，这类学生由于本身的特异性，风险也比较高，如不能完成其他课程，行为怪异无法融入学校环境，变成攻击学校网络的黑客等。因此招生官最担心这类学生的高风险特质。对于这类“偏科天才型”的学生来说，反复强调自己的独特性就多余了。而是应该着力于淡化自己的高风险特质。具体说来，应该强调自己心理成熟，社交能力强，心态阳光，以及其他科目也能胜任等。

由此可见，从招生官角度思考来自我定位，对于申请来说至关重要。如果你属于“典型成绩好型”，却侧重于淡化自己的风险部分，大谈特谈自己成绩如何好，就会被淹没于泱泱的同质化申请者之中。如果你属于“偏科天才型”，却侧重于突出自己的特异性，会让招生官因为高风险的顾虑望而却步。这两个例子是比较极端化的，在具体到个人申请时，需要根据自身情况认真进行自我定位，从而选择合适的策略。

我们一个成功申请康奈尔的许同学，学习非常好，还有竞赛奖项。很自然地，录取官会担心，这个孩子是不是将来只知道学习，而会缺乏活动和互动？我们强调了他多次代表学校参加辩论比赛，并组织了学校的电影活动并得奖的经历，就让他脱颖而出了。这个看似很小的侧重，实际打消了录取官的一个非常大的顾虑。

当然，以上的列举并不完全。对于一个申请者来说，你也许拥有不止一种特质。但是无论如何，我们要做到让校方通过你的材料就能清楚地感受到你是有鲜明特点的人，是具有立体感的个性完整的人。

在找到自己的 stereotype 以后，还要结合学校的特性。比如专注学习和研究的学生适合 MIT，学习、研究、课外活动样样都好的学生适合 Harvard，思维活跃、追求自由的学生适合

Brown 等，这些都是申请者应该了解的，相当于营销中的市场调查。举个例子，有一个学生，他的各种标准化考试成绩均十分突出，同时在各类学术竞赛中都取得了大奖，还有许多学术方面的实习经验。在这种情况下，他将自己归类为“学术型”，所以在他择校的过程中，也侧重于偏重学术与成绩而对课外活动和社团组织相对轻视的学校。在这样一次成功的营销定位后，他被录取到了 MIT。由此可见，找到自己的特点和目标群体对于成功申请的重要性。

关于选择专业和就业前景

Y： 申请什么专业对录取有影响？

X： 坦率地说是有影响的，像 Cornell，你要申请它的建筑学院、酒店管理人力资源要比申请工程学院难。申请 Georgetown 的国际关系学院要比申请它的文理学院要难。它们属于不同的竞争类别，所以难度是不一样的。

Y： 进了学校就很灵活了吧？

X： 不完全是。不同的大学要求是不一样的。头两年选一些课，最早在第一年，最晚在第二年结束 declare 专业。但是在有些学院，如 Cornell 的工程学院里就不能转到文理学院。在同样的学院是可以转的。在宾大念本科，没录 Wharton 商学院，绝大多数人也是不能转学院被商学院录取的（宾大在第一年结束后，对特别优秀的学生会考虑其转入沃顿）。申请不同学院难度也差很多。进去随便转是正确的，但只能在自己的学院内转。如 Berkeley 的计算机和数学容易录取，经济难录取，这样就可以先录后转。但是一定要知道，专业不是随便申请的。

跨学院转专业是比较难的。如 Berkeley 的工程学院，或者宾大的 Wharton 商学院，本校的学生也很难从文理学院转进去。但在同学院转专业比较容易，可以从文理学院的数学系转到物理系等。

实际上，关心专业的主要原因，第一是就业，第二就是读研。

在美国就业是不太挑专业的，我工作过的两个公司，一个是高盛公司，一个是瑞士信贷，都是欧美两个最大的投资银行，它们在招聘的时候总体来讲是美国与中国对专业的要求不同。不同的原因之一是中国学生在大一就开始上专业课，而美国人专业课上得很少，这就是为什么中国人学物理化学读研容易拿奖。在美国，虽然也有专业但专业性不那么强，你虽然可能学了十门左右专业课，但最后也不是那么专，而是一个综合型的人才。原因之二就是美国的公司特别注重员工培训，哪怕是学英语专业的，公司也会给其培训金融的常识，所以就此来讲专业不是那么重要了。第三个原因是美国大学的实习是约定俗成的一个制度，这就导致学生学什么专业不太重要，而考多少分排名是多少却很重要，再有就是在哪里实习过。可以想象如果你大学四年都没有实习过，毕业想要找个很好的工作是不太可能的。在大学二年级、三年级的时候学校就会教学生怎么写简历做面试。在美国，一到放假就有很多大公司的人都来了，所以暑假期间许多孩子都在打工。这也为将来的就业铺好了道路，我见过许多学政治的学生做投资银行，也见过许多学经济的学生找不到工作。所以说，专业重要但不是那么重要，主要原因就是以上三点。

在我国香港，情况基本上跟美国类似。它可能会更看重你的专业背景，比如说投资银行，可能会挑偏经济类的学科。在美国上双学位很容易，可能上六门课就能拿到一个双学位。所以很多人都是爱学什么学什么，最后再上几门课拿一个双学位，如你是数学和经济，历史和经济的双学位，这样找工作就会好一些。然后即便是我国香港也会特别看重你的实习经历，如果能在中国或者美国有实习经历，也会对你找工作有所帮助的。

另外，从读研究生来看，专业就是至关重要的了。而且我也建议很多人读研究生，如学生物的、学计算机的学生在本科学的内容比较少，因此要读个硕士，甚至读个博士。这就有两个要求，第一是本科和研究生专业要有相同或者比较大的交叉部分。举个例子，学物理的人也可以申请电子工程、机械工程，因为有很多课都是交叉课；学数学的人可以读经济学的博士，因为经济学最重要的还是建模数学的能力。第二是专业课要非常好，尤其是要有研究经历。所以如果在本科有特别好的研究经历的话也是很重要的。

我觉得在美国读本科越来越普遍了，因为它招收的人确实挺多的。最聪明的犹太人、白人中产以上阶级最关心的是读三个 school—law school，business school，medical school。中国人没办法上医学院，因为没有国籍和绿卡就不能做院医，只能去做很基础的 medical research，杀杀小白鼠或者合成一些药，这种其实是没什么意思的，所以我认为如果没有绿卡的话读 medical school 就不用考虑了，而且学费特别贵，一年要五六万美元，因此不是首选。如果想读研究生的话，读科研有关的生物化学都可以。其实美国人最热衷的还是法学院和商学院。

法学院是不挑专业的，你学什么专业都可以。但是在本科阶段它有一个 pre-law 的专业，这其实不算个专业，就是你上了很多课程对你将来上法学院有帮助，其实读法学院是很多元化的，你学什么专业只要能讲出有意思的故事就可以。我甚至看到许多中国人在本科读了计算机然后又读了硕士、博士最后才读法学院，这样也很好，那就可能是在自己的专业领域里学法当人才。

商学院其实也不挑专业，你学什么专业都可以，但总体来讲，它最青睐投资银行和咨询公司里出来的人，能进到投资银行和咨询公司的人可能来自比较量化的如数学、物理、计算机这样专业的本科生会多一些。学校的品牌也是至关重要的，好学校找到好工作的概率还是很大。

那么到底专业的选择在申请的时候有何重要性呢？众所周知，美国大学在一、二年级的时候实施的是通识教育，学生可以根据自己的兴趣选择科目，直到大二学年结束的时候才考试选择专业。我们来看招生官是如何看待这个问题的。

（1）我们确实会问他们最想学的前三个专业是什么。不过我们发现，来到普林斯顿大学后，70%的学生会改变主意，所以，我们对那个问题并不是很在意。如果他们的学术兴趣真的很明确，我们还是有兴趣倾听的，但这不是我们的要求。毕竟，是普林斯顿大学在录取学生，而不是某个院系在录取学生。

——J.L.R. 普林斯顿大学（Princeton University）

（2）思考一下你对学习什么感兴趣很重要，但至于打算学哪一门科目并不重要。换句话说，你不一定非得确定你打算学习哪一门科目；但重要的是，你得对这个问题深思熟虑而不是做个逃避者不去决定。不过如果你在申请中真的表明了自己兴趣范围，我们会把你做出的选择置于上下文中研究一番，比如你已经选过的课程和你参加过的课外活动等。

——J.L. 哈弗福德学院（Haverford College）

热门专业点评

经济

中国人学经济的太多了，很多人都想做投资银行，我有很多高中的同学都到华尔街了，其实意义不大。投资银行这一行一般人干不了几年也挺累的，坦率来讲，我建议你喜欢什么就学什么，不用作为第一学位，完全可以作为双学位来学习。其实学物理、数学、电子工程在找工作方面和经济学差不多。投资银行和咨询公司还是需要比较综合性的人才。如去软件公司必须要学计算机或相关电子工程，但美国对本科真的是不太挑专业。我在斯坦福时，我们当中最有能力的一个人工作找得最好，挣钱最多，但他本科是普林斯顿哲学专业的，他人聪明而且还受过公司培训，所以我认为大家没必要都学经济学。

数学、物理、化学

我们当时专门帮人找工作，有些老师是特地从美国回来的，我请他们来给我们做面试问题的回答和培训，我们发现其实你学什么专业都可以，但我们需要 T 形人才，一竖就是你最直接的专业性技能，上面一横就是综合性那部分。假如你学数学、物理、计算机，那么你的量化分析能力就比较强，综合能力也很强，但缺乏能马上派上用场的东西，只需补充一下就很好了。假如你是学历史的、学政治的，那么文科分析能力就非常强，同时对量化的非常理性的东西很感兴趣，这都是可以的。你在面试的时候面试官会想你的这个专业哪长哪短需要弥补什么，但如果你都提前想好了，问到了哪儿都不成问题，学什么专业都不用怕。

Y：网上专业排名有参考价值吗？

D：主要是研究生，本科的参考价值不是特别大。

Y：对本科生找工作影响不大吗？

D：对。专业排名能达到第一，是因为教授带研究生搞研究和本科生有距离，对本科生帮助不大。

个人定位

1. 自我分析

在申请美国大学之前，学生需要对自己有一个清晰的认识。这样才能知道自己的优势和劣势，以及最适合申请什么样的大学和专业。笔者建议学生在申请过程开始之前就考虑这个问题，通过以下的几个步骤，可以比较系统化地进行一个自我分析。这是申请的第一步。

第一，做一个列表。

花半个小时的时间重点回忆自己的高中学习经历。列出自己在高中的优势和劣势。这样可以更加清楚地知道自己真正想要的学习生活是怎样的。比如说，如果你最不满意的是你的高中班里学生过多，得不到老师的关注，那么选择大学的时候应该偏重于规模较小、老师/学生比例高的大学；如果你认为最喜欢的高中经历是多姿多彩的课外活动，那么在选择大学的时候应该偏重于气氛活跃的综合性大学。毕竟大学四年是人生一个重要而且漫长的过程。勉为其难一味追求排名会让自己很不快乐。

范例：高中经历的自我分析。

喜　欢	不　喜　欢
高中排名全市第一，这让我很有荣誉感	班里学生太多，得不到老师的关注
有很多讲座，可以开阔眼界	课业压力大
数学竞赛很强，我受到了很好的培训	不喜欢学校的位置：在市中区，拥挤吵闹
理科类的活动多，培养了我的科学兴趣	同学互相比较冷漠

在列出这个表之后，学生在择校的时候就会有一个大致的倾向：这个学生会比较适合一个名气大的、理工科比较强的综合性大学，这个大学最好不要位于像纽约那种拥挤的市中心，而是要有美丽广阔的校园和友好团结的气氛。

第二，列出你的价值观和需求。

在“价值观”一栏，列出你最看重的几个关键词，比如说亲情、自由、智慧等。在对应的“需求”一栏，列出实现价值观的种种要素，比如说环境、资源和生活方式等。

价　值　观	需　　求
创新	大学要有很好的课外活动，要有设备先进的实验室
智慧	课程设置要好，图书馆要大
友情，亲情	能够有闲暇时间，课业压力不要过大
热闹，多元文化	至少不能是女校，氛围活跃，最好是多元化的

第三，有条件的话去学校参观。

和几个大学的学生聊一聊，阅读一些资料。这样能够对美国大学有个直观感性的认识。

第四，完成一份完整的自我调查问卷。

学习方式和教育环境

	更重视学到知识而不是 GPA		GPA 对我的未来更重要
	我喜欢为自己做决定		我一般比较听话，喜欢家长老师替我做决定
	我兴趣分散，喜欢挑战各种课外活动		我兴趣专一，喜欢专注于一项活动
	我喜欢很多课外活动		我非常专注于课内学习，不愿意做课外活动
	我已经开始考虑未来，并且已经有了一个清晰的目标		我还没有决定将来想干什么
	我可以接受挑战和批评，改正自己的缺点		我更倾向于发挥自己的长处而不是弥补自己的弱项
	我自己做的决定一般挺明智的		我自己做的决定往往结果很糟
	我在比同学都强的环境下表现得更好		如果我是同学中最差的那一个，我比较容易努力并迅速进步
	我在一个压力极大的学习环境中会更有效率		我在一个宽松自由的学习环境中会更有效率

学术参与

	我在课堂讨论中会积极参与		我不喜欢参与课堂讨论
	老师的一对一教育和关注对我来说十分重要		老师的一对一教育和关注对我来说并不重要
	我觉得自己能够从课堂讨论以及其他同学的发言中学到东西		我不觉得自己能够从课堂讨论以及其他同学的发言中学到东西
	我总能自觉完成作业		我需要家长和老师的督促完成作业
	我喜欢写作，并有自信写得不错		我不喜欢写作，不自信会写好
	我喜欢阅读		我不喜欢阅读
	不懂的时候我不介意去问老师和同学		不懂的时候我羞于去问老师和同学
	我受到赞美的时候会更加努力		我受到批评的时候会更加努力
	如果学习过程中，我不同意某个观点，我会直说		如果学习过程中，我不同意某个观点，我会沉默
	我最喜欢的科目是:		我最不喜欢的科目是:
	我理想的大学应该在______方面有个很强的专业/系。		

（续）

		大环境问题		
		我喜欢参加社团活动		我对社团活动没什么兴趣
		我有读报纸和杂志的习惯		我没有读报纸和杂志的习惯
		我喜欢参加或观看体育赛事		我不喜欢参加或观看体育赛事
		我倾向于 work hard		我倾向于 play hard
		我最喜欢的课外活动是：		
		如果给我一年的时间，而且有条件让我做任何想做的事情，我最希望做的是：		
		社交环境		
		我喜欢结识和我不同类型的人		我更喜欢和我相似的人相处
		我喜欢和少数几个知心朋友在一起		我喜欢参加大型的聚会，结识更多的人
		我认为被同学和朋友重视很重要		我不介意别人无视我的存在，比较喜欢自己的事情
		我向往特立独行的生活方式（如嬉皮士、行为艺术家）		我喜欢正常生活方式，并不愿意尝试其他
		我希望和其他种族的人群接触		我觉得和中国学生在一起会比较舒服
		地理位置		
		我喜欢城市		我喜欢安静的郊区
		我的学习效率和心情受天气影响很大		我的学习效率和心情受天气影响不大
		我理想的居住地是：		
		图书馆对我来说很重要		图书馆对我来说不重要
		计算机房对我来说很重要		计算机房对我来说不重要
		科学实验室对我来说很重要		科学实验室对我来说不重要
		健身房对我来说很重要		健身房对我来说不重要
		剧院、音乐会馆对我来说很重要		剧院、音乐会馆对我来说不重要
		食堂环境对我来说很重要		食堂环境对我来说不重要
		宿舍条件对我来说很重要		宿舍条件对我来说不重要

（续）

未来目标				
		我认为上大学的目的是找到好工作		我认为上大学的目的是学习知识
		我明确知道将来想干什么		我还没有具体决定将来想干什么
		我的计划包括：		
		我的近期目标是：		
		我的远期目标是：		
		我想进大学的目的是：		
		我未来的梦想是：		
		我上高中时做过的最后悔的事情是什么？		
		我上高中时做过的最引以为自豪的事情是什么？		

建议学生向升学顾问咨询时完成这个列表。意义在于让升学顾问对学生有个更加深刻的了解，更有助于学生在个人定位方面对自己有全面、系统的认识。

2. SWOT

下面我们将使用著名的商业案例分析方法 SWOT 为自己做进一步分析。此外，你可以先确定一下自己有哪些好的竞争策略，然后再做决定。SWOT 分析法是竞争分析常用的方法之一。所谓 SWOT 申请分析，就是将与申请者密切相关的各种主要内部优势因素（Strengths）、弱点因素（Weaknesses）、机会因素（Opportunities）和威胁因素（Threats）通过调查罗列出来，并依照一定的次序按矩阵形式排列起来，然后运用系统分析的思想，把各种因素互相匹配起来加以分析，从中得出一系列相应的结论。

这种研究方法最早是由美国旧金山大学的管理学教授在 20 世纪 80 年代初提出来的。在此之前，早在 20 世纪 60 年代，就有人提出过 SWOT 分析中涉及的内部优势和弱点、外部机会和威胁这些变化因素，但只是孤立地对它们加以分析，而 SWOT 法用系统的思想将这些看似独立的因素互相匹配起来进行综合分析。运用这个方法，有利于人们对组织所处情景进行全面、系统、准确的研究，有助于人们制定与之相应的发展计划或对策。

进行申请策略的 SWOT 分析时，主要有以下几个方面的内容：

● 分析申请环境因素

列出自己的优势因素（Strengths）、弱点因素（Weaknesses）、机会因素（Opportunities）和威胁因素（Threats）。其中优势因素（Strengths）和弱点因素（Weaknesses）属于自身的内部能力因素，而机会因素（Opportunities）和威胁因素（Threats）属于外部环境因素。

- 构造 SWOT 矩阵

将总结过的各项因素填入 SWOT 矩阵中，在此过程中，将那些对申请者发展有直接的、重要的、大量的、迫切的、长期的影响因素优先排列出来，而将那些间接的、次要的、少许的、不急的、短暂的影响因素排列在后面。

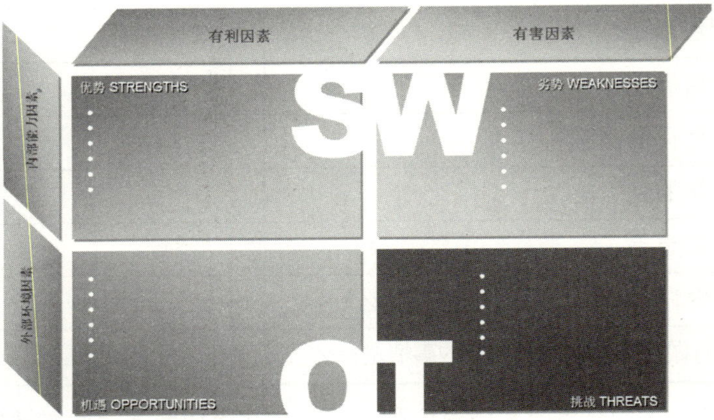

- 制定申请策略

在完成申请内外因素分析和 SWOT 矩阵的构造后，便可以制定出相应的申请策略。制定策略的基本思路是：发挥优势因素，克服弱点因素，利用机会因素，化解威胁因素。运用系统分析的综合分析方法，将排列与考虑的各种环境因素互相匹配起来加以组合，得出一系列适合不同申请者、针对不同学校的不同策略。

在制定申请策略的时候，最重要的就是要尽早地开始规划和诊断。努力使优势和机会因素都趋于最大，凸显自己的强大优势；使弱点和威胁因素趋于最小，淡化自己的弱势。比如，在 SWOT 分析后，如果你诊断自己属于本土化学生并且国际背景缺乏的话，那么在制定申请策略的时候就可以考虑参加美国大学的暑期课程；如果你诊断自己成绩优秀但是领导力欠缺的话，则可以刻意地多参加学生会及社团来获得展示领导力的机会。

举个例子，我们成功申请到 Brandeis 大学的闻同学，在标准化考试的成绩方面并不突出，但是他在钢琴和篮球上有特殊才艺天赋。经过 SWOT 分析，我们认为闻同学在分数上能够变化的空间不大，与其花太多时间弱化分数的弱点不如强化他的课外活动优势。在申请的规划中，时代焦点的顾问与他进行过多次的交流，在文书中突出表现了他的特长，让人印象深刻。

还需要注意的是要对自己清晰地定位，千万不能人云亦云。有些学生看别人去参加了志愿者活动，他也去参加志愿者，看别人去搞竞赛，他也跟着去搞竞赛，总是在模仿别人，自己却没有一个主要的、深入的、抢眼的活动。这样必然会被淹没在申请大军之中。其实美国高校未必需要全面发展的学生。你完全可以找到一个自己的专长，充分将其发挥，集中精力使自己获得一两个闪光点就够了。

3. 美国大学招生官的话

到底美国大学招生委员会成员更青睐于什么样的申请者呢？如何选择适合自己的大学呢？究竟申请者与大学之间达到何种程度的吻合，申请者才更容易被录取呢？为了更好地为申请做准备，选择适合自己的大学，下面我们来看一下美国大学录取委员会的招生官是如何选择适合自己院校的学生的。为了更直观地了解，这里将直接引述一些美国顶尖大学招生官的话。他们的话证实了 SWOT 分析的重要性。

（1）我们希望所要找寻的学生欣然接受我们这里的文化。这里的文化开放、坦诚、以德为本。在这里，我们崇尚科技。我们一直在思考如何解决世界的问题，希望我们的学生也是如此志存高远。

——S.S. 麻省理工学院（Massachusetts Institute of Technology）

（2）我们不仅一直在寻求更多的黑人学生，还有拉美裔和拉丁裔学生——这些民族的学生在弗吉尼亚州的数量比不上这个国家的其他地区。我个人比较喜欢那些一直不惧挑战、克服困难，或思想创新的学生。

——J.B. 弗吉尼亚大学（University of Virginia）

（3）我们一直致力于寻找更多的音乐家和艺术家——自从来到这里起，我便一直把它作为我们工作的重中之重。我们还在一直寻找在家族中首跃龙门的莘莘学子，以及那些来自农村小型高中的学子们——我称他们为“小镇民”。

——R.S. 鲍登学院（Bowdoin College）

（4）有一种误解认为我们青睐的学生必须是全能的多面手。事实上，我们一直在努力培养一个全面发展的学生群体。除了成绩优异之外，个性十足、具有独特天赋，并愿意和我们这个社区分享的学生正是我们的首选。

——D.S. 圣母大学（University of Notre Dame）

（5）我喜欢聪明伶俐、富有创造力和冒险精神的学生。我一直在寻找那些渴望做出一番与众不同成就的学生。我希望他们在学术上不惧困难，因为我们可以从那里获知真正的学问。我希望他们充满好奇之心，敢于发问。

——D.S. 史密斯学院（Smith College）

（6）我们渴望吸引出身寒门的高能力学子——在我国大多数大学精挑细选的生源中，这样的一个群体一直人数不足。

——D.N. 威廉姆斯学院（Williams College）

（7）我们向学生提出问题：Tufts 为什么吸引他们，并把答案作为辨别谁认真申请我们学校的依据。当学生回答是因为学校很棒，所以他们想来时，我们对他的印象不会太深；相反，那些能提供特殊原因的——例如他们想和某个教授学习或想参加某个特定课程，这样的回答会使我们印象深刻。

——L. C. 塔夫茨大学（Tufts University）

（8）我们一直在努力寻求来自卡罗来纳州的优秀学子们——一般而言，我们希望班级里百分之十五的孩子都来自南北卡罗来纳州。

——C.G. 杜克大学（Duke University）

智者的建议

选择最适合你自己的

——巴菲特的忠告

2010 年福布斯全球富豪排行榜中名列第三的“股神”巴菲特（Warren Buffett）告诉我们，名气不是唯一的重要因素，选择了适合自己的，事情就会向好的方向发展。1950 年，20 岁的巴菲特申请到哈佛（Harvard）商学院学习，但是被拒绝了，之后他发现著名的证券分析家本杰明·格雷厄姆（Benjamin Graham）和大卫·多德（David Dodd）在哥伦比亚大学教书，他给两位教授各写了一封信，表示愿意投身其门下学习投资，后来巴菲特师承两位大师的学术精华，并以杰出的投资业绩与显赫的财富扬名于世。巴菲特还曾经与内布拉斯加选美冠军约会过，但最终被拒绝了，这位选美冠军后来离了三次婚，如果当时巴菲特娶了她，不知道他的生活轨迹将会偏离到哪里去。2008 年，笔者有幸和斯坦福（Stanford）商学院的老师和同学去拜访巴菲特，他给了我一本他签名的书，还跟我们说：“投资其实就是做决策。首先要知道什么不能做，然后再去看什么可以做。我从来不投资自己看不懂的企业，也不会跟风去追逐所谓的热门行业和热门股票。”如果他不给盖茨基金会捐赠 300 多亿美元的话，现在的他依旧是世界首富。巴菲特给我的最大收获就是学会如何决策，比如他选择学校、配偶和选择股票的独到眼光，对于众多要到美国读书的学生也有很大借鉴意义。他信奉“价值投资”，这对我们众多学生来讲，也是很值得学习的。选择真正适合自己的学校，会让学生受益匪浅。

聘请一个好的指导

——谷歌（Google）董事长、首席执行官埃里克·施密特的建议

“谷歌（Google）董事约翰·杜尔（John Doerr）在 2001 年就劝我应该聘请一个指导，他向我推荐的人选是比尔·坎贝尔（Bill Campbell）。最初我对此非常反感，不管怎么说，我

都是一个拥有丰富经验的首席执行官，为什么我还需要指导呢？难道是我做错了什么吗？我的观点是，如果在我的领域我已经是世界上最牛的了，那么一个指导还能给我什么建议？但事实上，指导并不需要做得像你一样出色，他会观察你并帮助你发挥出最大能量。在商业领域里，指导并不是一成不变的，他会换种方式观察事物并发现问题，从他的角度形成见解，并提出处理问题的办法。

当我意识到我的指导是值得信任的，他的想法确实可以帮助我时，我才发现，拥有一个指导是很明智的事情。当存在商业分歧，你已经焦头烂额时，比尔给出的建议通常立足长远，站在比对方更高的角度，他会告诉你：‘别为这样的事儿烦心了。’”

附：

斯坦福（Stanford）学校眼中的素质

——斯坦福（Stanford）大学的招生主管肖恩·阿博特（Shawn Abott）访谈录

学校看中的素质中，最重要的无非是关于学术方面的（课程难度、广度和成绩）、标准化考试（SAT、ACT、大学预修课程（AP）、托福（TOEFL）等）的成绩，还有课外活动。当然，学生的申请材料制作也是一个至关重要的因素。下面我们就听一听斯坦福（Stanford）大学录取委员会的主任是如何探讨这个话题的。

埃尔莎（Elsa）和文斯·加西亚（Vince Garcia）主持的 LA Talk 访谈中，邀请了斯坦福（Stanford）大学的招生主管肖恩·阿博特（Shawn Abott），介绍了斯坦福（Stanford）大学实行的限制性提前录取项目与普通的提前录取项目的区别，以及斯坦福（Stanford）大学对入学成绩提交方面的要求，还有关于个人介绍等招生过程中学校比较关注的方面等。

Q: How does the blacksmith learn to make the perfect horseshoe?

A: Straight from the horse's mouth.

The expression "straight from the horse's mouth" derives from the ancient art of horse-dealing. A prospective buyer can verify suspicious claims about a horse's youth by looking into the creature's mouth and checking its teeth.

In the case of our riddle, "straight from the horse's mouth" has a double significance. On the one hand, you should listen to your users. Like the talkative horse in the cartoon, they know a lot about their own needs, and you need to learn from them. On the other hand, you should also look and learn for yourself. Observe the

Elsa： 招生季节开始了，我们邀请到了斯坦福（Stanford）大学的招生主管肖恩·阿博特（Shawn Abbott）。您好，肖恩，挺忙的吧，我们每期节目都会给嘉宾机会来介绍学校的情况，肖恩，关于斯坦福（Stanford），您有什么给大家分享的吗？

Shawn： 很多人都应该听说过斯坦福（Stanford）这个学校。学生们在申请斯坦福（Stanford）时，也会同时考虑很多其他的同类学校，这里我想要提的是，与很多其他学校相比，斯坦福（Stanford）比较年轻，也充满了活力，有很多同类学校建校已经有两三百年了，斯坦福（Stanford）仅有一百多年的历史，而且校园也比较小，但是斯坦福

（Stanford）有很多成果，在建校以来短短的时间里，有很多的产出，如核磁共振成像（MRI）、全球定位系统（GPS）等。

Elsa：斯坦福（Stanford）通常想要招收什么类型的学生呢？

Shawn：这是个比较难回答的问题，嗯，通常我们希望学生有创造力，善于发现，并且要有责任心，能够学习新的东西，并且能够充分利用斯坦福（Stanford）提供的好的环境。

Elsa：我们有很多问题，先从 SAT 新项目开始，大学理事会[㊀]实施了一个 SAT 的新项目，学生如果参加过多次的 SAT 测试，就可以自己选择其中某一次的成绩提交给学校，而不必提交每次测试的成绩，简单点说，就是学生如果参加了 10 月份和 11 月份的考试，他可以选择只提交 10 月份的成绩给申请的学校，但是斯坦福（Stanford）却拒绝了这个新项目。斯坦福（Stanford）的每日新闻报道："我们不会参加这个项目，斯坦福（Stanford）仍然要求申请者们提交所有的 SAT 或 ACT 入学成绩，我们不鼓励学生过多地参加 SAT 等考试，一次两次就可以了，我们认为此次新项目有可能导致有条件的学生过多地参加 SAT 以期提高自己的测试成绩。"您还提到，斯坦福（Stanford）希望看到是学生能有效率地、成功地通过 SAT，而不是通过多次考试来取得好成绩，但是哈佛（Harvard）和芝加哥大学却接受了此次新项目，您曾经提到哈佛（Harvard）是斯坦福（Stanford）的竞争对手，您能谈谈贵校为什么拒绝参加这个新项目吗？

Shawn：嗯，家长、学生、升学顾问，可能对斯坦福（Stanford）的这个决定都很关注，SAT 在美国较为普遍，斯坦福（Stanford）拒绝这个新项目是因为我们不想让学生去隐藏他们的成绩，我们不认为此次新项目会帮助学生减小考试的压力，我们认为这个新项目的最终结果会导致学生们为了追求更好的成绩而尽其所能多次参加考试，那些有经济条件的学生会一次又一次地参加考试，既浪费时间，又浪费金钱。学生会想通过尽可能多的考试来取得尽可能高的成绩。我们认为大学理事会此次实行这个新项目也是有其他原因的，大学理事会在考试市场的占有份额正在萎缩，以前 ACT 只是在部分区域流行，但是现在也在逐步普及，有越来越多的大学开始接受 ACT 成绩，参加 ACT 考试的学生也越来越多，大学理事会正面临丢失市场份额的风险，一种解决方案就是实施这个新项目，这样学生就会为了取得更好的成绩而尽可能多地参加考试。我不知道其他学校拒绝此次新项目的原因，但是斯坦福（Stanford）拒绝参加新项目的原因很简单，我们不想让学生隐藏分数，就是想看看学生参加了几次 SAT，这也是我们招生录取评判会考虑的因素之一，坦白地讲，我们觉得参加 5 次或 6 次 SAT 是不可取的，花费过多时间参加 SAT 或者 ACT 是浪费时间、浪费精

㊀ 大学理事会，College Board，SAT 的出题机构。

力的事情，我们想知道的是学生能否有效率地取得成功，而不是靠花费过多时间来取得成功，我们认为参加一次或两次考试就可以了，因此我们有必要知道学生参加了多少次考试以及每次的成绩等信息。

如果较为关注考试成绩的话，学生会花很多精力来准备并参加一次又一次考试，甚至于忽略了更为重要的学术学习本身。

Elsa： 哦，我们来谈谈斯坦福（Stanford）的班级情况，您能否介绍一些斯坦福（Stanford）本届新生的情况，他们都有些什么样的特色呢？

Shawn： 嗯，很多学生都才华横溢，有很好的学术表现、课堂表现。大部分学生的入学考试成绩都很高，90%的学生都是其所在班级的前十名，SAT 阅读部分的成绩都在 700 分以上，ACT 都在 30 分以上。在课外活动方面也很突出，比如我们有一位学生曾创作过一部戏剧。

Elsa： 从您的描述来看，斯坦福（Stanford）是个非常多元化的团体。

Shawn： 是的，如果和其他的很多学校对比，你会发现斯坦福（Stanford）是一个很多元化的团体，大概有 53%的学生有着不同的肤色，14%～15%的学生是家庭中第一个上大学的，是的，非常多元化。

Elsa： 并不是要打击想申请斯坦福（Stanford）的学生，是不是学生们都要创作一部剧本才能进斯坦福（Stanford）啊？

Shawn： 当然不是的，很难去概括整个一届同学的特色，这里只是举了个例子而已，我们大多数的学生都是学术成绩优异或者有潜力去搞一些创作，并不是要求所有的人都这样。

Elsa： 还有另外一个话题，如果我记得没错的话，贵校是第一个实行限制性提前行动项目的，对吧？为什么实行这个项目？这与其他提前录取项目有什么不同之处呢？您能给我们介绍一下吗？

Shawn： 是的，斯坦福（Stanford）大学和耶鲁（Yale）大学率先采取了这个提前行动项目。限制性提前行动（REA）和普通的提前行动都不是约束型项目，它与普通的提前行动的不同之处是，如果学生参加的是普通的提前行动项目，就可以同时参加其他学校的提前行动项目，但是限制性提前行动项目就只能申请一所学校的提前项目，不能再申请其他的提前项目，限制性和非限制性提前行动（EA）与提前录取（ED）的不同之处是：提前行动（EA），无论是限制性的还是非限制性的，都没有约束力，不要求学生一定要接受学校的录取；而提前录取 ED，是有约束力的，一旦录取，学生就要接受。关于耶鲁（Yale）和斯坦福（Stanford）为什么会选择这个项目的原因，我个人认为，耶鲁（Yale）、斯坦福（Stanford）和哈佛（Harvard）是仅有的招生率在 70%

左右的三所大学，招生率是指所发出的录取最后被接受的概率，所以这三所学校可以提供不同类型的招生项目。对斯坦福（Stanford）来说，还有一个原因是社会责任感，我们认为学生应该有机会将各所学校提供的奖学金资助进行比较，不必被约束，不要因为申请了斯坦福（Stanford）的提前行动项目，就一定要接受我们的录取。

Garcia： 限制性提前行动录取学生的过程与普通的录取有何不同？

Shawn： 它们的招生过程和申请过程是相同的，只是截止时间不同而已。

Garcia： 与提前录取（ED）相比，学生申请限制性提前行动的益处是没有约束性，既能比较早地知道录取结果，又不必一定要接受这次录取，因为有的学生可能会因为家庭经济方面的原因而改变当初选定的学校，所以 EA 与 ED 相比，对学生较为有利的是没有约束力的 EA，对吗？

Shawn： 是的，申请提前行动项目，学生可以提前知道录取结果，当然在 12 月份知道结果会比在来年 3 月份才能知道要好，斯坦福（Stanford）的提前招生环节一般通过率较高，我有这个担心，学生们会认为提前招生环节录取率较高而来申请斯坦福（Stanford）的提前录取项目。如果看看斯坦福（Stanford）提前招生环节的申请者，你通常会发现他们没有什么不同，一样好的课堂表现，一样高的学分，一样好的班级排名，一样好的入学成绩，提前招生的申请者的基数又比常规申请的少，所以看起来通过率较高。我们有 5 000 名学生申请提前招生项目，有 25 000 名学生申请常规招生，所以有些同学会认为提前招生项目中通过率较高，其实不是那么容易的。

Garcia： 提前招生的招生率是比常规录取的要高一些吗？

Shawn： 是的，通常斯坦福（Stanford）的常规录取的招生率在 70%左右，但是提前招生的招生率将近 90%，因为我们实行的限制性提前招生是具有选择唯一性的，当学生选择了斯坦福（Stanford）的提前招生项目时，就只能参加斯坦福（Stanford）的而不能参加其他学校的提前项目，所以当斯坦福（Stanford）是申请者的首选时，他们才会选择我们的提前招生项目。学生一般是经过深思熟虑后才做出选择，在我们发放录取通知后，通常只有当学生有经济方面的原因才会拒绝录取，但我认为斯坦福（Stanford）的助学金方面的条件也是很不错的，因此我们的提前招生环节的招生率很高。

Elsa： 那么学生们在何时可以申请提前招生项目以及在何地能知道关于提前招生的信息呢？其实对于参加何种类型的申请，同学们还是有许多困惑的，您能就此方面提供一些信息吗？

Shawn： 可以，斯坦福（Stanford）提前招生的截止日期通常是 11 月 1 日，申请者可于 12 月 15 日之前收到录取结果；而常规录取的招生截止日期一般是来年的 1 月 1 日，在 4 月 1 日之前申请者可得知录取结果。

Elsa：那学生必须在 10 月份之前参加完入学考试。还有一个问题，如果学生参加了斯坦福（Stanford）的限制性提前行动（REA），还能不能参加其他学校的提前录取（ED）呢？我们知道，如果学生申请了 ED 的话，通常还是有机会申请其他学校的 EA 的，斯坦福（Stanford）的限制性提前行动是怎样要求的呢？

Shawn：不可以，斯坦福（Stanford）的限制性 EA 指学生只能参加一所学校的提前招生项目，不能同时参加其他学校的提前项目。

Elsa：哦，那这倒更像是一种 ED 了，对吗？不过限制性提前行动（REA）可以给学生选择的机会，他们能有机会拒绝录取，可以比较学校间的助学金提供的情况。哦，学生需要尽早提交助学金申请吗？

Shawn：是的，是更像一种 ED 的申请方式。对于助学金，我们也是尽可能早地回复学生我们所能提供的助学金类型以及额度。通常斯坦福（Stanford）要求学生在申请提前招生项目时，也尽早地在年前完成助学金信息的提交，这样我们就尽可能在发放录取通知的时候回复申请者斯坦福（Stanford）所能提供的助学金情况。

Garcia：您能不能谈谈斯坦福（Stanford）的录取情况，你们想看到学生具备什么样的素质呢？

Shawn：当然学校想看到的是学术能力强的学生。学校会要求学生有良好的学分成绩、出色的课堂表现和优异的入学成绩。学术方面的成绩当然是斯坦福（Stanford）首先考虑的，但我们的录取过程不仅要考虑学术方面的因素，还需要考虑老师的推荐信、升学顾问的推荐信、学生的简历、个人介绍、申请文书、回答问题的技巧等方面。而且我们还在尝试新项目，试着在不同的城市面试申请者，像伦敦等，我们想看看这是否会对我们的评估产生影响，总之，录取过程会考虑很多方面。

Elsa：我们听说斯坦福（Stanford）没有面试，但是您在这里提到了有面试。

Shawn：我们想尝试一下面试是否会影响我们的评估过程，想看看我们的评估过程是否需要改进或创新。现在面试只是在尝试阶段，斯坦福（Stanford）只会对 3%～4%的申请者进行面试，而且也只在某几个城市进行。

Elsa：那学生如何知道这些面试信息呢？在哪些城市会有面试？您能谈谈这方面的信息吗？

Shawn：哦，这个我记不太清楚了，我记得有伦敦、波特兰、纽约、丹佛等城市，不过我想说的是学生不用准备什么，我们的校友志愿者会联系你来进行面试。且因为现在是在尝试阶段，只在某几个城市进行，没有面试也不会影响学校录取你的概率。

Elsa：对，这个很重要，学生们需要知道有无面试机会是否会影响录取机会。

Shawn：不会，有无面试机会都不会影响对学生的录取。

Elsa：在斯坦福（Stanford）的申请过程中学校会向学生问很多问题，其中有项是通过个人陈述来回答问题，您能介绍一下这个环节是想要了解申请者的什么信息吗？

Shawn：我们确实要求学生提交个人陈述，我们想要了解申请者的个性、特点，想通过提供一个平台，让学生们任意畅谈，用不同的文笔、不同的风格来介绍关于个人的信息，这个是申请中的一个开放式部分。我们还有简短的补充文章（Supplement-common application）（每篇 250 字），里面涉及三个问题：

1. 谈一谈从事学术活动的想法或者体验。
2. 写一个简短的自我介绍（note）给你未来的室友，以增加你们的了解。申请者可以在这里描写一些他们申请中没有机会提及的信息。
3. 为什么会选择斯坦福（Stanford）？

第 3 个问题是很多学校用来评判学生是否真正适合本学校的一个重要尺码（fit）。之前我在波士顿大学录取委员会工作，当我们问到同样的问题的时候，居然有一个学生说申请波士顿大学的原因是因为波士顿大学是常春藤盟校之一……

关于第 2 个问题，我们出题的目的真的是为了给学生一个机会来表达一些新颖的或者是没有机会表达的重要信息。很多人理解不到位，真的是给室友介绍了一下自己第一年要做的吃喝拉撒的细节。

Elsa：现在有一些学生请人代写个人介绍的部分，您是怎样看待这种状况的？

Shawn：当然，学生请人代写非常不好，这样做实际上是错过了一个很好的向别人展示自己的机会。当然我也能理解，有些学生这么做是觉得自己的写作水平不好，想让作文的文笔看起来更好一些，但是我们是想通过个人陈述来了解申请者的个人信息和学生的写作水平。在申请过程中，我们还有其他很多方面也可以了解学生的英文写作水平。如还可以参考 SAT 入学考试中的作文部分，大学预修课程（AP）的英文考试成绩等。如果是别人代写的文章，我们并不难识别。

Garcia：您能谈谈斯坦福（Stanford）大学本身的需求对你们的本科录取有多大影响吗？

Shawn：我不认为斯坦福（Stanford）的做法会与其他学校有什么不同。我们确实都有至关重要的机构性需求，比如我们需要录取很强的足球队员来打败南加州大学（USC）。在助学金方面，对于来自低收入家庭的学生，如果其家庭收入低于 6 万美元/年，则该学生可以不交学费、杂费等。也正因为此，很多为学校有显著捐款的家族的学生也是我们需要的，因为他们可以帮助支付低收入家庭的学生的费用。总的来说，我们录取的学生都是很优秀的。

Elsa：如果是申请英文或者音乐系，那么学生是否可以给相关的系发其作品呢？

Shawn：我们在绝大多数学科领域都有专业的录取委员会人员来进行评估。总的来说，斯坦福（Stanford）不欢迎额外提交的信息。额外信息既不会有影响也不会帮助录取。

Garcia：斯坦福（Stanford）的学生和其他学校学生相比最大的不同之处在哪里？比如科技方面你们确实很好。

Shawn：斯坦福（Stanford）的学生对科技的接触和掌握确实远远超过了其他学校。今年我们的很多学生都去 Facebook 公司工作了。而且身在北加州和硅谷的核心，我们的学生真的是特别幸福，这个是其他学校所无法比拟的。

Elsa：斯坦福（Stanford）的学生对电脑、Facebook、Twitter 等的理解和接触确实是很了不起的，其他学校很难匹敌。

申请文书创作：感动学校的“情书”

申请文书是美国本科申请的重要的材料之一，也是我国很多学生觉得棘手的部分，下面就谈谈写申请文书要了解的相关信息。

大学要求写申请文书的目的是要了解申请者是否具备英文写作能力，更重要的是通过文章了解申请者是怎样一个人，如有怎样的性格、对什么感兴趣、有什么特长、有什么潜力、是否适合本学校等。除去个人基本资料、课程和分数等这些硬性指标，申请文书是最好的自我展示的窗口，是凸显个人魅力最好的舞台，绝对值得申请者认真准备。

需要注意的是，再好的文书也很难帮助你直接进入大学，毕竟还要结合其他指标，但是对于中等水平的学生来说，作文给你提供了一个脱颖而出的机会。

申请文书常见的主题分类

申请文书从主题上划分，一般可分为三类，下面以知名大学的写作主题为例来逐一说明：

1. 有关自己（Tell Us About Yourself）

你曾经历的特殊事件，在他国旅行或生活的经历，最能影响你的书籍，你觉得最重要的一次学术经历（课程、项目、论文或研究课题），你在过去一年中所阅读的书单。

——哈佛大学

2. 选择学校的原因（Why Us）

请谈一下为什么你选择杜克？

——杜克大学

哥伦比亚有什么地方吸引你，为什么？

——哥伦比亚大学

3. 开放性问题（Be Creative）

请对下面一段话进行展开，谈谈帮助你定义价值观或者改变你世界观的某个事件或某个经历。

“感同身受并不仅是试着想象其他人的处境，还要有足够的勇气做点什么。在某种层面上说，感同身受是建立在希望上的。”

——康尼尔·维斯特，普林斯顿1943届校友，普林斯顿大学美国非洲裔人研究中心教授。

——普林斯顿大学（2011）

申请文书要注意的问题：选题、字数和步骤

明确了申请文书的主题分类，在下笔之前，还要考虑以下几个问题：

1. 选题——出奇制胜

文书的选题从哪个角度切入才能够使你的申请文书脱颖而出呢？有哪些选题是需要避讳的呢？请注意以下几点：

Don't——大而全：中国学生写作文常常希望在极其有限的篇幅内面面俱到，想把所有的学习经历、活动经历、特长、爱好，甚至家庭背景等都囊括进去，这种宽泛的叙述使录取人员抓不住重点，反而无法留下深刻的印象。

Don't——争议话题：有些主题需要避免，如社会政治和热点问题，不管你的观点是多么新颖或别具一格，都应该尽量避免选择，因为你不知道阅读你的作文的录取人员对诸如此类的话题持有何种观点，你表现出来的信念和倾向不一定会被对方接受，所以不要冒这个风险。宗教、性取向等主题也都属于此类敏感话题。

Don't——负面话题：如果你有过犯罪经历、精神病史等负面的经历，就不要摆上台面了，这些不能展示出你的优点和可取之处，也不能得到录取人员的同情，反而可能会成为否定你的依据。

Don't——大众话题：据一位资深的录取人员称，他所见到的90%的作文是索然无味的大众话题，即使试图写得很有文采，其主题依旧乏味。很常见的一类文章是关于户外运动的，开头用华丽的语言描写所处的环境——“尽管寒风刺骨，身体疲惫，我们依然艰难地向顶峰攀登……”

结尾用深刻的语句升华——“我认识到不管多么艰难，只要坚忍不拔，就一定会取得成功。”这类文章每年能有**20%**左右，录取人员早已审美疲劳了。另外一种文章是有关“社会服务”的，如到第三世界国家帮助当地的贫困人民，在那里被落后的生活条件所震惊，由此意识到这个世界应该人人平等，作者与当地人民相处融洽，离开时依依不舍。不要忘记，你只是一个高中生，你的社会服务能力有限，如果你喋喋不休于你的付出，反而会给人留下浮夸的印象。还有的学生选择了描写自己喜欢的宠物，这更表现出思想的不成熟。

Do——以点代面，出奇制胜：录取委员会需要通过你的文章来了解你是怎样的一个学生，你的知识储备如何，写作水平有多高，思想有多深刻；你所要展示的是你的智慧、你的特性、你的与众不同和出类拔萃。要集中一点，通过一件事情，运用生动的描写，反映出你高尚的人格、特别的经历、背景中的亮点以及你如何成为现在的你。如在高中三年你每天都参加省体操队的训练，就不妨写写你对体操队的贡献，录取委员会能通过这种独特的视角来分析你能够为学校带来什么，这会有助于你的录取。

“出奇制胜”的例子

特别的经历

有个男孩儿出身于绅士之家，但他从小就认为，有一把枪才能使他变成男人，他常常幻想着端着枪保护自己家的农场。经过再三恳求，家人在他生日那天给了他一把枪，他非常激动，第二天就躲到树后射杀了一只松鼠并带回了家，文章中他很有技巧地叙述了他是如何从树后跳出来，看到松鼠在地上抽搐，为了减轻松鼠的痛苦，他用枪柄结束了松鼠的生命。之后的“松鼠宴”并没有吃完，他就累得倒头便睡，半夜醒来时他大口呕吐并放声大哭，父亲跑来轻轻地搂着他。他对结束了一条生命而感到非常内疚，他只做了一天的猎人，打死了一只松鼠，从此以后，他知道他和父亲一样，只能做一个绅士。这是一篇非常感人的文章，通过童年时期非常重要的一段插曲，录取人员了解了他性格形成的一个方面。他以这种特别的方式从众多的竞争者中脱颖而出，因为他是有这种经历的唯一一人。

求知道路上的亲情动力

有个女孩有一位学识渊博的父亲，但是他患了癌症，他们一家人常常一起看益智问答的节目，父亲总是能快速回答出问题的正确答案，这激发了女儿学习知识的兴趣，终于有一天，女儿也迅速回答出了一道很有难度的问题，她兴奋地在父亲病床前跳起了舞，父亲很欣慰女儿对学习有了动力并积累了大量的知识。在后记中，这个女孩儿说，她的父亲最终去世了，但他非常高兴地知道女儿将追随着他的脚步，在求知的道路上渐行渐远。这篇文章的可贵之处在于，作者并没有渲染因父亲去世而产生的悲伤情绪来试图获得同情，而是通过和父亲互动的描写，展示了父女的乐观精神和融洽的关系，更重要的是体现出了她对学习的热爱和强大的求知动力。这篇文章一度使录取人员动容。

付出过程得到的感悟

有位中国学生的选材也很独到，他是个铅球运动员，在第一年的比赛中获得了第二，他发誓要拿到第一，于是更加努力地训练了一年，结果还是只获得了亚军，他在有些沮丧的同时认识到，生活并不是十全十美的，只要全力以赴做了最大的努力，就是值得的。

当然，并不是每个人都有类似精彩的经历可写，你要做的是在平凡中见伟大。每个人都经历过成长过程中印下深刻烙印的事情，只要你尊重事实，写出真实感受，体现出你的受益和价值，你的文章就不是为了应付差事而写，文章就被赋予了生命力和活力，录取人员会因为看到你的努力和用心而在心底产生共鸣，由衷地希望能录取你。

2. 字数——长度适中

作文通常对字数的下限有要求，如通用申请的个人背景部分（Personal Essay）就要求至少 250 字，单倍行距，打印大概半页纸，这样的字数能够发挥的空间比较有限，所以建议写到 500～550 字左右，也就是差不多写满一页纸。也有一些学校有字数上限，如美国加州大学（The University of California）所要求的两篇文章不能超过 1 000 字，故只要按照学校的要求写就行了。

作文的长度也是种艺术，录取人员在每篇申请作文上花费的时间都差不多，即使没有字数限制，太长的文章也是对录取人员耐心的考验，尤其是在你的作文内容并不是很精彩的情况下。录取人员读过成千上万篇文章，很少见到 800 字的文章不能缩减到 600 字的，所以精练语言很重要。

最后要注意的是，在线申请表格的字数容量可能有限，如果文章过长，系统可能会自动将其截短，故在提交之前要认真检查一下。

3. 写作步骤——步步为营

- 集思广益，挖掘个人素质的闪光点，包括你是怎样的人，你将成为怎样的人，至今为止你学到了什么。这里有必要让你的家长和同学参与到你的头脑风暴中来。
- 在命题作文里，仔细阅读可选的主题，分析哪个主题适合你，哪个主题可以写得生动。
- 选定主题后，用自己的语言组织作文，并且把重点放在讲述你的经历上。
- 不要用单一叙述的方式，最好能举出形象、生动的例子，包括细节，力求使录取人员身临其境。
- 作文内容的容量有限，要言简意赅，在文章的叙述中体现出你的价值观和道德观，不要过于煽情和喊口号，尤其是在结尾升华主题“What I learned was...”。
- 如果提到申请动机，不要写“因为美国经济、文化发达，希望自己能做文化使者”等这类空洞的理由。

- 完成草稿后，过几天再修改，找你身边的人给些建议，如你父母、老师、同学等。
- 根据你收集的建议完成第二稿，同样，过几天再修改一次，直到你满意为止。当然不要期待你的文章尽善尽美，但要尽你所能写出最高质量的文章。
- 最后要仔细校对，可以请英语老师帮你在拼写、单词、语法、段落结构上把把关，不要犯低级的错误。

如何让你的文书脱颖而出

当然，每个申请者都想让自己的文书脱颖而出。在申请顶级名校的激烈竞争中，一份完美的能吸引招生官眼球的文书，可能会就此改变你的命运。

写好文书，要从以下 4 个方面开始：

1. 尽可能个性化

斯坦福（Stanford）大学的招生主管肖恩·阿博特（Shawn Abbott）提醒道："如果文书所描述的是与其他人相类似的经历，这就不是很个性化。"（"If the essay could describe anyone else with a similar experience，it's probably not personal enough."）如某中学辅导员的做法就很好，她让学生们提交各自的未署名的文书，如果她通过文书看不出来作者是谁，这篇文章就不够个性化。

2. 避免赘述

这里我不得不提亚伯拉罕·林肯的葛底斯堡演讲（Abraham Lincoln's Gettysburg Address），仅仅十句话，却一气呵成，力道十足。如果你不擅长写作，那就保持文书精简明确，不用超过 400～500 字即可；如果你天生擅长写作，那不妨洋洋洒洒，尽显其才。下面就是这段知名的演讲：

Fourscore and seven years ago, our fathers brought forth upon this continent a new Nation, conceived in Liberty, and dedicated to the proposition that all men are created equal.

Now, we are engaged in a great Civil War, testing whether that Nation, or any nation so conceived and so dedicated, can long endure. We are met on a great battlefield of that war. We have come to dedicate a portion of that field as a final resting-place for those who gave their lives that Nation might live. It is altogether fitting and proper that we should do this.

But, in a larger sense, we cannot dedicate, we cannot consecrate, we cannot hallow this ground. The brave men, living and dead, who struggled here, have consecrated it far above our power to add or detract. The world will little note nor long remember what we say here, but it can never forget what they did here. It is for us, the living, rather to be dedicated to the great task remaining before us; that from these honored dead, we take increased devotion to that cause for which they gave the last full measure of devotion; that this Nation, under GOD, shall have a new birth of freedom; and that government of the People by the People and for the People shall not perish from the earth.

八十七年前，我们的先辈在这个大陆上创立了一个新的国家，她孕育于自由之中，致力于人生而平等。

当下，我们正置身于一场伟大的战争，这场战争考验着我们的国家和其他任何一个民族，考验着那些和我们一样向往自由，致力于人类平等的民族能否把我们的事业延续下去。我们聚集到这里，一个伟大的战场。我们来到这里，是要把战场的一角作为最终的安息之地奉献给英雄，他们为了民族能够生存下去，献出了自己的生命。我们应该这样做，这完全适宜，非常恰当。

然而，从更深的意义上讲，我们无权奉献这块土地，无权把这块土地奉若神灵。那些勇士们，无论是死去的还是活着的，都曾经在这里战斗，他们比我们更有权决定这块土地的予夺，他们早已使这块土地变得神圣。多少年以后，世界或许不会记得我们在这里说过些什么，但他们在这里所做的一切，却一定不会被忘记。对于我们，活着的人，与其说要说点什么，还不如献身于摆在我们面前的、英雄未竟的伟大事业。为了这个事业，光荣的死者已经献出了一切，我们要从他们身上吸取力量，鼓起勇气。我们要使国家在上帝保佑下得到自由的新生，要使这个民有、民治、民享的政府永世长存。

此文简短而精辟。整篇演讲只有短短 10 句话，却字字珠玑。时间、地点、人物一清二楚。思想清晰、结构紧凑、比喻恰当、寓意深刻，而且使用了大量排比句来增强气势，使文章朗朗上口、铿锵有力。

3. 文书开头引人注意

斯坦福（Stanford）大学校友杂志的一篇文章里介绍了一些斯坦福（Stanford）大学的成功申请者的文书开头，这些开头都是挺引人注意的。下面是几个例子：

- 我在八年级时，仍无法阅读。
- 我从来没有见过有人对“线粒体”如此感兴趣。
- 我有一双看起来很老的手。
- 我永远也忘不了那天，我童年的噩梦，与指环王系列中的巨兽恶战变成了现实。

- 有些父亲也许不赞成孩子在车库处理有毒化学品。
- 在好莱坞一个炎热的夜晚，我却坐在自行车上，捂在冬天的外套里面，穿着厚厚的皮靴。
- 我每次给星巴克下单时都使用不同的名字。

4. 表达明确，让人充分理解

你可以把文书写成幽默的、反思的、启发的等风格，但必须反映出真实的你。我曾经听到耶鲁（Yale）大学的一位招生官抱怨说，有一些有希望进常春藤盟校的申请者会在文书中写到温斯顿·丘吉尔，却又没有解释首相跟他/她有何联系，为什么要在此提到。请不要这样写！

附：

如何写好申请作文

——斯坦福（Stanford）大学招生主管肖恩·阿博特（Shawn Abbott）访谈录

问：在决定学生能否如愿以偿地进入斯坦福（Stanford）大学时，申请者的个人陈述部分到底占有多大分量？

答：在招生过程中，个人陈述部分相当重要，因为它能同时反映出学生的写作能力和个人的观点两个方面。但是，它也只是我们全面整体的评估过程的组成部分之一。

问：那么招生官们想在个人陈述中看到什么呢？

答：我们期待着个人陈述能呈现申请者的特点，包括但不限于写作能力、求知欲动力以及文书写作的真实思想体现。

问：从个人陈述中，我们能了解到学生具有什么样的个性、什么特点及其关注些什么吗？

答：个人陈述能给招生官提供很多信息。它能展示很多层面，如申请者是擅长于学术写作、讨论复杂的智力理论和概念，还是相反；申请者是否更具创造性，把个人生活描绘得丰富多彩、生动多姿。我们知道，这项任务不容易，但是很多时候，我们能通过个人陈述来了解申请者，得知他们能给校园社区（无论在课堂内外）带来什么样的观点等。

问：有没有学生为了让文书看起来更好而编造虚假信息？

答：幸好只有极少数的学生会在文章里弄虚作假，而我们有经验的顾问很容易将其识别。我们的工作人员按区域划分，每人要读上千份申请书，都很有经验，我们很容易就能看出来申请者的文书中是否有相似之处或者是细微的虚假信息现象，我们不太愿意看到这些。斯坦福（Stanford）大学有着非常严格的信誉守则，特别强调学术诚实和正直，同样也很重视申请者的诚信度。因此，任何学生撒谎，提供虚假信息，或被发现有剽窃事实，学校都会撤销录取通知书。

问：学生写个人陈述时，通常最容易犯哪些错误？

答：有时学生写个人陈述时，并不完全符合自己。对我们而言，最重要的是学生能准确地描述自己，真实地表达他们的成就、经验以及机遇等。

问：最后，你能就文书写作方面给学生一些建议吗？

答：不要使用术语或日常生活中不常用的词汇，把你的文书读给不同的人听，让他们帮忙提提建议。当你写到某所大学时，请不要用那些通用的、适用于很多其他高校的评论。注意文书的长度——精简扼要，两三页的个人陈述已经显得有些冗长，除非有要求，否则不用再提交补充材料。

附：

很多学生在写申请文书的时候，经常问我 essay 应该怎么写，因为相对于各种英语考试，essay 似乎更难把握。我曾和龚晟老师与学生们一起探讨过如何写 essay，并将我们的探讨过程汇集于此，希望对大家有所帮助。（Y-学生，X-许轶老师，G-龚晟老师）

Y：请问老师我们一般什么时候开始构思 essay 比较好？是提前一年？几个月？还是申请季节到的时候再开始构思呢？

G：我认为每个人构思开始的时间是不一样的。对于创作能力强的孩子，提前两到三个月开始写就可以了。但对于创作能力不是很强，但并非写作能力不好，而是表达能力不强的孩子，构思要越早开始越好。总的来说，我建议在申请日之前六到八个月，学生就要开始构思 essay 的写作。

Y：那写作灵感怎么找呢？我们在构思 essay 的时候，都是从已有的课内外活动中挖掘的，该怎么判断哪个经历更适合 essay 写作，更适合突出表现自己的特点呢？有什么构思方法或者评价标准吗？

G：这是两个问题。写作灵感怎么找是针对学生本身的，评价标准主要是升学顾问需要做的。

X：针对第一个问题，我们不能过多地期待灵感，因为灵感看不见摸不着，它是瞬时迸发的。我常推荐的方法是尝试梳理和思考自己所有的过往经历和事件以及想法。有个常见的操作方法就是记日记，记日记甚至可以从初中时代开始，将某个特别好的想法或点子形成文字，可以用笔简单记录，随后再补充。写文章时重新翻看这些原始记录，就能获取灵感，这是比较理想的情况。对于没有事先准备的孩子，可以拿出一张纸，把自己的优点、缺点或是特点记录下来。特点可以看成是优点或缺点，比如三心二意就可以是缺点。然后根据记录来寻找一些事例简要记下来。通过事例和特点交叉对比分析，判断自己可以从哪些方面搜集创作素材。特点和故事不断交叉交错的时候，灵感便可能迸发出来。

其次是如何判断哪些经历适合 essay 写作。我们建议学生，在经济条件允许情况下，都应该寻求适当的专业指导和帮助。我们有着多年的申请经验，每年都在思考这些 essay 的写作，去模拟、思考录取官员的出题角度，我们也在写这些 essay。这些经历告诉我们哪些故事会更有效，更有发掘的价值。

Y：有人提到可以多看看别人的 essay 或者是文学名著从而锻炼自己的写作能力，那写作的功力究竟应该如何锻炼？写日记可以吗？

G：essay 练习是一个长期的过程，就如练习长跑一样，你不能只看刘翔怎么跑，约翰逊怎么跑，而是要自己去实践，去积累经验。具体说来第一是要做长期准备，多看多写，因为文字的价值和穿透力是有效果的。第二是广泛阅读，横跨各个领域的书都要读。不要只看文学名著，那会跟生活和写作文体相差太远，尽量是文、史、哲、政、经、法、数、理、化等领域的书都看。

对于短期准备，我认为比较有效的方法是订阅《南方人物周刊》或一些财经报道等，看看那些描述我们当代人的写作方法，模拟那些人是怎么创作的。其实 Essay 写到最后基本上都是在写人，多看这些以写人为主的文章就能领悟和思考出关于这些信息背后的写作方式，这样做能在短期内起到一定的效果。

X：写 essay 需要注意平时的积累。多看看别人的经历，看别人的文章哪些事情打动了你，思考自己是否可参照去做；多注意别人的描写方式，哪些事情自己可以做，哪些事情自己不能做。无论是准备写作内容还是写作方式，都应该提前六到八个月或者一年时间去看。在日常生活中，比如学校组织去旅游或者模拟联合国，要提前看才知道自己要不要参加。多看一些人物传记也是非常好的。

Y：您觉得应该用中文写然后翻译好呢，还是直接用英文写？

G：根据我们的经验，如果学生 SAT 考 2 250 分，CR700 分以上，可以直接用英文写。但即便如此，我们还是建议学生先用中文写，然后自己翻译或者找人翻译，最好不要直接用英文写。

X：董老师的说法是正确的。由于我们长期处在汉式思维中，直接用英语表达想法仍然会有偏差，一旦我们的英语存在问题，这样写出来的文章便会大打折扣。所以，建议学生先用中文写好，再进行专业化的翻译。

Y：针对 essay 的表达性与思想性的关系，您觉得应该侧重叙事还是说理？如何将它们分配呢？

G：这与 essay 创作的主题和内容息息相关。如果写的是密度很大的事件，跨度很长，如时间长、意义深、牵扯的人多、事情多的时候，我们侧重叙事就可以了。至于采取一条主线还是两条主线，是明线还是暗线都无所谓。总之，把故事讲清楚就行，千万不要臆造说理方式。因为录取委员会的人很精明，看过的文章太多了，他们希望看到的文章能不言自明、自我验证。如果写得抽象的话，说理不可避免，但是千万注意不能把说理的过程作为露怯的过程，因为大部分人善于叙事，但一旦说理，就容易暴露思维漏洞和逻辑误区。所以，一定要找人看看你的 essay 是不是思维清晰、逻辑通顺易懂。录取委员会是不会按照你的创作思维去理解的，一定要让他们很容易明白你的 essay 内容。

Y：那是不是简单地写就可以？还是要强调细小点？

G：essay 写作一定要入木三分，细致入理。有的道理不用阐述，大家一读就懂了，essay 文章是高浓度包含知识和信息量的，不是小学文章，所以，也不能点得太过细了。换句话说，essay 写作要适中，该细的地方细，该忽略的地方忽略。

Y：Common App 上的小 essay, short answer 怎么写？要写大活动还是小爱好、小特长呢？很多人在写作时，觉得字数被限制得太少，不知道应该在里面表现些什么，是自己还是活动本身呢？

G：根据经验，我们建议学生写自己真实的、有所感悟的活动。不一定是模拟联合国环保这种活动，包饺子或吹小号等这类活动就足够了。对方给你限制 150 词的写作，就是不想让你去讲大道理。所以，应该通过小事来体现你隐含的 value。比如讲过节团聚包饺子，能体现重视亲情；如果讲包出了不同形状或放了葡萄，能体现对未来生活美好的预期等。再比如有个学生写自己在街头观察别人，从别人的穿着打扮、言谈举止来判断别人经历了什么或要干什么等。这样的小事特别能吸引眼球，所以建议学生写这些小细节就可以了。

Y：录取委员会是想从这种小文章中看出申请者与众不同的小特点吗？

G：大 essay 好比长衣服，你可以遮很多缺点。但小 essay 是露脐装，更加真实，有什么特点都能体现，它能体现真实的自我。

X：我觉得大 essay 像是提供自己的作品集，你可以自己构造，摆不同的 pose，穿不同的衣服，是个写真集。小 essay 是随便抽的一张，看看你是不是 fun person。

Y：就好比是写家庭生活照吗？

X：对，但不要企图通过这个讲大道理。美国人喜欢以小见大，不喜欢大道理、大故事。真正写得好的文书并不是多么浩大的活动。但比如包饺子、吹小号等这类活动，虽然很小，却能让人觉得你很 fun，也很真实。

G：一定要真诚。喜欢什么就真得去喜欢。其次，在真实的基础上有趣，会让人觉得眼前一亮。比如大家都说喜欢看毕加索，但你说喜欢看莫奈就会比较好，实际就是在真实基础上有所差异。

Y：是不是说要有新意，但不能违背本身想法？

G：对。

Y：许老师您认为呢？

X：Stanford 录取委员会的人说过，不要为了迎合录取委员会而写 essay。如果不是自己的真实感受，或对这个东西不了解，尽管你自己觉得这是他们所期待的，但他们一看就知道这是刻意做作的。

Y："How did you first learn about XX school？"这个问题也要真诚地回答吗？

G：其实这是他们在做招生渠道分析，看哪种宣传手段最有效。

Y：不是去了解申请者本人吗？

G：问题问的是 how，而不是 why。Why 会更重要。

Y："Why do you choose XX school?"这个问题包含哪几个方面的内容？在字数受限制的情况下，什么内容是必不可少的？

G：如过往经历、现在的想法、未来的规划、学校提供的教育环境资源、有哪些匹配的地方、会导致未来什么结果等，这些就够了。

Y：那在写作时有什么误区呢？可不可以吹捧学校？

G：录取委员会的人阅卷无数。能想到学校的优点都被人写过，是写不出什么新意的。还是建议学生结合自己的经历写具体内容。比如之前有在西北大学（Northwestern）学传媒的一个学生，他的 essay 里首先提到家族传统使自己对传媒产生的兴趣，其次是自己现在对国内传媒的一些看法以及对自己想学的专业的看法和憧憬，最后写西北大学的资源将会如何帮助自己。他的文章写得非常具体，他对学校很了解，甚至连具体的教授、具体的研究项目都提及了，这就比较具体、比较真实。所以要展现自己，不要去吹捧学校。

Y："Why XX major?"这个问题会不会写法雷同？需要结合学校特点去写吗？

G：Why essay 的写作到最后都是一模一样的。和"why...school"的写作的区别是：一个是 Micro，另一个是 Macro。但一定要具体，结合自己、结合学校进行写作是很重要的。

Y："What contribution will you make to ...?"对于这个问题，究竟怎样才算是贡献？侧重写自己还是写自己能为学校做什么？

G：它实际问的是：学生对学校的多元化发展能做些什么。别谈自己是亚裔或者对中国文化了解。要谈独特的、别人没有的。比如我弹扬琴，是对乐团的 contribution；我喜欢摄影，会记录学校的一些精彩瞬间，是对学校的 contribution；我组织一些人让环境变得更加美好，是对城市的 contribution。所以一定要结合自己，找别人没有的经历。

Y：如果写抽象的，比如吃苦耐劳的精神呢？

G：不能抽象，特点本身是抽象的，但如果故事也抽象就不好了。比如自己平时勤俭节约惯了，然后去学校发扬这种精神，反而给人印象不好。除非有例外，如申请 LAC，如果这个学校特别崇尚 honor code，便可以讲我从小很正直，对学校的贡献是让学校多一个严于律己、遵从 honor code 的人。只有这种情况下，才可以抽象发挥，否则不要写抽象的。

Y：许老师有什么要补充的吗？

G：留学申请其实就是 why you 和 why me。每年都有几千人被名校拒绝。学校是找适合的人，而不一定是最强的人。

申请作文、成绩单和推荐信：一个都不能少

在播客采访节目中，斯坦福（Stanford）大学的招生主管肖恩·阿博特（Shawn Abbott）向我们介绍了大学招生官是如何看学生的申请的，以及在看学生申请时，他们更为关注什么。

一般来说，大多数学校更为关注五个方面：（1）申请作文本身；（2）中学成绩单；（3）入学测试成绩；（4）升学顾问的推荐信或者中学报告；（5）两位教学老师的推荐信。

附：

招生官如何看学生的申请

——斯坦福（Stanford）大学招生主管肖恩·阿博特（Shawn Abbott）访谈录

其实我们要求学生递交申请文书，就是想通过文书了解申请者的个人信息，想知道申请者生活的地方、中学学校、课余爱好等，通过文书，我们还可以了解申请者注重些什么。文书一定要突出个性特征，比如，如果你觉得爷爷是对你影响最深的人，那么爷爷是如何影响你的，你从爷爷那里学到了什么使得你的生活因此而不同，你每天会有何不同的选择。如果你喜欢旅游，那么旅游是怎么样帮助你开阔眼界的。在提交之前，你要好好考虑你的文书是否突出个性化，如果所描述的经历与其他人相似，这就不是很具有个性化。我们想从文书中看到一个活生生的你，从文书开始，我们便对申请者的个人信息有了一个初步印象。

通过中学成绩单，我们可以了解学生的中学学习情况、每年的学分和每科的学分情况，我们也会看申请者的整体成绩，此时招生官最为关注的是英文、数学、科学、社会科学和其他外语等核心课程。我们看你每年的学习项目是想了解申请者都参加了哪些课程，包括是否有较为困难的课程等信息。看申请者每年和每门科目的成绩时，可以帮助我们了解申请者更擅长哪些学科，哪些课程对申请者来说是较有挑战性的。我们比较关注学生是否敢于挑战自己，这点很重要，如果你所在的高中没有开设大学预修课程（AP），你没有考大学预修课程（AP）还说得过去，但是如果你就读的高中设有大学预修课程（AP），或者有其他挑战性的课程，我

们还是希望看到学生有挑战自己的精神，而且我们觉得，学生们不但要敢于挑战，还应该有能力掌控，能够成功挑战自己。如果你的基础课程成绩有所下滑，但还是去挑战自己参加更难的课程，那就不太好了，我们希望看到学生挑战自己，但是我们对学生在什么情况下挑战自己以及是否能够成功也非常关注。

我们要求学生提供标准化考试成绩，通常是想用来加强申请者的中学成绩单给我们的印象，但是如果你的成绩单上显示中学数学课堂表现很好，但是入学考试 SAT 或 ACT 的考试成绩却较低，那么课堂表现和入学考试之间就出现了差异。我们得需要额外的信息来帮助我们了解差异由何而来。这就需要老师的推荐信。

升学顾问的推荐信和老师的推荐信角度有所不同，升学顾问的较为全面，而老师的较为具体，升学顾问的推荐信能帮我们全方位地了解申请者，有些同学可能会担心升学顾问对自己可能不是足够了解，这个不用担心，我们并不是想从升学顾问那里知道学生的一切，事无巨细，其实我们是想通过升学顾问了解学生就读中学的情况，有什么样的学习氛围，学校老师怎么样，课程是较容易通过还是把关较严，从这里我们可以看出你的分数的真实状况，是不是补考分数，课程安排是否灵活，是否能给学生更多的挑战自己的机会，这些信息很重要。申请者在校就读情况，是否有过转校经历，是否参加过挑战性课程，学术实力如何，是否积极参加社团活动，这些都是升学顾问推荐信可以提供的信息。相对于升学顾问的全面性介绍，老师的推荐信更为具体，更能针对个人情况加以介绍，我们想知道你的学习环境如何，在学习过程中是否敢于挑战自己，面对挑战是如何处理的，在什么样的情况下会更容易成功，当你遇到困难时是积极地寻求帮助，还是会冷静处理。我们还想知道你的课堂表现，在课堂上是否能积极参与、提问问题，所有这些信息可以帮助我们对学生有一定的了解，并能大致清楚你能否达到学校的要求，你会对学校带来什么样不同的观点。

当然，各个学校之间风格不同，要求也有所不同，在申请之前，一定要先了解学校想要什么样的学生，看是否与之匹配。如果学校能够招到与之相匹配的而且也想来此校就读的学生，那是最好不过的事情了，最后祝大家好运。需要强调的是，我们不喜欢考过很多次 SAT 的学生。我们觉得这是对很多其他重要活动的放弃。

美国前 50 名大学和部分顶尖文理学院文书汇总，请见附录五。

家长必读

建议家长参与到帮助学生进行长期规划的行动中来，但是中国家长一定要学会正确地帮助。对于申请文书的创作，家长应该注意以下几点：

在申请文书的创作过程中，要清醒地认识文书的读者是谁？申请文书在“取悦”谁？

不是家长，不是学生自己，而是美国大学的申请委员会成员！他们希望从申请文书中了解到学生的基本情况、个人特点，发现学生的潜质。

美国人眼中好的创作文书，是以小见大的文章，而不是“高、大、全”的文章。很多家长最常问的问题就是，孩子的文章是不是太朴实了？却不知道这才是真正的好文。

在申请文书创作的过程中，家长和学生绞尽脑汁想出一些所谓的“大事件”，认为把这样的事件写入申请文书中，会为孩子的整个申请增光添彩。其实不然，往往一些看起来不起眼，却能以小见大的“小”事，却更能赢得录取委员会的共鸣。做了十多年的留学申请，每年都会有家长问我：许老师，我的孩子的文章为什么不能这样选材？这样的素材在我看来是特别完美，为什么被你否定了，而帮我们选择了不同的题材？很多以小见大的题材在中国家长心目中不够“光辉”，貌似没有完整地体现孩子的闪光点，但却能打动录取委员会的心。要记住，选取一件事情，不要只看这件事的名头，不要单纯地以出没出过国、花费多少钱去衡量。真正要看孩子在一件事里面付出过、学习到、得到了多少，那些孩子全身心投入的、有收获的和有感悟的事情，都是大事，也一定都是孩子有话可写的好例子。

创作申请文书和厨师做饭一样，要原料、调味品和火候一样都不少。如何拿捏，怎么掌握其中的“度”？

越来越多的家长在申请过程中选择聘请留学顾问帮助修改学生的申请文书，他们一味地认为留学顾问帮助改动得越多越好，文书“包装”得越华丽越好。这其实是一种错误的观点。我们要始终记住一点，写作和做人一样，真实和诚恳的态度非常重要。在申请文书中要体现一个真实的个体，一个完整的自我，而不是过度包装的“超人”。在学生进行文书创作时，一定要深度挖掘出自己一个个真实生动的事例。这是个“调频”的过程，即把学生的“波段”调到和录取委员会的一致。所以，文书并不是留学顾问改动得越多越好。

只找一个留学顾问帮助修改申请文书是否可行？

如果您是学生的家长，且已经聘请了留学顾问帮助孩子修改申请文书，那么请记住，不要同时找很多不同背景的人同时评价一篇文章，因为众口难调，文章不可能也不需要让所有人满意。当然，找几个熟悉孩子的人看看文章并提些建议是非常必要的。过度修改只会将文章修改成“四不像”。留学申请和很多事情一样，要做正确的事、正确地做事。不能道听途说。

我们可以体会父母的心情，有的时候确实会因为孩子没有过多的时间或者是替孩子着急会过多地参与进来。但是我们还是建议家长要把握一个度的问题。除了以上提到的家长在文书的创作过程中需要注意的几点之外，下面我们通过引述美国顶级高中升学顾问的话，来了解一些还有哪些地方家长需要注意，看看他们是如何看待家长在申请中的角色的：

（1）父母们，如果你们在申请过程中比孩子更努力——快停下来！

——T.H. 威尔斯利高中（Wellesley High School）

（2）帮助你的孩子，但要知道这只是形式而已。让你的孩子掌握整个申请过程。倾听他们说话，考虑一下有哪些可能接收他们的学校，能使他们有自信，变得更成熟，不断成长。

——R.K. 德鲁学校（Drew School）

（3）家长们在参与到学校顾问申请的过程中时，最常见的错误是他们不允许孩子控制整个申请过程。如果需要学生为留学指导机构填写并提交所有的申请表单，协调整个申请过程，他们就会感觉到是自己在控制申请过程。然而，他们做不了太多的决定——只要把申请材料提交到机构里，顾问就会自己作决定。对于很多孩子来说是挺不幸的，本来他们可以控制部分申请过程，但都被家长剥夺了。

——R.P. 达里恩高中（Darien High School）

（4）家长不能这样想：顾问和他们一样了解孩子。他们需要帮助顾问，通过沟通使他们了解孩子。

——N.P. 托马斯·杰佛逊高中（Thomas Jefferson High School）

（5）家长的通病就是常常期待着自己的孩子能被那些不可能录取的大学所录取。

——C.D. 克莱顿高中（Clayton High School）

（6）他们替学生做申请而不是帮忙。他们控制全部申请流程。这样不会培养出孩子上大学后需要的独立能力。

——K.H. 大学预备高中（University Prep）

（7）父母犯的最大的错误是他们认为这是他们的职责。这并不是他们的事……这是孩子的事。父母常常给孩子施加太多的压力。坦白地说，学生们“深受其害”。每个人都在谈论大学、分数、作文以及面试。父母不必再添压力。父母的关心本意是好的——他们希望孩子拥有最好的机会。但今天它却变成了巨大的压力，压在孩子头上。我担心家长现在不让他们的孩子在高中玩乐。

——D.S. 史密斯学院（Smith College）

（8）家长们不应该这么认为——他们热爱自己的母校，他们的孩子自然也热爱。择校是选择一个最适合自己的学校，适合你的未必一定适合你的孩子。

——D.S. 圣母大学（University of Notre Dame）

（9）家长们不应该只为了找一个能让自己同事赞叹不已的学校。他们应该帮助自己的孩子找到一个最适合他自己学习和长大成人的环境。

——P.M. 里德学院（Reed College）

申请文书范文：你的“情书”也会精彩

看了这么多介绍和访谈，读者一定意犹未尽——到底成功进入美国名校的申请文书要怎么写呢？我们挑选了一些时代焦点教育的成功申请者的文章，为您奉上几篇成功的个人陈述（Personal Essay）、附属文章（Supplement Essay）推荐信（Letter of Recommendation），并附上作者点评，帮助读者品味申请文书的精妙。

个人陈述文章（Personal Essay）

Common application 文书题目已经于 2013 年 8 月 1 日变更。为了方便学生，在这里把题目都列了出来，每一题都附上了翻译：

题目一：Some students have a background or story that is so central to their identity that they believe their application would be incomplete without it. If this sounds like you, then please share your story.

有些学生有一个背景或者故事，这个背景或者故事非常深刻地凸显了申请者的个性。因此这些学生觉得如果申请文书不写这个背景或者故事，他们的申请就不完整。如果你属于这类学生，请分享你的故事。

题目二：Recount an incident or time when you experienced failure. How did it affect you, and what lessons did you learn?

请回忆一个让你尝到过失败滋味的事件或者时刻。它如何影响了你？你从中学到了什么？

题目三：Reflect on a time when you challenged a belief or idea. What prompted you to act? Would you make the same decision again?

请回忆你挑战一个信仰或想法的时刻。是什么促使你去行动的？如果时光倒流，你是否还会做同样的事呢？

题目四：Describe a place or environment where you are perfectly content. What do you do or experience there, and why is it meaningful to you?

描述一个使你非常满意的地方或者环境。你在那里做了什么或者经历了什么，为什么那个地方对你来说有意义。

题目五：Discuss an accomplishment or event, formal or informal, that marked your transition from childhood to adulthood within your culture, community, or family.

论述一个成就（事件），这个正式的或者非正式的成就（事件）在你的文化、社区或者家庭范围内，并成为你从儿童转变为成年人的标志性事件。

题目一的关键字是 identity（个性），题目二的关键字是 failure（失败），题目三的关键字是 challenge（挑战），题目四的关键字是 content（满意），题目五的关键字是 adulthood（成人）。这个改动给我们提示了招生官喜欢的学生包括：有个性的，能经得住失败的，敢于挑战的，进行过有意义的活动的，成熟的。

下面再来仔细阅读一下官方的文书写作要求：

文书要求：

The essay demonstrates your ability to write clearly and concisely on a selected topic and helps you distinguish yourself in your own voice. What do you want the readers of your application to know about you apart from courses, grades, and test scores? Choose the option that best helps you answer that question and write an essay of no more than 650 words, using the prompt to inspire and structure your response. Remember: 650 words is your limit, not your goal. Use the full range if you need it, but don't feel obligated to do so. (The application won't accept a response shorter than 250 words.)

我们可以发现有几点变化（标红部分）：

1. Ability to write clearly and concisely. 文书要求学生拥有清晰、简洁的写作能力。这两个词：clearly 和 concisely 是非常有深意的。根据我们向美国招生官的了解，他们最怕的一类文章是看了 100 字了还没有找到主题句和关键词，因此他们特别强调了“clearly”。而 concisely 这个词暗含的意思就比较重要，有些机构包装的文书看起来非常华美，文中大量运用了长句和一组组优雅的排比句，可是招生官恰恰更喜欢简洁平实的语言。这就提醒我们不要过度包装文书，还是要严格按照文书要求进行写作。

2. Distinguish yourself. 文书特别提出了这个要求：凸显你自己。就像在具体题目中体现的那样。因此建议学生们要好好考虑这几个关键字：identity（个性），failure（失败），challenge（挑战），content（满意），adulthood（成人），认真地找到自己的切入点。

3. In your own voice. 这个提示非常重要！特别是对我们中国学生敲响了一个大大的警钟！通过和美国名校的招生官交流，我们发现其实他们这几年对中国学生的申请手段很清楚。特别是中国学生中普遍存在的成绩单掺水、推荐信代写、申请文书找机构代写等现象他们了如指掌。不要天真地认为你可以瞒过招生官，他们每年要审阅上万份申请材料，是否是学生自己写的他们一眼就能看出来。因此，我们在辅导学生文书写作的时候都要进行一次又一次的一对一辅导，让学生自己写初稿，哪怕是中文的也行，然后和学生一起一遍一遍地修改，少则七八稿，多则十几稿。这样花费的工夫远远比直接代写要多得多。但是我们坚信：授之以鱼不如授之以渔。学生写完后自然写作能力就提高了，而且可以问心无愧的说地这是我的作品，我的心血！

4．文书要求的词数是 250～650 词。我们辅导过的学生普遍存在的问题是文书写到最后真是在字斟句酌，每句话都要精而又精才能在 650 词内充分体现自己。这也提示我们一个问题：其实招生官真的不怕你写得长，就是怕你写得不对题、千篇一律、找不到重点。

外教详解文书题目，附“牛气”范文

Option #1: Some students have a background or story that is so central to their identity that they believe their application would be incomplete without it. If this sounds like you, then please share your story.

选择 1：有些学生的背景或者故事对体现他们的身份特征十分重要，他们甚至认为，如果他们的申请中缺少了这些内容就是不完整的。如果你是这种情况，请分享你的故事。

关键词分析（Keywords Analysis）

Identity: The main point of this question is to talk about your identity. How do you see yourself as a person? Who are you? What are you? What makes you, you?

性格：这个问题的核心是谈论你自己的性格特征。你认为自己是一个什么样的人，你是谁，你有什么故事，什么成就了你？

Background: The background can be cultural, ethnic, familial, medical, physical, economic, or just about any other set of circumstances that defines who you are as a person. Talk about an interesting background that shows the source of your identity.

背景：背景知识可以是关于文化、道德、家庭、医疗、物理、经济方面的内容，或者只是影响你成长的一系列环境。谈论一下可以展示你性格形成的一些有意思的背景知识。

Story: Talk about a story (a narrative or account of events) that helped shape who you are. It will have a beginning, middle, and end. If you have a story that explains who you are, then use this prompt.

故事：谈论一个故事（叙述型或者记录型事件）来帮助描述你是一个什么样的人。这个故事应该分开始、过程和结尾三个部分。如果你想用一个故事来展示你是一个什么样的人，这个小提示就可以帮助你。

Incomplete: Finally, make sure that the background or story shapes who you are. For example, if you write a story or background and it does not show the admissions committee anything new or different about you (does not shape or define who you are), then do not choose this prompt.

不完整性：最后，你要确保你的故事能够展示出你是个什么样的人。例如，你写的故事或者背景知识不能向招生委员会展示出你的不同或者你的新颖点，那么这条小技巧你就不要考虑了。

为什么要问这个问题？（Why the Question Is Asked？）

One's personal character and outlook on life are often shaped by pivotal experiences and important backgrounds. Such stories can make for interesting narratives, if retold convincingly. Admission committees hope that applicants are capable of the kind of self-reflection required to think back on their lives and identify themselves. Being able to do so indicates maturity as well as self-knowledge. Admissions committees also ask this question because they want to see what your values are. By identifying a story or background that has had meaning for you, you are pointing to a personal value.

Also, schools want to know that if they admit you, you will bring something special to the campus. They want to know that you will benefit from the college, but they also want to know how the college can benefit from you.

一个人至关重要的经历和重要的成长背景往往会塑造一个人的性格和对未来生活的看法。如果这些经历能够被转述得很好，那么将会是一段很有意思的叙述。招生委员会希望申请者具备自我反思意识，能够对自己过去的生活做出回想，从而更好地认知自我。能成功地做到这些往往说明申请者是成熟而自知的。招生委员会问这类问题的另一个目的是他们想了解申请者的价值观。因此通过一个对你有意义的故事和背景的描述，你的目的是表达出你个人的价值观。

除此之外，学校还希望知道如果他们录取了你，你能给校园带来哪些特殊的东西。校方固然想知道你能从学校有所收获，但是它们同时也希望了解学校怎样能从你身上有所获益。

典型回答方式（Typical Approach）

Many applicants see this as a very broad question and give a very broad response in return. They try to tell their whole life stories, or give a list of their accomplishments. The other typical approach is those who writes about his or her ethnicity as a whole, and complain about the injustice they suffered in their country. A topic as general as that does nothing to advance her candidacy because we learn little of substance about him or her. Also, they are at risk of alienating admissions officers if they pretend to have grown up in dire circumstances, thereby exaggerating any hardships they may have encountered. And also, do not confuse a background with a single accomplishment or event. Being voted

Prom Queen and scoring that winning goal may be impressive accomplishments, but by themselves they are not stories about the formation of your identity.

很多申请者会认为这类问题太过于泛泛，因而也会以泛泛的方式进行回答。他们往往试着把一生所经历的故事都放进去，或者直接给出一个自己的成就列表。另一种比较常见的方式是申请者全篇描写自己的民族特质、抱怨在自己国家所遭受的不公平待遇。以上述内容为题目的回答通常不会对学生的申请起帮助作用，因为通过这些描写我们还是对申请者知之甚少。通过夸大自己曾经面对的苦难，从而假装成长在极其恶劣的环境下是很冒险的行为。这种行为会无形中疏远申请者与招生官之间的距离。此外，不要混淆单一成就和综合背景。被选为舞会女王或者射入关键进球的经历固然是很令人印象深刻的成就，但是这些成就并不是能展现出你性格形成过程的故事。

更好的回答方式（A Better Approach）

The main goal here is to discuss an experience or encounter that will show how you would add something valuable and unique to the operations of the school. Your “story” or “background” can take a variety of forms. You can emphasize perspectives that will be important in or out of class. If you are from an unusual part of the world (or country) compared to most of the student body, discuss this. If you are a member of a racial, ethnic, or religious minority not well represented on most campuses, discuss this. Perhaps you have had an unusual personal history. Did you grow up in a difficult domestic situation? Did you live in a usual place that had a significant impact on your childhood? Did you or someone in your family have significant challenges to overcome? Were you surrounded by people who had a major influence on your development? Did you move frequently? Did you have to hold a job from a young age? Do you have a particular obsession or passion that has been a driving force in your life for years? Note that what you might consider ordinary may strike admissions officers as anything but ordinary.

Always to remember, limit your focus. Developed one idea only, not a litany of possible perspectives.

对于这个问题，我们文书的主要目标是通过讨论一个申请者的经历来体现出申请者对学校的价值和独特之处。你的“故事”和“背景”可以通过多种方式进行讲述，你既可以侧重介绍课堂学习也可以着重介绍课外活动。如果申请者认为自己所来自的国家或者地区较绝大多数申请者来说比较特殊，那么就谈谈这个。如果你是某个少数种族、民族或者宗教团体的一员，而恰巧这些团体还没有在申请学校的校园中有很好的体现，那么请谈谈这个。也许你曾经有一段不同于常人的成长史。你所成长的国内环境艰苦么？是否有一个你成长过程中的普通地点对你的童年产生了深远影响？你或你的家人有没有跨越过大的挑战？你周围有没有对你成长产生主要影响的人？你搬家频繁么？你需要从小就工作养家么？你经历过让你特别着迷、充满热情并在好几年的时间内给予你动力的事情么？请注意：那些让你觉得再平常不过的事情，可能在招生官眼中一点都不普通。永远要记住：保持聚焦。就讲一个想法，切记写成包含各个方面的冗长文章。

范文（Sample Answer）

王润哲	2014年	Johns Hopkins University	ED	录取	云南师大附中
TOEFL	111	SAT	2150	阅读	670

……

我的工作就是搜寻历史残存的碎片，我就像一个探险者，根据宣科老师提供的只言片语，去尘封的历史档案中发掘线索。比如，我在奥地利科学家、探险家约瑟夫·洛克的《中国西南的古纳西王国》一书中找到了他曾经和宣科的交集。又比如我在 Theodore Roosevelt 的日志“Trailing the Giant Panda” 中发现了宣科的父亲曾是他们探访西南的向导。这种奇妙的经历却给我带来了莫大的乐趣。

宣老师除了每天讲述他传奇般的经历以外，还会对历史与时事发表自己的见解。宣老师八十年的经历使他的角度独特、一针见血，让我听后不仅默默赞同。作为一个老派的纳西人，他认为：

丽江死了。

对此，我的感受很复杂。会做酥油茶的人越来越少，传统食品如米灌肠也渐渐失传，就连纳西传统服装“披星戴月”也很难再在大街上见到了。如今的纳西文明青黄不接，在市场化的冲击下摇摇欲坠。宣科相信，丽江将像一个悲剧的世外桃源，被发现，被热爱，被更多人热爱，被毁坏，被抛弃。

然而我并不同意。老房子、老规矩、老味道，能在一个地方保留下来，并不是因为那里不发达、不开放、不“与时俱进”，而是因为那里的人们仍认为这些老旧的东西是有价值的。确实，在无兵祸、无天灾的现代社会，市场经济和商业游戏对古老文化的摧残无疑是致命的。然而从另一个角度上来讲，没有商业炒作，这些古老的东西不可能被更多的人注意到其价值。就像没有宣科，人们也不会知道纳西古乐。商业活动与文化传承像天平的两端和太极的阴阳双鱼一样，需要我们小心地保持平衡。

……

JOHNS HOPKINS
UNIVERSITY

Dear Runzhe,

Congratulations! You have been accepted for admission to Johns Hopkins University under the Early Decision Plan.

You have proven yourself to be an exceptional student with unique strengths, passions, and life experiences, and I am excited to welcome you to the Hopkins community. You are also now one of a special group: the very first members of the JHU Class of 2018. I look forward to your contributions to the Homewood campus, and I encourage you to begin building connections with your future classmates. You are about to spend four years in the company of some of the smartest and most interesting people you will ever meet—your classmates. (Visit "Visit and Connect" on your decision website.)

We are excited to see what else you accomplish as you finish your senior year. You've demonstrated that you are capable of the highest level of academic success, and we expect you to continue your current academic performance and school citizenship. Because your continued success in high school will set the stage for your time at Hopkins, we will review your final transcripts before you arrive to confirm the successful completion of all academic work you are undertaking.

Please fill out the reply form and submit your **combined enrollment and housing deposit** to the Office of Undergraduate Admissions by **January 15, 2014**. You can find instructions for submitting your form and deposit online. If you are unable to access the page, please contact our office at gotojhu@jhu.edu or (410) 516-8171. If you are currently an international student in F-1 immigration status who is studying in the United States, please complete the Transfer Form, and return it to our office.

Please accept my best wishes for a great year. In the meantime, don't hesitate to contact the Admissions Office if you have any questions. Again, congratulations! We cannot wait to have you join us as part of the JHU family.

Sincerely,

Ellen Kim

Ellen Kim
Director of Admissions

Office of Undergraduate Admissions
Mason Hall 3400 North Charles Street Baltimore, MD 21218 410-516-8171 gotojhu@jhu.edu

Option #2: Recount an incident or time when you experienced failure. How did it affect you, and what lessons did you learn?

选择 2：叙述一个事件或者一个你的失败经历。它对你有什么影响，你从中学到什么样的经验教训。

关键词分析（Keywords Analysis）

Incident or time: You are being asked about a specific incident or time, so you should be telling a story (Beginning, middle, and end). Give enough details to make the story interesting, but not so much you go over the word limit or the story becomes boring.

事件与时间：这个题目要求你回答一个具体的事件或者失败经历，所以你应该用讲故事的形式（开端、过程和结果）。多讲一些细节使得你的故事生动有趣，但是不要过多而导致超出词数限制或者使你的故事冗繁无味。

Affect: What was the impact of the failure? This is the most important part of the essay. How did it make others see you? How did it change how you saw yourself? Reflect, and examine your emotions. This is difficult for some students, but you need to look at the impact of the failure.

影响：这个失败的经历对你有什么影响？这个是你文章最重要的部分。这个事情是如何让别人认识你的？这个事件是如何改变你对自己的看法的？展示一下你的情感经历。这个部分对一些学生来说是个难题，但是你必须仔细考虑一下这个失败带给你的影响。

Lessons: Look at the lessons you learned from this failure. It can sometimes be hard to articulate or put into writing, but try to write down what you learned first. It's a good idea to think up of at least 3 ideas. They may not all be immediate, as some lessons take longer to learn, and will take time to sink in.

教训：考虑一下你从中学到的经验教训。也许把这些事情说出来或者写出来是比较困难的，不过你可要尝试先写出你从中得到的教训。你最好能想出三个以上的观点。这些观点可能没法立刻就想出来，因为有些经验教训需要时间才能习得，需要时间去挖掘。

为何要问这个问题？（Why the Question Is Asked）

This question is basically asking whether or not you are mature enough to admit that you will make mistakes and whether or not you can extract meaning from past errors. The question also helps admissions officers see how you have changed and grown in recent years.

这个问题基本上是在考查申请者是否成熟到足以承认自己会犯错误以及申请者是否能够

从过去的错误中吸取教训。这个问题同样帮助招生官了解到你近些年的成长和变化。

典型回答方式（The Typical Approach）

Many college applicants will be uncomfortable with this question. After all, a college application should highlight your strengths and accomplishments, not draw attention to your failures. Some students write about failures without being able to show how the event has turned out to be helpful in their growth or development. Applicants often talk about failures by simply retelling the story of what happened. They focus more on the mistake than on what they learned from it. The typical applicants does himself a disservice by not analyzing why he failed, what he could have done differently, what he learned, and how he would approach the situation if faced with it again. Other applicants discuss trivial failures that are incapable of instilling life-changing thoughts or feelings, such as forgetting to mow the lawn or arriving late to a test. This merely shows admissions committee members that you are hoping to convince them you have never had any great failures in life-something they know is not true.

很多申请者在回答这个问题的时候会感到很不适应。毕竟，大学申请是要体现申请者的强项和成就，而不是强调失败。一些学生在写他们失败经历的时候，没有能把这类经历描述成一个帮助他们成长和发展的转折点。申请者们通常只是把失败的经历重新谈了一遍，并且把更多的重心放在了对自己曾经错误的描绘上，而不是讲他们从这个经历中学会了什么。一般来说，如果申请者没有能够很好地分析自己的失败经历、体现当时能够做哪些来避免失败、说明从失败经历中学到了什么以及当再次面对这类情形时应如何应对，那么他们的申请文书会对申请者造成中伤。还有一些申请者讨论了过多的失败细节，这些细节不能体现申请者生活改变时的想法和感觉。例如，忘记剪草坪或者考试迟到。这样写只会让招生官知道你希望说服他们你从没有经历过任何真正的失败——他们已经知道的都不是真的。

更好的回答方式（A Better Approach）

Whenever you are discussing failure, you must use an experience that you can show has affected your subsequent actions and decisions. It should be a failure to which you can attach a story of another incident to demonstrate that, when presented with a similar situation a second time, you succeed. One implication of this is that the failure probably should be something that occurred not last week but at least many months ago. We generally need time to learn from our mistakes.

A sensible approach to the statement about a failure places an emphasis on your development. We learn more from our mistakes than we do from our successes, which are why it is legitimate to discuss failures, even when not asked to do so. A willingness to admit mistakes is one sign that you are reaching adulthood. This is the one part of prompt #2 that is truly asking for college-level thinking. The best students are those who assess their failures, learn from them, and move on. Here is your chance to prove that you are capable of this type of thoughtfulness and personal growth.

Do not, however, belabor a description of the failure itself. Although details always make a story more interesting, in this case too many details make you look bad. Remember that is what you learned from the experience concerning yourself, your education, your work ethic, your opinions, or your relationships.

不管什么时候谈论失败，你一定要描写一个能展现出对你接下来的决定和行动产生影响的经历。当和面对第二次类似情景获得成功一起出现时，你的失败经历要能够做到通过另一个相关联的故事展示出来。这样做潜在说明失败经历发生在至少很多个月之前而不是上个礼拜，因为我们通常需要时间来吸取经验教训。

以理性的方式面对失败对你的发展至关重要。我们从失败中学会的远比成功中的多，这让我们在不被问及的情况下而讨论失败变得合情合理。愿意承认失败是申请者迈向成熟的一个标志。这正是问题的第二部分真正希望考察的，即申请者是否有大学水平的思考能力。最好的学生往往能够分析评估他们曾经的失败，从中学习并保持进步。回答这类问题就是一个展现申请者拥有思辨性和个人成长能力的一个机会。

尽管如此，请不要对有关失败的描写太过苛责。尽管细节的描写可以让故事看起来更有意思，但是在这里，过多的描写会让你看起来很糟。请记住：你从过往自身、教育、职业伦理、观点和人际关系经历中学到的才是关键。

范文（Sample Answer）

李蔓蔓	2014 年	University of Chicago	RD	录取	北京景山学校
TOEFL	107	SAT	2140	阅读	630

After nine days in the small, suffocating quarantined ward, I finally emerged in the warm sunshine and freedom again. Flinging myself into the arms of my mom, I hold my bucket list in my hand and made my promise: I will embrace every possibility of life and try things that I didn't dare to do before. After all, there won't be so many things as fearful as the H1N1 flu.

In 2009, I was diagnosed with A (H1N1) flu. The first time in my life, I was picked up by an ambulance and sent to the quarantined hospital. High fever lasting for days, the pungent odor of disinfectant, nurses coming in for swab tests and blood drawing... Trapped in the little room alone, I felt that my whole life depended solely on the virus tests and I had already lost control over my life. In an afternoon after receiving my disappointing test result again, all I could do was to take pills, drink a lot of water and phone mom to tell her not to worry. Crying myself to bed that night, for the first time I regretted of doing so little in the past when I had countless choices. I began a bucket list of in my mind of adventures and challenges I would no longer fear or put off.

I kept adding new items to my bucket list. I ran for the student union election despite my shyness about giving speeches and successfully got into the art department; I went skiing with my friends and challenged myself with the highest slope. Gliding down at great speed, I enjoyed the thrill of leaving all the fear and worry behind, feeling the wind blowing into my face and swiftly passing by other skiers. I waved to my friend proudly at the foothill, but suddenly slipped and awkwardly sprawled in the snow. Clearly, flying in the face of fear is not always graceful!

Following the inspiration of my newfound “bucket list”, I registered for the four-month exchange program a year later and went on the plane to Boston for an unknown life in US. My biggest challenge came after I joined the robotics club. One month before the FTC match we intended to attend, our robot was still boxes steel and screws. As a team composed of novices, finishing the robot on time seemed to be a mission impossible. However, we didn’t give in. Never having dealt with the machine parts in China, the first time I entered the woodworking classroom, put on the goggles, assembled different parts, polished the steel and cut the wood and steel in pieces on the huge scared machines like a boy... Witnessing our robot “growing up” gradually after our hard work, I surprising feel the joy of robotics. Two days before the match, we finally had our work done.

We just missed being in the top 10 teams in the match, although our robot seemed so simple and crude comparing to the complex design of other teams. However, it was one of my happiest moments when I coached in the match and saw our robot running on the platform with the balls it gathered. For me, the most precious thing is my experience to jump into an unfamiliar field and enjoy the process.

Time past and when looking back, the greatest pain and challenge before seem so trivial. New barriers are always waiting and there will still be fears and struggles. But why should I be afraid? I've already survived the H1N1 flu. Life does not always send second chances, I now know that I need to simply try my best and enjoy every moment.

Now I am applying for college in America. This will be my next great adventure and I hope to check the new item on my bucket list soon.

我被困在这个狭小、令人窒息的隔离病房中历经了 9 天，我终于又重新回到了温暖的阳光和自由的怀抱当中了。紧紧拥抱着妈妈的我怀揣了一个坚定的信念，从今以后我要让生活中的每一次不可能变成可能，我要努力去突破自己，去做以前不敢去想的事。毕竟，我想没有什么事情能够比甲型流感更让人恐惧了。

2009 年的时候，我被确诊为 H1N1 流感。我生命里第一次被装进救护车带走并送进几乎令人窒息的医院。经过多日不退的高烧、刺鼻的消毒水气味、护士过来反复做棉签抽测、血液检查，我被囚禁在了这个狭小的病房里，我感到我整个人生都指望在了病毒检测上，我几乎失控了。在一个令人绝望的下午，我收到了检测结果，我只能通过药物和大量喝水来控制病情，我还得告诉妈妈不要担心。我一个人趴在床上大哭，我第一次开始反思在过去的生活中，我曾放走了那么多次机会去做一些有意义的事情。我开始思考着要给自己列一份遗愿清单，曾经的我认为那些想去冒险富有挑战而又未曾敢尝试的事情，我要一一把他们完成，再也不推托。

我开始不断增加遗愿清单的内容。我去参加了学生会的竞选并且成功地进入了文艺部，尽管我并不擅长在公众演讲。我去和朋友滑雪并且站上了那个坡度最高的雪道，我飞快地往下滑，这一刻的刺激让我忘了恐惧与担忧，迎面吹着风，我快速地滑过了身边的人，最终到达了山脚并向朋友们挥着胜利的手势，可是突然间，我又摔倒在了雪中，不过面对恐惧谁又能还那么优雅呢?

不断被我的遗愿清单所激励着，一年后的我坐上了飞往波士顿的航班去参加为期 4 个月的大学交换项目，我即将在美国开始一段未知的旅途。随后我便迎来了一个更大的挑战，我加入了机器人兴趣组，我计划安排在一个月之后参加 FTC 比赛，可是现在我们的机器人还只是一堆没有拼凑起来的钢材。我真的不敢想象我们一队的新人能够完成这艰难而又有挑战的任务。可是我们谁也没有让步，我走进了木工教室，戴好护目镜开始组装零件，打磨钢材，切割木头，像男孩子一样在巨大复杂的机械上工作。眼看着我们的机器人一点一点地“长大”，我开始为我自己的劳动成果而感到骄傲。直到比赛的前两天，我们的作品终于完成了。

尽管我们最终与前 10 名失之交臂，和其他队复杂的设计比起来，我们的机器人看起来有些简单的粗糙。当我带队比赛亲自看着我们的机器人在展台上，这是我最开心的时刻。对于我来说，最珍贵的是我亲身经着一切自己从前并不擅长的领域，并享受着不断成熟的过程。

时间飞逝，过去的艰难和挑战仿佛都变得微不足道。新的挑战还在等着我，但是我不再害怕和忧虑。我为什么要胆怯？我连 H1N1 都战胜了！我知道生活不会总留给你第二次的机会，这一刻我深深体会到，我要努力去把握每一次机会，活在当下。

现在我要申请美国的大学，一段全新的伟大冒险之旅即将开启。此刻我也祝福我清单中的遗愿都能一一实现。

Option #3: Reflect on a time when you challenged a belief or idea. What prompted you to act? Would you make the same decision again?

选择 3：展示你挑战一个信仰或者观点的过程。是什么激励你这样做？你以后还会做同样的事情吗？

关键词分析（Keywords Analysis）

Belief or Idea: This is the main pivot of the essay. It is based on some idea that you had. It should most likely be some core ethical or moral value that you have. It is a principle that guides your behavior.

信仰与观念：这个部分是文章的核心部分。它以你的想法为基础，来展现你的核心道德观、价值观。它也是用来指导你行为的原则。

A time: once again, you need to come up with a story. Use a very short and concise story to illustrate your point.

一次：同样，你需要组织一个故事。用一些短而精悍的小故事来展示你的观点。

Challenged: The other main point is that you must have been tested in some way. The main idea of the essay, you must have had some tension or conflict with that idea, or else it does not answer the question. You need to describe the challenge, and why you challenged the idea.

挑战：另一个重要观点是，你的尝试应从不同的方面来体现。这个文章的重点是你观点中需要包含一些冲突和紧张感，否则会显得文不对题。你需要阐述一下这个挑战，并说明你为什么挑战这个观点。

Act: Also, you need to look at what you did as a result of challenging this idea. You need to have taken some sort of concrete action to criticize or re-evaluate this idea. Also, taking no action is an example of taking action, as long as it was thought out and you understand why you did it.

行为举止：与此同时，你还得看看你挑战一个观点以后能得到的结果是什么。你需要采用一些具体的行动来批判或者重估这个观点。并且，静观其变也是一种采取行动的方式，只有当你想清楚而且明白为什么你要这么做的时候，再开始行动。

Prompted: Finally, there is one event that led to you challenging the idea, thus the word prompted. What was the pivotal moment that forced you to act?

提示：最后，如果有一个导致你决定作出挑战行为的事件，即可以用这个提示。讲述一个迫使你做出行动的关键时刻。

Finally, the last sentence is important because it asks you to evaluate your actions and explain your beliefs. The answer does not have to be "Yes" as you can show what you learned in the process, and you would make a different decision based on what you know today.

最后：最后一句话十分重要，因为他要求你去评估你的行为并解释你的信念。最后的结果不一定是用"是"字来展现你在这个过程中学到的东西，你应该根据你现在的对这个事情的认识，做出一个不一样的决定。

为什么问这个问题？（Why the question is asked）

Colleges want to know if you have the capability to think critically, they also want to see that you have the maturity and perspective to understand your actions.

招生官想知道申请者在大学录取时是否具备批判性思维的能力。与此同时，他们也希望看到你成熟而富有想法，可以很好地理解自己的行为。

典型回答方式（The Typical Approach）

Some formulaic essays would respond to each element one-by-one, possibly with obvious topic sentences like, "I acted because..." Which is a very bad idea because that makes the whole essay stale and plain?

And also, there's a troubling contradiction. "Challenge" does not necessarily entail action. Beliefs can be challenged verbally, and they can be contemplated inwardly. These challenges may or may not lead to "decisions" in any proactive sense-even though they can absolutely be worth writing about. Finally, students shouldn't merely "reflect" on the incident -they need to narrate enough of the story so that an intelligent, but unfamiliar, reader knows what the writer is talking about.

一些模板化的文章通常会就问题中的元素一对一地进行回答，很可能会以“我这么做是因为……”很直接的形式开篇。这种做法并不可取，因为这会让整篇文章看起来平淡无味。

除此之外，还有一个恼人的悖论。“挑战”不一定非要包括行动。信念可以经受言语上的挑战，也可以在内心得以考量。这些挑战也许不会最终引领你做出前瞻性的决定。但是尽管如此，他们也很值得写一写。最后，申请者不应该仅仅反映事件本身——他们同时需要把故事充分讲开，从而使睿智而又和申请人不甚相熟的读者能够理解申请者的写作意图。

更好的回答方式（The Better Approach）

To respond effectively to this prompt it is important to understand what reflection is and what it isn't. Reflection is far more than summarizing or reminiscing. Your task with this question isn't simply to describe a time when you challenged a belief. To "reflect" upon something you did is to analyze and contextualize your actions. What were you motives? Why did you do what you did? What were you thinking at the time, and in retrospect, were your thoughts at the time appropriate? How have your actions played a role in your personal growth?

If you did the first part of the question effectively ("reflect"), then you've already responded to this part of the question. Again, make sure you aren't just describing how you acted. Explain why you acted the way you did. How did your own beliefs and ideas motivate you to challenge some other belief or idea? What was the tipping point that spurred you into action?

Would you make the same decision again? This part of the prompt is also asking for reflection. Look back at the big picture and put your action in context. What were the results of challenging the belief or idea? Was your action worth the effort? Did good come of your action? Did you pay a heavy price for your challenge? Did you or someone else learn and grow from your efforts? Realize that your answer here need not be "yes." Sometimes we take action only to learn later that the outcome wasn't worth the cost. You don't need to present yourself as a hero who changed the world through your challenge of the status quo. Many excellent essays explore a challenge that didn't turn out as planned. Indeed, sometimes we grow more from missteps and failures than we do from triumph.

为了有效地回答这个问题，分清什么是展示过往经历就变得至关重要。对过往经历的反映远远不是总结和追忆那么简单。申请者在回答这类问题时的任务不仅仅是描述一段你曾经挑战一个信念的时期。去反映一段经历，申请者要能够分析和场景化当时的行为。什么是你当时的动机？你当时为什么要那么做？你当时是怎么想的？回顾一下，你当时的想法是合理的么？你当时的行为在你人生的成长中扮演了什么样的角色？

如果你高效地回答了问题的第一部分（即"反映"好了你的经历），那么你已经回答了问题的第二部分。再一次强调，请确认你不是仅仅在描述你当时是怎么做的。解释一下你当时为什么要那么做。你自己的信念和想法如何激励你去挑战其他的信念和想法的？什么是激发你开始这个行动的引爆点？

你会再次做出一样的决定么？这一部分的问题同样是在问如何反映你过去的经历。回想一下当时大的格局并把你的行动放在当时的大背景下去理解。挑战其他信念和想法的结果是什么？最后的效果值得你那份努力么？你的行动有没有产生好的影响？你为你当时的行动付出惨痛代价了么？你或者其他人有没有从你（或你们）的努力中学习并且成长呢？请意识到你的回答无需都是积极肯定的。有时在我们行动之后，往往会觉得当初的结果根本不值得那份付出。你无需在挑战过程中把自己塑造成改变世界的英雄，很多优秀的文书都展现了一类没有达到预期的挑战过程。相较于成功，我们往往会从失误和失败中成长更多。

范文（Sample Answer）

王潮	2013 年	New York University	RD	录取	首师大二附中国际部
TOEFL	105	SAT	1920	阅读	610

I have an extraordinary love for music. I like the feeling of that touching my fingers on the keyboards and letting melodies flow through me smoothly; I am fascinated by the admiring eye-beams from my tutors and teammates; I am enamored with the title of principal and the position of first-chair, calling for weekly meetings, instructing the performed repertoire and standing for the band's advertisement.

I am the only Alto Saxophonist of my band. The Alto Saxophone plays an important role in the band as many themes and some solos parts are played by the instrument. Surrounded and supported by the entire band, I feel I am the center of the stage and carry out my very best performance in each play with fulfilling emotions.

Last summer, our conductor called our four saxophonists getting together after a practice, and told us that we would take part in an international competition in Japan in September. Our school band would play Rhapsody in Blue. In order to boost our competitiveness, one of us would play the Baritone saxophone, which is both very largest and very expensive. It is a supporting instrument which employs the similar function as tuba in a band. Seeing three of them in their hesitation, I thought, as the first-chair and principal, I had to step up, so I reluctantly took the part

However, I soon regretted my decision. The new baritone sax I bought was half the height of me and I couldn't blow it. Furthermore, the sound it produced was like a humdrum that could only play supporting roles for the band. I pondered whether my efforts were worthwhile: I started practicing music since I was eight. Every week I persistently went to orchestra practice. I took private lessons from an instructor of military band, every Saturday morning from early 7am till noon. I fell into an abysmal of despair: did I work so hard just to play a supporting role?

I expressed my annoyance to my conductor. He emphatically answered me, “There is no supporting role in a band and everybody plays a major role” That was an epiphany for me.

I went back to practice with a strong will to do well. Once, I felt too tired and stopped to have a rest, and I found the ensemble seemed a little bit vacant without baritone sax. Suddenly, I realized that Baritone is as important as any other instrument as it makes the whole performance more complete and the subtle contribution gives music its unique soul. I continued to devote to baritone sax. My hands were milled with thick cocoon, and my lips were so swollen that I could barely swallow food for a few days. The whole summer was spent in the “devil training” but I felt very content.

Finally, we presented our performance in XX university of Japan in September. Rhapsody in Blue echoing its thumping beats with strong voice of my baritone sax over the hall, we played a profound ensemble to the audience. When we found that we won the 2nd Prize, all teammates lifted me up to celebrate our achievement. I knew I had received more respect and admire from my peers

In the future, I am ready to play any role assigned to me and play well.

“Nobody is follower, and everyone is a leader in our band.” Every member plays his role well in a team, just like every tone marking in specific line in every music piece, it is the way of that consisting of spectacular musical movement. I strive to play well every note and every part to make every little thing in my life develop to perfection. I hope, when these notes and parts are putting together, my life will reach the peak of glory.

我对音乐有着非同一般的热爱：我喜欢手指在键盘上音乐如泉水流淌的感觉；我陶醉于

老师和同学们对我音乐造诣投射来欣赏的目光；我迷恋乐队的首席称谓和团长的职位；每周给乐队队员开会、确定演出的曲目；向校友宣传乐队等。

我是乐队中唯一的中音萨克斯手。"中音萨克斯"在整个乐团中扮演了十分重要的角色，因为许多主旋律甚至 solo 都是由中音萨克斯来吹奏。我非常乐意队友为我伴奏，衬托我将情感发挥得淋漓尽致的感觉，那种感觉真犹如众星捧月般甜美！我一直认为我是乐团的灵魂人物。

然而在去年夏天的一天训练后，指挥召集萨克斯声部的四个队员并告诉我们，乐团将在九月参加中日国际友好比赛，参赛曲目是《蓝色狂想曲》，为展示乐团的实力和增加得奖的机会。演奏时将加上 Barione 低音萨克斯作为乐队的亮点，你们中将有一人作为 Barione 低音萨克斯手。

我看到其他三个队员犹豫不决，迟迟不敢回应。Baritone 萨克斯是一个尺寸很大，价格十分昂贵的低音萨克斯，而且它的职能跟大号一模一样，只能起到伴奏的作用。可是，作为首席、团长的我，必须要起到带头作用，承担大任！于是我勉强地答应了指挥的请求。

但是，买后我就大失所望。Baritone 萨克斯的身高已经超过了我的一半，我根本吹不动它。更痛苦的是，Baritone 萨克斯没有一点主旋律，全是伴奏，发挥情感的地方完全没有。我从 8 岁学音乐到现在，每个星期放学后坚持不懈地去管乐团合奏，每个周六日早晨要 7 点起床去很远的军乐团找教官单独训练，难道只是要让我在乐队做一个衬托、配角？由红花变成了绿叶，好像从众人仰慕的高峰跌入低谷，自己的努力全是为了凸显别人的光彩！

我找到指挥拒绝他的请求，"我要当主角，不要作配角！"我说。他果断地对我说："乐队没有配角，每一个人都是主角！"我愣在那里。

回家后我默默地拿起这个"巨人"，开始疯狂地练习：深吸一口气，紧闭双眼，猛吹了一大口，脸憋红得像个苹果……我忽然发现我在冒一个险，如果我吹奏成功了，Baritone 会变成整个乐队的灵魂；而假如我吹得像噪音一样，会严重破坏整体的旋律。顿时间，我感到压力很大，身上加重了一份责任感。甚至有一次我在训练中偷偷停下来，这才发现，没有了低音萨克斯，乐曲忽然单薄了好多，我不是配角，我是主角！更何况我是首席和团长，没有不吹好的理由！我没有放弃，曾多少次把手练得磨出了茧，不知不觉中嘴上多了一层厚厚的皮，嘴唇肿胀得好几天都难以吞咽食物。

……经过了一个漫长夏天的"魔鬼训练"，终于在夏末的某一天，音符流淌，乐声如行云般流畅。

九月末，我们在日本的 XX 大学里演出，《蓝色狂想曲》激昂的旋律伴随着 Baritone 雄厚的声音，感觉整个乐队有着深厚的底蕴。当最后集体谢幕，评委宣布我们乐队在这次国际比赛中获得二等奖的时候，乐队的队员们将我举了起来，为我欢呼！我感受到队员们更加爱戴我、尊重我，我感到了前所未有的喜悦和感动！

“乐队没有配角，每一个人都是主角！”每个队员都要扮演好自己的角色，找到自己的位置，就如同乐曲中的每个音符，发出完美的音色，就能构造出一篇精彩绝伦的乐章！生活中，我也在努力演奏好每一个音符，扮演好每个角色，把生活中的点点滴滴竭力发挥到完美。我深知，当我把这一个个音符串在一起的时候，奏响人生华美乐章！

Option #4: Describe a place or environment where you are perfectly content. What do you do or experience there and why is it meaningful to you?

选择 4： 描述一个你最心满意足的场所或是环境。你在那里做了什么或是经历了什么？它为什么对你来说意义重大？

关键字分析（Keywords Analysis）

Place or Environment: You will need to talk about a specific place or environment, and usually the more detailed the better. It should usually have geography, though some students talk about a place in a metaphorical sense, such as in their minds or in a happy place while reading, etc. Just remember a place or environment is fixed in space.

场所或环境：通常讨论的场所或者是环境的细节越多越好。它通常要有一定的地域，虽然一些学生谈论一些有隐喻意义的地方，譬如在他们的脑海中或者是读书的时候处于一个快乐的地方。但是请记住，这个场所或者是环境是有固定空间的。

Describe: This is different from the other prompts because now instead of telling a story, you need to describe the specific place you are talking about. The more specific the place, the more details you can add into your essay. Just as a story should be interesting and vivid, having a detailed place can allow the reader to imagine that they are at the place with you.

描述：不同于其他提示性语言，你需要描述一个具体的地方而不是讲述一个故事。这个地方越具体，你描述的细节就越多。正如一个故事应该是有趣的、鲜明的。你对于这个地方的细节描述得越多越详细，越能使读者身临其境。

Door experience: The main idea of the place is to look at the relationship you have with this place. It is most likely not a place that you go to once, and never go again. Instead, it is a place that you return to again and again, and you experience specific sensations or feelings or emotions at this place. Also, you should describe your interaction with the place, as well as moving about in the place.

做了什么或是经历了什么：题目的主要观点是要表达你与这个场所的关系。不像是说一个地方你去过一次就再也不去第二次了。相反的，这个地方是你去了一次又一次的，并且对这个地方有特殊的感觉或者是心理情感。另外，文章中也要体现你与这个场所的互动，就如同在这个场所中移动一样。

Content: Contentment is the main point of this essay. You have to define for yourself what contentment means. Of course you have to be careful. It does not mean lazy. Why do you continue to return to this place? What benefits — material, spiritual, intellectual, social, and whatnot — do you derive from this particular place or environment?

心满意足：满足是这个短文的要点。你需要去定义满足的含义。对于这个题目你应该要认真仔细，因为满足并不意味着懒散。你为什么要一次又一次的回去这个地方？你从这个地方得到了什么样的好处：物质，精神，智力，社交，诸如此类。

Meaningful: Finally, talk about the meaning of this place to you. Best is if you can talk about a specific intrinsic meaning. Also, do not just state that it is meaningful, but also why?

意义重大：最后，讨论一下这个地方对于你的意义。如果你讨论一下具体的内在含义是最好的。此外，除了描述这个地方对于你的意义，还要讨论一下原因。

为什么要问这个问题？（Why the question is asked）

Writers who choose this prompt will, ideally, create their own tension, or at least try get beyond the blandness of “contentment.” The best of these essays will describe someplace unexpected or an unusual version of contentment. Through the description, colleges are able to see uniqueness of the candidates and who they are. Students might be content in the library, where they're conducting original research, or they might be content at their menial job, because the job exposes them to fascinating coworkers. They might also contemplate a world that is extremely demanding, and then explain how their contentment contrasts with challenges in the world around them.

比较理想地说，选择这个题目的申请者都会选择创造出属于自己的文章张力，或者至少尝试去跨越通常意义上的“满足感”。这类申请文书中的佼佼者往往会描述一些让人意想不到的地点或者一些不同寻常的满足感。通过阅读文书，学校能够了解到申请者的独特性以及他们是怎么样的人。有些学生可能会在做原始研究的图书馆中找到巨大的满足感；还有些学生可能在他们卑微的工作中找到满足感，因为这类工作让他们结识到了各式各样有趣的同事；另外的一些学生会反思残酷的世界，之后阐述自己的满足感是如何和周围世界中的挑战相对比的。

典型回答方式（The typical approach）

Most students tend to choose a place that is merely peaceful to them. They may write about their homes, a café, or even their beds but these mean nothing to the college admission officer. Through the essay, the admission office want to know and make sure you are prepared for a college life rather than you know how to enjoy a lazy afternoon. In addition, when describing the place, the students may use the whole essay to elaborate on all the details without touching much on the second part of the title: the "what" and the "why". However, "Describe a place or environment" is the easiest part of the writing and only involves low level form of thinking.

绝大多数学生会去描写一个对他们来说仅仅是安静闲适的地点。他们也许会写他们的居所，一家咖啡馆，甚至是他们的床，但是这些对大学招生官来说没有任何意义。通过阅读申请者的文书，招生官们想要知道并且确认你们是否已经准备好了大学生活，而不是了解到你们是如何享受一个慵懒的下午的。此外，当描述地点时，申请者也许会用通篇文章去描写细节，从而对问题的第二部分中的“什么”和“为什么”只字不提。不管怎么说，“描述一个地点或者环境”仍然是写作中最简单的一个部分，因为它只涉及相对低级别的思考能力。

更好的回答方式（A better approach）

When choosing the place, remember the word "content" can be much more than a state of peacefulness. It is also a state of satisfaction and you don't need to be peaceful to be satisfied. An adrenaline junkie might be most content when skydiving and a musician might be most content when performing a solo to the standing-room-only crowd. These high pressure situations and environments can be "content", too, but they are much more meaningful than the peaceful places. These experiences of challenges and accomplishments are more suitable for the essay to show colleges your physical and mental developments as well as your unique backgrounds.

当选择地点时，请记住“满足”这个词的意义比安静的状态要丰富很多。它可以是一种心态，一种你无需平静也能达到满足的状态。“玩的就是心跳”可能是高空跳伞者们比较满足的状态，而对着一群只有站着位置的观众独自演奏则可能是音乐家们最满足的状态。高压的环境和场景同样可以让人“满足”，但是这些地点的意义要远大过那些安静的地方。因此，这些有关挑战和成就的经历更适合这个题目，这样大学可以更好地了解到你的身心成长过程以及你独特的背景。

When writing the essay, spend more time focusing on the "what" and the "why". The question is asking you *why* you feel and act the way you do in your special place. *Why* is this place or environment meaningful to you? You should dig deep as a shallow response is not going to impress anyone. Instead of just write "I'm the most content on the soccer field because I've always loved soccer", which means nothing, you should explore more. Why do you love soccer? Are you a competitive person? Do you like the teamwork? Does soccer help you escape from other parts of your life? Does it make you a better person? How has your time on the soccer field made you grow? What exactly makes the soccer field so full of meaning for you?

当你写这篇文书的时候，一定要花更多的时间在解释问题中的"什么"和"为什么"上面。这个问题是在问你为什么会在这个特殊的地点做事情。为什么这个地方或者环境对你来说很有意义？你需要在这方面深度挖掘，因为泛泛而谈不会让任何人印象深刻。比如说不要这么写"我在足球场上能获得最大的满足感因为我一直特别热爱足球。"，因为这什么也说明不了，你应该挖掘更多信息。你为什么喜欢足球？你是一个喜爱竞争的人吗？你喜欢团队合作吗？足球帮你从生活的其他方面摆脱出来了吗？足球让你成为更好的人了吗？你在足球场上的经历让你成长了吗？你足球场上的经历对你生活的意义何在？

If you succeeded exploring the "why" part of the essay and do not waste much on the describing, your essay will be on track. In other words, the essay prompt can be paraphrased as *"Tell us about a place that is meaningful to you and so that we can know you better as a special individual."*

如果你成功地回答了文章中"为什么"的问题，那么不要浪费时间在描述细节上，你的文书已经在正轨上了。换句话说，这个文书题目可以理解为"告诉我们一个对你有意义的地方，从而让我们能够更好地了解你的与众不同之处。"

范文（Sample Answer）

夏宇洋　2013 年　Stanford University　EA　录取
TOEFL　111　SAT　2200　阅读　680

在 2012 年，我们在捷克共和国的皮塞克城参加国际青年艺术节，那是我第一次轻松地带着我的单簧管在街上转。我从没想过会在公众场合演奏，因为真正的音乐需要我们诚心侧耳倾听地去欣赏，而不是能在街上被任意鄙夷。真正的音乐应该被保护在宏伟的维也纳金色大厅，在那就算一个无心的喷嚏都会有损它的庄严。毕竟我们来自中国最好的学生交响乐团。我们致力演奏的音乐需要被身穿正装的女士和先生们欣赏。

然而，欧洲对音乐来说是奇妙之地。不论在布拉格还是维也纳，不论是用一套铲子自制成敲击乐的男人，还是用长号和喇叭随意搭配的捣蛋乐队，音乐都是生机勃勃的。奇怪的是，在那一瞬间——可能因为我们身处莫扎特的出生地，或者有这些专注的音乐家们相随——我急切地想加入他们。

我们站立在莫扎特广场的中央，沐浴于在莫扎特故居前演奏的荣耀中。这首莫扎特 A 大调协奏曲是我们给萨尔茨堡最好的礼物。行人们都不禁止步，围成一个半圆，并洋溢着好奇。我抬起头，迎面是高耸的哥特式教堂和它铺满亮红鲜花的米黄古墙，墙上模糊的“莫扎特出生地”几个字依稀可辨。

人群们随着旋律流动，一个个好奇的脑袋探出窗户。当协奏曲演奏完毕后，不仅在人群中爆发出热烈的掌声和叫好的欢呼，旁边的莫扎特雕像也似乎露出了肯定的微笑。

我们吸引了来自不同背景的人们，他们中的一部分人从未踏足于演奏会，但爱我们的音乐，尽管我们没有那一份庄严。面对来自世界各地的好奇的游客们，我入神地演讲，努力传播我对音乐的爱，我甚至让一个意大利孩子试吹我的单簧管。

我知道巴赫或莫扎特的杰出作品通常在有完美音响效果的大厅中演奏，以最大限度发挥它们的精髓，但在我们异常喜人的演出后我意识到，演唱会仅仅是一种音乐形式。

莫扎特和其他作曲家并没有把音乐只限制在为富人服务的演奏厅中。他们为了传播和影响世界各地的新世代而创造音乐，在街上或在礼堂里演奏毫无关系。作为一个音乐家，我意识到我的使命就是去实现这个目的。

回中国后的一周里，我们拿着乐器乘坐地铁。无论人们怎么想，我们的目标很明确：只要我们用心向他人传授音乐，我们就能传授音乐真正的精华。音乐永远都会是音乐。

STANFORD
UNIVERSITY

December 14, 2012

Yuyang Xia
MingZhi Rd, XingHeDanDi
F3 Bldg, Unit2, #802, BaoAnDist
ShenZhen, 518000
PEOPLE'S REPUBLIC OF CHINA

Stanford ID: 05865820

Dear Sherwin,

Congratulations! The Admission Committee joins me in the most rewarding part of my job —offering you admission to Stanford University and inviting you to join our Class of 2017.

批注：为什么不讲维也纳金色大厅的演奏？因为不够独特！

Option #5: Discuss an accomplishment or event, formal or informal that marked your transition from childhood to adulthood within your culture, community, or family.

选择 5：讨论一下一个成就或者是事件，正式的或者是非正式的。以及这个事件或者是成就对于你的文化、社区、家庭而言标志着你从童年期到成年期的转变。

关键词分析（Keywords Analysis）

Transition: This is the most important part of this essay. It is looking at a change from one period of time to another. Think about when this change happened and talk about it.

转变：这是这篇文章中最重要的部分。着眼于从一个时期到另一个时期的变化，想象一下这个变化是什么时候发生的，然后谈论一下。

Childhood to Adulthood: For this part, they want to see how you are already an adult. In the converse sense, think about how you are no longer a child?

童年期到成熟期：对于这部分而言，出题者想要考查一下你是怎样成为一个成年人的。从反面考虑就是讨论一下你是怎么不再是一个小孩子的。

Accomplishment or Event: This is the actual thing (event or accomplishment) where you can pinpoint this transition. What actually made you realize, you are no longer a child? Talk about that event.

成就或是事件：成就或者是事件是实际的（未完成的或者是已完成的）你从哪里可以查明这种转变。是什么是你真正意识到你不再是一个小孩子。讨论一下这个事件。

Culture, Community, Family: So far, you have only talked about your own transition, and how you have changed. Now, you need to talk about how others have viewed you after your transition. In whose eyes are you now no longer a child? Who expects more from you, now that you have made this transition to adulthood? Who now regards you as an adult and why?

文化、社区、家庭：目前为止，你仅仅谈论了你自己的转变，以及你是如何转变的。现在，你需要讨论一下在你发生转变之后，其他人是如何看待你的。在谁看来你不再是一个小孩子了？在你从小孩子转变为大人之后，谁对于你的期望更高？谁认为你已经是一个成年人了，原因是什么？

为什么要问这个问题？（Why the question is asked）

This question allows you to tell the college something you are proud of, which gives you the school insight about what is important to you. It also allows you to show how you might contribute to the life of the college, based on your past performance. Just as importantly, it allows college to learn how you have changed as a result of this performance, how it marks your change to adulthood and how this benefits others.

这个问题主要是希望申请者告诉大学你所骄傲的事情，从而体现什么才是对申请者重要的。同时，基于你过去的表现，大学也试图通过这个问题了解你可以对校园生活有哪些贡献。重要的是，申请者要让大学了解到你是如何通过这个经历而改变的；这个经历是如何标志着你向成人阶段的转型以及这次经历是如何让其他人获益的。

典型回答方式（The typical approach）

Most applicants use the whole of the essay to demonstrate that their accomplishments are impressive. They focus on their accomplishments and not on themselves or the effects in larger scale. The achievements discussed by most applicants tend to be commonplace: making the high school basketball team or being elected to student council, which can be learned by taking a brief look at the applicant's data sheets. Another mistaken tendency is to list a string of accomplishments rather than explain one accomplishment and its impact on you and the community, in detail.

多数申请者通篇描写自己的成就是多么了不起。他们关注了他们的成就而不是他们自己或者大范围来看的效果。一些能在简历里面一目了然的事情却被申请者反复谈及，例如：建立高中篮球队或者被选为学生委员。另一个错误的趋势是，列出一系列自己的成就而不是用细节重点阐述一个成就以及它对你和整个社区的影响。

更好的回答方式（A better approach）

This question obviously gives you the chance to "toot your own horn." You can brag a bit about what you have accomplished, but what is more important is that you put your own spin on what you have done. A particular accomplishment is all the more impressive when you explain the obstacles you have had to overcome to succeed and how you have grown differently due to the challenges. That you were the captain of your cross country team is much more interesting and compelling if you became captain despite being the team's slowest runner. You should be sure to give the full context of your accomplishment so that its importance comes to life for your readers

Some accomplishments are of obvious significance. Other accomplishments are much more personal in nature. It is perfectly fine to discuss an achievement that may not be obvious to others. For example, if you stuttered as a youth and finally overcame the problem during high school after resorting to a strenuous program of speech therapy, this might be an extremely significant event for you personally and very well marks your transition. Besides, it is not something that is mentioned on your data sheets, so the essay can add new information and a whole new dimension to your application. You will want to talk about your achievement as an example of your determination and desire to improve yourself, as well as describe all the work that went into achieving your goal of stutter-free speech. Even if you just discuss accomplishments of a more public nature that can be discerned from other parts of your application, be sure to personalize them in such a way that they take on greater significance than they would as one item on a list.

An important point to notice for students is that the essay title not only asks for a description of the accomplishment you make but also requires you write about the “transition from childhood to adulthood”. Whether you have become tougher than before, have come another state of mind, or have progressed intellectually, be sure to discuss them in the essay in full detail. Furthermore, do not just limit the impacts of your achievement on your own. The question also mentions “culture, community, family.” Whatever achievement you made, it should affect more than yourself. If you have overcame numerous difficulties to build up a new debate club, for example, you need to make sure you write about how the club will benefit all other students in the school. If you have made a personal progression such as stop stuttering, you should write about how you use such a unique experience to help other people in your culture or community. You may set up an organization to help other people like you or your raised public attention on those children.

When choosing the accomplishment, you might refer to the following criteria:

- You had to overcome major obstacles, showing real determination in doing so.
- You experienced a transition of yourself
- You used real initiative, perhaps by pushing a bureaucracy to respond or bypassing one altogether

- Your success has impact on a group of people.

Go into sufficient detail to bring events to life, but do not stop there. Discuss how has this substantial achievement marks your transition from a child to an adult and its impacts on others in the world. How did you change and grow as a result? Did you gain confidence in yourself? Did you find that you approached other matters differently after the event? How did your action made others behave differently and benefit the community on the whole.

很显然，这个问题给了申请者一个机会来为自己“鸣响号角”。作为申请者，你可以稍微吹嘘一下你自己的成就，但是重要的是你要能对成就自圆其说。一个令人印象深刻的成就要能体现申请者克服困难获得成功以及这些挑战对申请人的成长起到了哪些影响。如果你说自己尽管是越野队中跑得最慢的但是仍然当上了队长，那么这就比简单说你是越野队的队长显得有意思且引人入胜。你应该确认自己在文章中给出了你完成成就的大背景，从而让读者了解到这段经历在你生活中起到的重要作用。

有些成就一看起来就显得不同寻常，而另外一些成就则有很强的个人色彩。讨论一个可能对于他人来说不是很显著的成就完全没有问题。比如，如果你小时候口吃，但是最后通过在高中参加一个漫长痛苦的言语治疗项目而最终克服了这个问题。那么这个有些极端的个人重要经历就很好地体现了你人生中的一次转型。此外，这类经历往往不会直接体现在你的简历上，所以这种有附加信息的文书为你的申请增加了新的维度。同时，你需要通过强调成就来体现你改变自己的决心和愿望，并且描述你在通往再也不口吃的路上做出的全部努力。纵然你只讨论一个更趋向于大众化的成就，也能体现你申请中其他部分不能体现的内容，把这类成就个性化，还是会让它们显得比列在成就清单上看起来更加至关重要。

一个值得向学生们提示的重要点是，文章题目不仅要求描述你所完成的成就，也要求你写出“从童年到成年”的转变。不管这段经历是否让你更加坚韧，是否改变了你的心境，是否让你在心智上更进一步，都要记住在文章中具体讨论一下。与此同时，不要将成就的影响仅限于你个人。问题同样提到了“文化、社区和家庭”，因而不管你有何等成就，它的影响都不仅仅限于你个人。比如，如果你的经历是你克服重重困难建立了一个新的辩论俱乐部，你应该同样写到这个俱乐部是如何惠及全校其他同学的。如果你完成的是克服口吃困难的个人成就，那么你应该在文章中写到你是如何通过这次独特的经历去帮助你文化和社区中的其他人的。你也许会建立一个帮助类似你的人的组织或者呼吁社会关注那些有口吃的孩子等。

当你选择成就时，你可能需要遵循如下几个原则：

你必须克服了很大困难，从而展现出你改变的决心。

这必须是你所经历的有关你自己的一次转变。

你需要体现出你的主动性，也许是通过推动官方机构去给你回复或者直接绕过它们去完成。

你的成功要对一群人产生影响。

多谈谈细节，让事件融入生活，但是不要仅仅停留在这儿。讨论一下这个重要的成就是如何体现你从孩子到成人的转变以及它对周围影响的。你是如何改变和成长的？你自己的信心增强了吗？在这件事情后，你发现自己接触别的事情的方式不同了吗？以及你的行动是如何让别人发生改变以及惠及整个社区的。

范文（Sample Answer）

徐抱一　2014 年　Columbia University　北京地区唯一 ED 录取　人大附国际部
TOEFL　109　SAT　2250　阅读　760

“死胖子”、“肥猪”、“大屁股”，这些都曾经是我的外号，它们也如实地描述了我以前的状态。我曾经极度超重，170cm 左右的我那时重达 110kg，而我的生活就如同我的身材一样不堪，直到今年。

从我有记忆以来，我就是个小胖子，最初被冠以可爱的评价，我也曾因此而感到骄傲，但是随着年龄的增长，胖子就不如小时候那样可爱了。接触的人越来越多，我也逐渐发现超重的身材再也不能像小时候那样招来别人的喜爱了。与之相反，更多的时候，我遇到的是阻力与困难，无论在学校或别的地方，我总能感受到人们眼中的鄙视与嘲笑。

在学校的我是每个人的笑料，也是他们嘲讽的对象，我每次和别人的对话总能提到体重与身材而后被嘲弄一番，每次我与同学们对视，从他们的眼中我总能看到满满的恶意与大笑的表情。渐渐的，我越来越自卑，我不愿与人交谈，尤其是陌生人和异性。初中转到新班级后，和旁边女生打招呼时她轻蔑地一笑的场景我永远不会忘记，就像听到陌生人看到我照片后说这死胖子是谁的时候一样。

这些年里，很多次地尝试过减肥，跑过步，节食过，也曾上网查询着各种的所谓减肥攻略，期待能有一种快速减重的方法，可我从没战胜过自己的懒惰与拖延。回忆起来，那时的我对于别人投来嘲笑眼神的厌恶远比不上我对床的爱恋，对于好身材的期盼也绝比不上美食对我的诱惑。自从我意识到自己身材超重的那一刻起，我就有减肥的念头，只是从没真真切切地实施过，而是每天白日做梦般地希望一觉醒来，身上的几十公斤赘肉就能自己飞走。我所做的一切不超过躺在床上幻想一个美好身材和不再自卑的日子。

去年年底，当我费尽全力希望成为学校圣诞晚会主持却失败的时候，我终于下定了决心。负责人跟我说，我相信你是所有人中能力最好的一个，只是有点胖，不太适合上台。我的世界崩塌了，如果以前我只是被同学嘲笑，那一刻我意识到这世界也因为体型对我不公。从那时候起，我开始健身，希望用最短的时间减重。我相信一定有什么特殊方法，但是我的教练第一次就告诉我“减肥没有技巧，只有你的心理对抗你的脂肪。”

他说的一点没错，接下来的四个月里，我每周去三次健身房，每天少吃一顿饭，不吃油炸食品，用着我早就知道的减肥方法不断重复，只是这次我一连重复了四个月而不是一星期。这期间的我曾经无数次累到躺在床上起不来，夜里 11 点饿得心跳不止。每次感到绝望的时候，我都会走到冰箱面前从上到下看遍每一个好吃的然后关上门，安慰自己。

四个月里，我减掉了 35kg，在 18 岁成人前送了自己一份礼物。但是我换回的远不止是一个完美的身材。除了身体的强健，几个月的锻炼还给了我一个比以前强大无数倍的内心。瘦下来的我不再自卑，能够自信地与陌生人交谈，看着他们的眼睛也不会想起恶意。在今年的舞会之前，终于鼓起勇气约到了喜欢的女生。我也开始做一些以前从不敢妄想的事情，我参加了学校的辩论社，还成为了第一辩手。夏天在哥伦比亚大学上暑期课程的时候，我是全班最活跃的学生，也因此得到了教授的欣赏。

除此之外，减肥的经历也让我学会了做每一件事的方法。有人说，如果一个男人连自己的体重都控制不了，那他还能做什么？我想说，如果一个男人连减肥都做不到，那他什么也做不到，但是如果一个男人连减肥都能做到，那他什么都能做到。现在回忆我作为胖子的 17

年里，我没成功做过什么，每次痛下决心都是一星期有效，就像无数次尝试减肥一样。总在期望一本减肥秘籍教我一夜成功，却从没真正付出。其实成功，就在不断重复的简单行为里。

现在，有很多人会问起我减肥的秘诀，我也借此成立了学校的“胖子社团”。减肥的办法其实很简单，而我做的更多是帮助他们脱离心里上的痛苦挣扎，胖子心里不安、自卑，也就因此大量吃东西安慰自己而成为恶性循环。就像做很多事，只有让这些超重的人勇敢地打破这个轮回，面对自己的缺陷，并以内心的坚韧坚持改变，才能真正地让他们脱离肥胖的心理和身体上的困扰。

附属文章（Supplement Essays）

附属文章是共同申请中主文章之外的，各个学校要求的小文章。因学校要求而各异，有字数限制的文章通常字数限制在 150～200 字左右；也有很多文章无字数限制，让作者有很大的发挥空间。如下面的第三篇例文，作者有感而发，针对西北大学的新闻学院真诚地阐述了申请的原因，并成功获得录取，进入荣誉项目 Honor Program。该篇短小精悍，却列举了非常翔实的具体事例和观点，看得出作者做了很深入的研究。

案例一

Stanford Supplemental Essay

Stanford students possess intellectual vitality. Reflect on an idea or experience that has been important to your intellectual development. (2013)

“We don’t know what we don’t know”, said my xx teacher in class. I nodded with a déjà vu feeling flashed back to me.

Since childhood, I was told to follow orders. My grandparents scared me off with stories like they had their palms slapped by their tutors for doing things differently and asking too many questions. In China, the greatest virtue is obedience. Throughout my growth, there had always been a definite right or wrong. Teachers in school are authorities, and they teach nothing beyond the criteria of the coming exams. I didn’t think there was anything wrong about it, nor did I question otherwise, until I went to the United States. The methodology of how US high schools students study history transformed my attitude toward learning knowledge. When I went to get my books for my AP US History class, I was stunned at the sight of it. It was like 2 000 pages, While my textbook in China have like100 pages, and for 5 000 years. Examine the textbook carefully, I found crude materials instead of processed ones, like a correspondence between a husband and a wife during the civil war, or a piece of newspaper clipping. While the Chinese textbook looks like a furnished report, the American one looks like a stack of library collections that needs us to dust off and pick out the one that is important to us and form our own opinions. In a very insightful story: In a Grove, Ryunosuke told us that there can be one fact but many truth, and that historians' duties are to excavate the long lost pieces of memories and write up their own truth. Personal opinions are very important, for example: was the civil war a positive event or a destructive one. I love to debate and exchange ideas; I love to question what I believed, and see a manifold of historical truth of what I already known. Independent thinking brought me endless possibilities in intellectual arena and in life. Pursue knowledge and wisdom will tag along.

This experience enlightened me and I have "beginner's mind" to go further.

点评：这篇佳作与大多数中国学生的写作思路不同。作者没有选择大家常用的模板：目的—学习背景—活动经历—选校原因来构思文章，而是通过描写自己在美国上历史课的经历，带出了美国教育思路对自己世界观的影响。选题非常新颖，而且在深度上直指中美文化和教育的不同，非常大胆。

作者曾在美国学习过，这种经历并不是大多数申请者所能有的。作者也因此将它作为一个切入点，详细描述了自己观念上的改变。难能可贵的是，作者没有泛泛地举例，没有走马观花式地讲美国文化和教育，而是抓住了一个很具体的点。

其实，关于中美教育以及文化的不同是老生常谈了，作者所举的这个例子大家也未必就没有听说过，但作者以亲历者的角度，娓娓向大家展现了这样一个真实的故事，再融入自己所受的触动，就显得非常有说服力了。作者成功申请到了一所美国综合排名前 10 的大学并获得部分奖学金。

案例二

Why Brandeis?

I first heard about Brandeis when I learned about Mr. Liu Erfei's interview on TV. He is a well-known investment banker and former chairman of Merrill Lynch in China and he was attending Brandeis University studying economics. He told the media how Brandeis' liberal education and rigorous academics helped him develop his leadership, skill sets and personality.

I was deeply intrigued by the interview and as I discover more about Brandeis, I am more convinced to apply to Brandeis. Brandeis offers a close interaction between students and the faculty. SPIN, or Students and Professors Interacting Now, will enable me to learn closely from professors both inside and outside the classroom setting. As I aspire to become a leader in non-profit and social enterprises, I found the Heller School for Social Policy and Management a great resource.

Brandeis students embody the entrepreneurship and social responsibilities. The student — organized on — campus Farmers'Market, the implementation of a single-stream recycling program all showed that the students are not only willing to make an impact, but also can make it happen.

I will also like to enjoy the collegial and supportive atmosphere among students. As much as I am willing to, I hunger for the knowledge I can learn from other talented students at Brandeis. I believe I will make many friends in my education journey at Brandeis.（223 词）

点评：许多学校的“为什么文章”（Why Essay）都有着严格的字数限制，这常常让申请者十分苦恼。这篇文章就是一个“戴着脚铐跳舞”的典型，用短小的篇幅回答了录取官最关心的焦点问题。

开篇点出作者是如何听说这个学校，如何对这个学校产生兴趣的，拉近了录取官和作者的距离。

中间两段写出了一些布兰德斯（Brandeis）的独有特质。这一点很重要，许多申请者在申请截止日期之前“批量”生产，而忽视了“质”，因而写出了一大批大同小异的“为什么文章”分发到不同的学校。但是事实上申请者应该做好准备，花时间了解这个学校独有的特点，并把这些特点与自身特点结合，才叫一个好的吻合（match）。这篇文章在这方面就做得很到位，可见作者真的在认真考虑这所学校，喜爱这所学校。

结尾段作者表明了积极的态度，表达出了友善、亲和与谦虚好学。还写到了自己能为这个社区（community）做出的贡献，如与他人分享自己的知识和观点（share my knowledge and perspectives with other students），这也是录取官很看好的品质。

案例三

Northwestern university

In sophomore year of high school, I changed my English name to Athena, representing my hope to be inspired by the Goddess of Wisdom.

Northwestern University is ATHENA to me.

A for All-rounded.

In Weinberg College of Arts and Sciences, I am especially attracted by the Integrated Science Program (ISP). I love natural science for its rationality, abstractness and omnipresence. Enjoying challenging myself with accelerated natural science disciplines in China, I was often amazed at their strong interrelationship, how they mention and strengthen each other. This feeling is so tempting; I wish to explore deeper about their common base, their essence and origin. I can't wait to join ISP, to conceive natural science from a comprehensive perspective only available at Northwestern.

TH for Thought-provoking.

I love the Wildcats spirit of passion and freedom. Before committing myself to a specific profession, I want to first be an eager learner and independent thinker, one who is not afraid of challenging conventions on the way to pursuit. At Northwestern, I can get to know other brilliant Wildcats from all ten schools who hold the same value with me, yet with different cultural and academic backgrounds. Our collaboration is sure to inspire new thoughts in me.

E for Evanston

Endowed with the grace and poetic beauty Evanston has to offer, the paradise-like Northwestern also absorbs the vibrancy of cosmopolitan Chicago. This setting perfectly accords with my attitude 'play hard, work harder'. Besides learning and socializing in self-contained Evanston, the prosperity of Michigan Avenue and plentiful internship opportunities are only a Purple Line away!.

N for Nicknames

Giving up the best university in China when within easy reach, I study abroad to pursue something more important — the freedom and opportunity to change. To me, the nicknames 'Nerdwestern' and 'Northwasted' represent an ideal turning point — immerse in overwhelming academic resources or practice Carpe Diem, only you have the freedom to shape yourself. I have no idea what I'll look like in four years, but I definitely see myself in Northwestern.

A for All other things

The Undergrad ARCH, mini course mixology at Norris Center, Dillo Day...Every discovery excites me even more. I already find Northwestern so ATHENA on the other side of the planet; it's not hard to imagine how much more surprises the campus would offer. Can't wait to be a proud Wildcat!

案例四

University of Rochester

(160 words)

The Rochester Curriculum — University of Rochester students enroll with no required subjects as they design their own college path. Write about the subjects and learning situations that interest you most, and how you intend to use your autonomy here.

University of Rochester maintains academic rigor and well balanced student life. I have made an extensive research of Rochester, and found that the Business and Arts program in Rochester is very famous. My mother runs a successful travel agency in China, and thus my family cultivates my business dream and career since I was young. I expect to systematically study the Macro & Micro Economics to strengthen my Economic background. I would also like to set foot into the business area, including human resources, supply chain and management. Rochester provides first class faculty, plentiful resources and diverse students. I would benefit tremendously from such environment. In addition, I love music, and I could enjoy the prestigious music education in Rochester.

点评：扣题紧密，详细地阐明了作者的学习目的和计划，使得作者成功获得录取。

Meliora: "Ever better" — The University's motto, Meliora, directs our focus toward continual improvement through research, understanding, and collaborative efforts. Offer an example from your personal experience of an obstacle you faced or a problem you identified. Describe the actions you took and the results.

(226 words)

I did not start painting until I was fifteen. I have always had the passion for painting but never had the confidence to dive in the subject until my teacher encouraged me to go beyond my comfort zone and challenge myself. It was too old for me to picture a reindeer with a heavy backpack and spaceships were from my kindergarten times. I remembered my first house painting with no three dimensions, without zigzagged lines and blank textures. I was laughed by my peer students. Interestingly, I was actually very proud of myself. However, it was never the end of the story. I went home and tried to observe the house over and over again. The house structure became more lively and real. The happiness contained me when I realized the possibility to resort them on the papers. Later, I signed up for painting classes and started to learn and started to become better and better. Now I hang the first painting to the later ones that won me numerous awards and that reminded me to become a better self everyday.

点评：本文讲述的是作者走出自己的安全区（comfort zone）来挑战自己。这么一篇小文章就好像一幅画，细致入微且又大局观很强，细节和大局呼应。短短几行字，作者的性格跃然纸上，同时又很谦虚地说明了作者是一个画画水平很高的人。

推荐信（Letter of Recommendation）

如果说申请文书是作者对自己的“自吹自擂”，那么推荐信就是“旁观者清”了。推荐信的分量也不容忽视。绝大多数的推荐信都是空洞地罗列形容词，没有具体的事例。而好的推荐信则是以具体事例为基础，有感而发，和作者的文章形成呼应，达到一个全方位、立体的效果。

案例

(602 words)

Dear Admissions Officer at Yale University,

I am a Chemical Teacher of XX School, and I have taught H Chemistry for two years. Being the Chemistry Monitor, she has dedicated herself to Chemistry. Meanwhile, she has done her best to help her peers resolve the chemical problems and assist me to organize teaching. While teaching her, I saw her make rapid progress in chemical performance, catapulting from the medium level to the top five of the grade, which leaves me great amazement.

His devoted to and diligent in academic work. The top forty students of the same grade from the School were assigned to study in Talent Class. The difficulty level and the schedule of the Class are far more demanding than the regular classes. When I taught in the Talent Class at first, I found H did not have a strong foundation in Chemistry and she was not outstanding in the Class. However, she was unyielding in learning. For instance, I observed that she would voluntarily approach those students better at Chemistry, explained to them her problem — solving approach and solicited their opinion to both check and complement the missing gaps. Additionally, she knew how to utilize my office hour. She was always able to summarize all the similar questions she ran into in exercises, make the generalizations, propose some more thought-inspiring questions, and seek for my answers one by one. I am greatly impressed with her correlation capacity. It is by this horizontal and vertical correlation that a student can command and comprehend the knowledge in an in-depth manner so as to put forward the original viewpoints.

His distinct from her peers in that other students pursue their learning for pragmatic purposes and concentrate on examinations only. This seizes most of my attention. In China where education is backboned by tests, H commits herself to learning out of her interest, which is deemed as rare. She is a girl who loves thinking and using her brain. In the lab, she could always steer herself away of the textual experiments and put forward some creative ones. Usually, she would learn by analogy and experiment on a group of elements with similar chemical properties to identify the common and the unique properties among different elements, which fully illustrated her innovative thinking.

Moreover, H is exceptionally kind and is always ready to help. She did her experiments quick and meticulous, the result being accurate and precise. Therefore, she would help others identify the errors in their experiments. Through interacting with others, I come to know that H is keen on sharing knowledge. She stood out from the rest of the students who prefer to keep low key what they have on mind. She used to tell me in a very positive way that she was more than happy to fully prompt her thinking by the open and transparent communication, for it was the frequent communication with her peers that got her accessible to other's thinking angles as well as the logical mistakes. Given this, many students volunteered to sit around with H, who was thought to give incentives to their learning.

While learning chemistry, H has not only stimulated her own rational thinking but also motivated the students around her to learn and carved up a progressive sphere for academic pursuits. Her scruple in work and her devotion to studies have given me every possible reason to appreciate her. All in all, I am confident that H exudes huge potential. And I take advantage of this opportunity to recommend her into your program and wish her to make further accomplishments in pursuing knowledge.

点评：这篇文章是一个非常典型的任课教师推荐信，其最大特点就是“具体”。

文章可读性很强，举出了几件非常生动的事件，用讲故事的形式把该学生的特点形象化、立体化，而不是单纯地用大量的形容词去给学生定性。

事例的选取包含了学生的多个方面的特质。这篇文章没有专注于枯燥地描写学生在化学方面的学习有多么刻苦，取得了多大的成就，而更加关注于学生的学习过程和好的品质，且各个事件独当一面，互不重叠。

附：

许轶老师受访，针对推荐信问题给出的建议

问：推荐信的作用及它与 essay、活动等是什么关系？

答：总体来说，推荐信起到两个作用：一是自己的 essay 是纯主观的，成绩是纯客观的，而

推荐信是既主观又客观的文件。老师从侧面观察你，有客观所在；而你个人魅力的影响又会使推荐信比较主观，老师会受你的影响。二是起到补充和验证的作用。比如自己不能使劲夸自己，否则会很不好。但是老师的推荐信可以平均分布称赞这些优点。验证作用就是，如果 essay 或者填表中提到重大的事情，其实不用寄奖状，老师重复说一下，让他去描述这个事情，就能验证其真实性了。

问：录取委员会会相信中国老师的推荐信吗?

答：有的中国学生提交的老师推荐信可信度确实不是很高，但是录取委员会一般也能理解，只要推荐信不是特别假，一般也是会被认真考虑的。

问：推荐信老师通常是怎么分配的，找什么样的老师？有什么要求?

答：推荐信老师最好是一文一理。抑或是那些年龄大些的、本身比较优秀的老师、学术带头人，或是拿过奖项、辅导过某些竞赛的老师等。总之证明这个老师本身比较优秀就行。

问：其他人写推荐信有用吗?

答：写推荐信的人一定要与你有过交集或共同经历，否则是没有太多用处的。也就是说，找人写推荐信，一定要找与你关系很近的人，而且推荐信的内容要很吸引人，不要像记流水账式地写推荐信，一定要确保录取官读了不烦。

问：写推荐信有哪几项内容是必须有的?

答：首先，阐明高中的环境背景、老师的教学经验、学术背景等。其次，学生的学习是必须要提的，因为学生是去学习的，而不是去玩的。学习能力和学术能力一定要涉及。其他的视情况而定。有的老师侧重性格方面，有的侧重能力，有的侧重独特的思维，没有什么固定的形式，只要三封推荐信不提重复的内容就可以。

问：您的意思是，三封推荐信应该从不同的角度出发?

答：对。比如有六个特点，每个老师可以提两个。对于重要的问题，有两个老师提一下就可以，不用三封信都说。

问：阐述的时候是以讲故事为主吗?

答：应该是讲故事和对学生的判断相结合。讲故事把握细节，但不能太细，因为老师不可能把你的事记得那么清楚，所以简单描述故事轮廓并多加一些评语就可以。否则老师知道你的事过于详细反而显得不真实。有两三个小故事就够了。

问：推荐信中要避免什么?

答：避免玩命吹捧以及没有细节支持。也要避免老师知道不该知道的细节。如老师不可能知道你学习到夜里两点而早上六点起床。要找跟你有接触的时候发生的那些事。老师不像爸爸妈妈那样能随时观察自己的孩子。

另外，外国老师的推荐信的含金量和可信度是很重要的。尤其是这个人本身是那所学校毕业的，则含金量更高。有这么个风险，外国人的习惯是不给学生看推荐信内容的。但总体来说，老外只要答应给你写推荐信，都会起到很好的效果。现在我国很多学生有外教，让他们写是非常好的。举个例子，有个学生在国内读大学，这期间美国一所名校的一位知名教授来访问参观，他就陪了这个教授一个礼拜，后来这位教授给他写了一封推荐信，里面只有两句话，"I know this guy, he is good."于是他就被录取了。由于中国学生和老师交流比较少，不容易给老师留下深刻印象，这一点对于写推荐信来说是不占优势的。我认识一个被很多名校的法学院录取的学生，他和法学院院长见面后还能寒暄很多，院长本身就特别有名，所以那个学生被很多名校录取。我并不是不主张功利地与人接触，但要学会抓住机会，这很重要。录取官要找背景比较好的，找老外写推荐信是很好的，会有点儿国际化背景。

面试：第一次亲密接触

当你接到面试通知时，恭喜！你已经通过了海选，此时你申请的学校已对你多多少少有了些兴趣。接下来的闯关由平面世界进入到了立体世界，鲜活的你将要面对素未谋面的面试官，现在的你正站在心仪大学的门口，究竟是能底气十足地推门而入，还是只能小心翼翼地敲门张望然后离去。这第一次的亲密接触，无疑是能否获得通行证的重要考验。

面试介绍

面试，是很多美国大学入学的学生都必须经历的过程，主要有广泛性面试和选择性面试（也称邀请类面试）两种。广泛性面试是学校在招生季节开始时，安排招生人员或者校方代表到各地介绍自己的学校，如果学生平时成绩优秀，而且对该校感兴趣，这些人就会建议其申请面试，更多的是提供一个平台让申请人了解学校。而选择性面试则通常是学校在收到学生递交的申请材料后，根据学生情况选择性地安排面试，有时这种面试结果会在最后起到决定性的作用。就方式而言，则有谈话式、提问式、电话采访和邮件采访等。多数大学面试采用的是轻松的像朋友交谈那样的方式进行，但是记住，轻松并不随便。

准备面试之前，先来了解一下面试的概况，你需要知道学校为什么安排面试环节，谁是你的面试官，你要在什么时候、什么地点接受面试。

1. Why

面试只有一个目的——增进了解。面试可以帮助录取委员会确认之前根据文书和成绩对学生形成的印象；也可以帮助发现学生的新的闪光点、潜在的缺点以及录取官不确定的地方。

面试帮助学校进一步筛选候选人。

学校通过面试试图考查申请者的几个方面。

第一，交流能力。对于国际学生来说，能够顺畅地用英语听、说、读、写，是赴美读本科的最基本条件，面试能最直观地考查申请者听与说的能力，当然交流的能力更重要地体现在思考问题是否缜密；表述是否简明扼要、重点突出、逻辑合理；能否在双方价值观、世界观不同时做到有效沟通。

第二，考查提交的申请材料中的某些信息。学校能够发出面试通知，必然是对申请者材料审查后，对当中的某些部分感兴趣，面试要对这部分进行考查，进一步确认申请者是否如材料所写的那样“货真价实”，是否有学校所看中的优点和品质，当学校对材料存在疑点时，也要通过面试来释疑。

第三，挖掘申请者在申请材料中没有提及的特长、爱好和闪光点。申请材料由于篇幅所限，或者申请者在无意识当中漏掉了需要向学校展示的内容，面试也是一个“查漏补缺”的机会，一个好的面试官，常常能在面试中挖掘出全新的申请人，一个懂得表现自己的学生，也会在此环节让学校获得“意外收获”。

第四，考查学生对学校的热爱程度和赴该校就读的决心。对于相对优异的学生，学校也没有把握能否录取进来，所以也会通过面试来试探学生对学校的兴趣有多大，如果申请者表现出了犹疑，学校也会慎重考虑，因为一旦学校发了录取通知书而学生最终没有选择该校的话，可能会影响学校的入学率和排名。

从另一个角度来看，考查也并不是学校单方面的行为，面试同样给了申请者一个“考查学校”的机会，在同面试官的交流中，你可以平等地了解一些有关学校方面的信息，让面试官帮你解答一些疑问，从而使你更好地判断该校适不适合你。

2. Who

谁会成为看似掌握生杀大权的面试官？一般会成为面试官的有三类人员：一是招生办人员（Admission Officer，简称 AO），二是校友（Alumni），三是招生助理（Assistant of Recruitment）。最常见的是校友面试，一般是指从该校毕业的校友，在大多数慎重的美国学校的面试中，校友的定义是指经过招生办培训和授权被指定在某地区的面试负责人。学校根据你所在的地区，就近安排校友进行面试，所以在得知由哪位校友要对你进行面试后，有条件的可以通过各种渠道了解一些面试官的基本资料，比如兴趣爱好、曾经的研究方向、有哪些提问的喜好等，尽量做到知己知彼。

3. When and Where

美国的大学面试通常在 12 月中旬前进行，也有的安排在 2、3 月份，面试的时长约为 30

分钟～1小时，这并非绝对，通常由面试官灵活掌握。根据我们的经验，面试的时间越长，说明面试官对你的兴趣越大，你就越有希望。

面试的地点基本上在申请者所在地附近，“考场”也是根据面试官的喜好所定，有的在高级酒店，有的在咖啡厅。确定了面试地点后，也要做些适当的心理准备，比如在开放的环境中如果受到外界的干扰，要有灵活应变的能力。

面试提问

1. 面试官的提问

面试官的问题并非无章可循，有一些基本问题是各个学校都希望了解的，出现的频率比较高，基本上都围绕着学习的课程、专业兴趣、平时的活动、课外交流、家庭背景、学校环境等，也会根据你的申请材料，提出一些有针对性的个人问题，比如参加某个比赛的细节和获得的奖项、组织的某个活动的流程等，所以既要对泛泛的问题有所准备，也要对你申请材料当中所提及的内容进行充分的整理。下面列举一些面试当中常见的问题：

- Tell me about your family.
- Tell me about your high school, some strengths and weaknesses.
- How many people are there in the senior class?
- Why are you interested in applying to this college?
- What are the subjects you enjoy most? (Elaborate.)
- Tell me about your junior-year classes.
- Tell me about any academic pursuits outside the classroom.
- If you could change something about your high school, what would you change?
- What activities are the most important to you?
- What have been the biggest disappointments or failures in your high school career?
- What did you do this summer?
- Do you have any interesting hobbies, outside interests?
- What teacher has had the biggest influence on you?
- If you had an entirely free day, how would you choose to fill the time?
- How would your friends describe you, your strengths and weaknesses?

- Are there any accomplishments you are particularly proud of, and why?
- Have you read any interesting books lately?
- What current event has sparked your interest?
- Why do you want to come to the United States for school?
- What is your plan after graduation?
- What major do you want to study?
- Why our school? Why this major?

2. 申请者的提问

面试过程中，面试官有时会给申请者时间向面试官提一些申请者所关心的问题，应该好好把握这样的机会。这不仅是更多更深入地了解学校的途径，更是向面试官表现出对学校的热情和向往的大好时机，所以即使面试官不主动提出，也要在适当的时候提出合适的问题。问题的准备非常重要，要体现出你的水准，在学校的网站里、各种介绍材料里都能找到答案的问题就不要拿出来了，否则只能反映出你要么对该学校不了解，要么不重视。

面试准备及细节——你是自己最好的发言人

不要以为面试只是给你的语言表达及内容打分，实际上，从你接通面试官预约电话的那一刻起，面试就已经开始了。面试官会暗暗观察你的言行举止、穿着打扮、待人接物，你的一举一动、一言一行都在评分之列，所以，面试的细节准备才是成功的关键。

- 确认你面试的时间、地点，选择好可靠的交通工具，尽可能提前几天按照面试的时间到面试地点去“踩踩点”，一是确定路上所要花费的时间和会不会塞车，二是观察一下面试的环境如何。
- 为自己选择一套合体、整洁的服装，太正规的职业装没有必要，但也不要穿牛仔裤和短裤，女生可以稍作打扮。
- 面试前认真准备有关学校的材料，从网上或书上了解该校的历史、课程设置及特点。
- 思考可能出现的问题的答案，包括最重要的“Why are you interested in this college?”这可能比你在面试时灵光一现想出来的答案要好得多。有必要的话预先准备好提示卡，尤其是腼腆内向的学生，在卡片上简要写些有关你的高中、学业、课外活动、个人特长的提示，面试紧张的时候拿来应急，面试官通常可以理解。
- 准备一些你自己想到的有关学校的问题去问面试官。

- 有可以展示的成果最好能带到面试考场，比如制作的某个小软件、在知名媒体上发表的文章、会乐器的可以带上演奏一段。
- 见到面试官时要问好，主动握手，整个面试过程中要微笑并注视着面试官，不要望着天花板或盯着地板，适当的时候辅助点肢体语言。
- 发音要清楚，语速不要太快，如果你讲得太快，面试官要么认为你很紧张，要么认为你的英语太好，面试官也会用较快的语速与你交流，让你容易听不清面试官的问题。
- 面试过程中要敏感地捕捉面试官的兴趣点，比如你谈论你喜欢的悬疑小说时，你的面试官眼前一亮，就在这个话题上多谈一会儿。你也可以问问面试官他喜欢什么，把你们当做朋友一样。
- 在一些有争议的话题上尽量能从正反两个方面来看待问题，遇到自己的看法与面试官看法不一致时，首先做的应该是尊重对方，并求同存异。
- 面试结束时应向面试官道谢，再次握手，请面试官留给你一张名片。
- 面试后几天，给面试官写封简短的感谢信，如果你被录取了，要再次写信感谢。

面试是一个美国特有的文化。Interview 本身从字面上理解也是 inter（互相）view（看）的意思。也就是说大家可以平等地互相看看，是否能相中对方。被面试人一定要自信，能参加到面试的人都是经过学校海选之后的种子选手，通常大学最后面试和录取的比例都在 1/3 以上，能否做好面试是踏入校门的决定性因素。

成功申请者访谈：他山之石

去美国读本科

访谈一　全能选手——“面对压力，把持住自己，不受外界干扰，挑战自己”

访谈二　创造北京 ED 唯一录取的神话

访谈三　全面发展的重要性

访谈四　海外军团的实力

访谈五　“要把自己的个性挖掘得很深”

访谈六　ED 录取名校的经验

访谈七　不走寻常路，独特的课外活动和漂亮的 AP 成绩为其申请增加砝码

访谈八　平凡高个儿男孩，用篮球和钢琴作为文书的两条主线，最终打动招生官，收获布兰迪斯大学的 offer

本部分收录了 8 个访谈录，访谈对象都在自己理想的学校读书或读过书。希望通过这些对话，让我们了解真实的他们。

尽管背景不同、经历各异、性格各样，但他们离我们很近，或多或少有我们自己的影子。其实我们离梦想并不遥远。

访谈一——沈一辰

全能选手——“面对压力，把持住自己，不受外界干扰，挑战自己”

背景

高中就读于上海外国语大学附中，本科于哈佛（Harvard）大学攻读数学专业。

问：能简单介绍一下你出国前的背景吗？

答：出国前我和大部分人准备得差不多，比如 SAT、TOEFL 考试什么的，学校的经历比较丰富，主要是参加课外活动、参与竞赛多一些。我不属于某一项特别强的学生，而是比较全面，但是没有一项特别出彩。

问：你出国前的考试怎么样？

答：SAT I 考过 2 210 分，语文 690 分、数学 800 分、写作 720 分。SAT II 物理 800 分、数学 800 分，我是在香港考的。TOEFL 考试是在上海考的，653 分。我从小学起，父母就对我的英语抓得比较紧。

问：你在学校有获奖或者课外活动的经历吗？

答：我当时做志愿者联盟这样的组织，就是把志愿者的活动系统地结合在一起，由一个组织统一调配。组织很正规，还有自己的徽章。我参加过一些活动，比如“你快乐我快乐”心理咨询辅导。我在附近的小学教过书，也做过义卖，办过三八妇女节给女教师送礼物送爱心的活动，丰富多彩。说到竞赛，我做过一个数学模型，做了一个模拟联合国，上海的一个辩论大赛我也参加了。

问：当时你做的志愿者联盟的规模有多大？

答：我当时做的时候，加起来有几百人吧，因为活动比较大，还是以校内为主，后来扩大到别的学校一起做。

问：除了数学建模，还有其他学术方面的奖项吗？

答：英语竞赛拿了两个奖，但不是学术的，别的就没了。

问：数学建模对现在的数学专业有帮助吗？

答：数学建模是应用数学，现在是纯数学，对思维有帮助，但是不重叠（overlap）。

问：你出国前怎么会想到出国读本科呢？

答：没什么特别的，我觉得在上海待久了，其他地方都没有看过，想出去看看。我父母也支持，觉得男孩子应该出去转一转，就这么简单。我有一个同学，初中毕业后就到美国念书，他觉得国内外教育差距很大，也不是说哪个更好，他觉得我的性格更适合在国外发展。听了他的建议我就决定试一下。

问：刘亦婷的书对你有启发吗？

答：我妈肯定看过，但我没看过。我妈给我讲过这些故事，希望我出去闯一闯。

问：有没有特别强的刺激因素，导致你一下子想出国？

答：我觉得没有吧，还是自己想出去看一看。我的不少同学也觉得在国内看到的东西是有限的，到国外看看，对人生的阅历有帮助吧。我没有住宿过，需要锻炼一下自理能力，我觉得一个人在国外，行也得行，不行也得行。这样可以把自己的潜力激发出来。

问：那你准备留学的过程是怎么样的，提前多长时间进行准备的？

答：升高中的时候就想出国了。考试是升高二的时候考的。高三就只负责申请，没想过考试了。高一先考 TOEFL。高二考 SAT。

问：你当时准备这些考试，有没有参加过什么培训班？

答：我参加过，我去的时代焦点。它提供了一个比较好的平台，交流比较方便，申请怎么做、什么时候做什么事，大家在一起比较容易解决（figure out），有一个互相交流的过程。另外，考试很枯燥，和别人一起考就不会特别孤单。大家一起出去考试，并且当时还在香港玩了两天。这样觉得考试不是那么无聊，相反还有一点乐趣。

问：你当时申请了哪几所学校？

答：我记得有哈佛（Harvard）、耶鲁（Yale）、普林斯顿（Princeton）、杜克（Duke）、明德（Middlebury）、西北大学（Northwestern）、哥伦比亚（Columbia）大学。

问：那你是怎么选校的？让那些跟你分数一样的同学参考一下看能申请什么学校。

答：我觉得，只要 SAT 考到 2 200 分以上，对于申请什么学校，SAT 成绩的影响就不是很大了。我没有把 SAT 当基准（benchmark）来看。我当时看了网站，觉得很喜欢，就申请了。如果考复旦的话，我的优势是很明显的，因为海王杯英语竞赛我可以加 20 分，自主招生又能加 20 分，所以我只要过了一本分数线就基本上能进复旦了。但是我当时想挑战一下自己。我喜欢的学校我一定会选，不会因为不容易进就不选。如果不选的话我会很遗憾的。

问：升高二就考 SAT，这对文化课的影响有多大？你对高考很自信，这是挺少见的。

答：不可否认，SAT、TOEFL 和高考都要抓，这不可避免会累一些。关键是自己调整好时间吧。国内高考不是题做得越多越好，很多听话的学生会一题不落地去做，我觉得我没这么多时间，也没这么多精力。我会去做我觉得有挑战性的，并总结一些做题的方法，这样就能起到事半功倍的效果，你做 30 题就相当于别人做 300 题。

问：你觉得你的保底学校是哪所？是不是觉得有复旦保底呢？

答：要是上复旦的话，我的优势会大一些，但我没有保底的学校，也没有这个概念。参加高考是要考复旦的，也就是说，如果去美国读本科被拒的话，我就不得不参加高考。但我高考之前就拿到了美国学校的录取通知书，所以后来就没有参加高考。

问：现在再看，你当初的选择会不会有点冒险？有多少个学校录取你了？

答：有 5 所录取我了。哈佛（Harvard）给全奖，有 3 个给半奖，还有一个大概给 1/4 奖。

问：哪些学校录取你并给你奖学金了？

答：有杜克（Duke）、西北大学（Northwestern）、拉菲特学院（Lafayette College），其他的学校我都不记得了。

问：那你觉得考 SAT，2 200 分真的对你的帮助很大吗？跟你周围的同学相比呢？

答：那是当然，肯定是 SAT 分数越高帮助就越大。但我觉得很多时候，成绩就是基准，不是说成绩高了一定会怎么样，更多的是要把申请做好。因为有些人成绩很高，却不参加课外活动，再有就是，自身思想有些固定化，那就没有什么太大的优势。反之，思想比较活跃、能力强、处事有责任感，这样的学生申请的优势会大一些。

问：你参加了几个面试？有什么样的经验总结？

答：我当时面试了普林斯顿（Princeton）、哈佛（Harvard）、杜克（Duke）和耶鲁（Yale）。面试大同小异。首先是到场要准时，着装不要太夸张，得体就行。面试的时候语速要放慢，所讲的细节一定要非常清楚。

问：你面试了多长时间？都是在上海面试的吗？

答：30～40 分钟的全英文面试，都是上海校友，面对面地面试。

问：那面试地点在哪儿呢？

答：有的在面试官的办公室，有的在星巴克，还有的在餐厅。

问：面试过程轻松愉快吗？还是只问问题？

答：都有，校友面试嘛，因为人的性格不同，所以什么情景都有。

问：你是怎么准备面试的？

答：把申请上写的细节说一说。我当时看了一遍就去面试了，直到现在都有些后怕。

问：你觉得面试能起多大作用？

答：我觉得起了很大的作用。哈佛（Harvard）是有选择的，有面试机会就说明被录取的希望很大，毕竟面试的机会不多。

问：你觉得你最大的失误或者准备不充分的地方在哪儿？

答：我觉得我最大的失误是面试之前没有认真地准备，而且刚开始还有点慌张。毕竟有准备和没准备是不一样的。

问：我再问一些你在美国的感受吧，你刚到哈佛（Harvard）遇到的最大的挑战是什么？比如文化冲击。

答：我讲两个细节吧，一个是吃饭，我一开始真的很不习惯。在中国吃惯了，就感觉美国的饭菜特别难吃，但也没办法，后来就慢慢吃习惯了。我相信大多数人一开始都会有这个感觉。另一个就是交流，我并不是用英语交流有问题，毕竟我的英语也具有一定的水平，但当美国人看到你是外国人，就会放慢语速。两个外国人讲话时，我就觉得我只能听懂50%～60%。所以通过语言慢慢地和人打交道还是可以有所提高的。

问：来美国之后，你对申请美国读本科以及对哈佛（Harvard）的认识有什么变化，有什么不太一样的地方吗？

答：跟我想象的差不多，确实使我的眼界开阔了不少，有很多在国内是看不到的。而且让我从多个角度想问题，锻炼出以前没有的能力。但是从另外一方面说，这里还是有让我不满意的或是超出我想象的地方，比如教授其实并不像我想的那么能干，哈佛（Harvard）是大校，可能出现助教教课，不是教授教课。学校的资源、资金等方面都是超出我想象的，学校给了我很多的支持。除了这些以外，很多人会觉得读国外的大学是很苦的，但实际上，课业并没有那么多，更多的是给时间做其他的事。这一点其实更适合我的性格，使我更容易理解为什么我的父母、朋友主张我出国。

问：你觉得迄今为止你上过的最喜欢的一门课是什么？为什么最喜欢呢？

答：我大一时上过一门必修课，叫说明文写作，是新生必上的写作课。我当时写的主题是说服力，即如何说服别人。我觉得这门课在内容上很丰富，让我对说服力有了更深刻的理解。我原以为只有嘴对嘴是说服力，其实动作也是，家长责罚小孩也是，课程内容相当丰富。

使我深受触动的是，这门课教会了我从其他角度去写作、看待事物。就好比是一个反复的过程。

问：可不可以介绍一下你当时选数学专业的原因？因为哈佛（Harvard）是第二年才可以选专业对吧？

答：我当时选数学的理由很简单，我觉得数学对我来说更多的是思维训练，锻炼抽象思维和逻辑思维，锻炼创造力和想象力。学数学最重要的原因是：锻炼出一整套的思维模式和方法。

问：你有没有想过这个专业对就业和职业规划有什么帮助？

答：我学的是纯数学，不是应用数学，我以后的职业会和应用更有关。我觉得现在学的可能以后都不会用上。

问：几年前的你对哈佛（Harvard）了解并不深刻，几年后的你会如何介绍哈佛（Harvard）和哈佛（Harvard）文化？

答：其他学校的文化也给我很大触动，但哈佛（Harvard）的触动更明显一些。我觉得更多的是一种想回馈社会的想法。不排斥我其他地方的同学也有这样强烈的想法，但是哈佛（Harvard）学生的这种风气更浓。

问：你马上毕业了，对将来有何打算？你的职业规划如何？

答：具体的职业规划还没完全想好。可能去高盛在北京的公司，我也在申请商学院，或者工作两三年再读工商管理硕士（MBA）。

问：其实来自中国的留学生都想做专业化服务，大家首选的是投行，然后是咨询公司，你是怎么认为的？

答：我觉得应该做自己想做的事，把它当成一个闪光点。我个人觉得，去创业也好，当一般管理员也好，专业化服务可以让你从不同的角度看一些行业，这样可以提高自己的学习能力。

问：你会不会觉得自己的决定有从众的感觉呢？

答：这个我从来没想过。我只是觉得有了能力、资源的积累后，赚钱并不是难事。

问：最开始找工作时简历上都比较空，缺少工作经验，需要一点点地积累，你去摩根大通（JP Morgan）之前，是凭什么拿到这个暑期实习机会的呢？

答：我在学校里为两个教授做临时工，还在图书馆打过工。这些都是在提升我处理问题的能力。对我来说，当时找工作的主要目的是为了经济上独立，不希望总依靠我的父母。反过来说，我打工以后才发现，我学到的东西比经济上的回报要大得多。这些对我将来找工作会起到很大的帮助作用。

问：你的经历是独特而具有代表性的，能讲一讲你在实习中感受到的打击吗？做交易之类的工作辛苦吗？

答：很辛苦，投行会工作到很晚，通常要工作到凌晨两三点甚至三四点，第二天还要继续上班。当一名专业化服务员学到的是：永远以客户为重。工作的时候你会发现，老板不是像你想的那么有耐心，像学校里老师那样态度好，他们也有压力。如何面对压力，就需要把持住自己，不受外来干扰，这很具有挑战性。

问：可不可以讲一下你面试摩根大通（JP Morgan）和高盛的经历，你是怎么准备的？面试了几轮？

答：面试了两轮。我面试前想了想他们会问什么问题，然后就这些问题反复思考并演练，这对我的帮助是挺大的。

问：哈佛（Harvard）职业中心怎么样？

答：在读大二时我就去给他们看过我的简历，他们给我改了改，但后来我就没去了。

访谈二——徐抱一

创造北京 ED 唯一录取的神话

背景

高中就读于人大附中国际部，获得哥伦比亚大学、牛津大学录取通知书。

问：首先恭喜你被哥伦比亚大学的 ED 提前录取，而这个名额在北京有且只有一个。据我所知，像人大附中本部、北京四中、北京实验中学的学生也申请了哥伦比亚大学，而且他们的 SAT 分数比你的还高，但却没有被录取。而 SAT 分数只有 2 250 分的你能在这么优秀的申请者中胜出，拿到 offer，非常替你感到高兴。我们先说说申请吧。你们学校其他学生出国结果如何？

答：人大附中本部的申请结果非常好，而在人大附中国际部的历史上，我是第一个去常青藤名校的。我去的是纽约市唯一一所常青藤学校：哥伦比亚大学。

问：你认为今年申请结果和往届的趋势如何？

答：今年的申请比往年好很多。毕竟人大附中是很优秀的学校，在美国也受到了认可。但是一个很现实的问题是，人大附中的国际部和本部是不一样的。本部基本每年都有上哈佛、耶鲁、斯坦福的，但是国际部的话，要让美国的学校接受还是需要一个过程的。很高兴的是，我们国际部今年也有人申请到了哥伦比亚大学和康奈尔大学，将来申请的话可能会更容易些。尽管如此，随着各个学校国际部的增多，我也明显感觉到竞争压力越来越大。

问：申请过程中你觉得自己有哪些独特的地方使得你脱颖而出呢？

答：我一直以来就对文科有浓厚的兴趣，而哥伦比亚大学的文科也很适合我。我在申请之前就有长期的规划，活动的选择，并做一些相关的研究。而且为了加重申请成功的砝码，我还去了哥伦比亚大学上暑校。这对我帮助很大，在那儿我认识了一些教授。整体的长期规划加上文书和专业的对应度非常高，所以我最终能在 SAT 分数不是很高的情况下脱颖而出。

问：面试应该怎么准备呢？你认为时代焦点教育的辅导怎样？其他同学有哪些可以借鉴的？

答：面试准备主要是对学校的了解，和学校/自己有关的问题，自己和学校是否相符合的问题。时代焦点教育帮了我很大的忙，老师们的美式思维和面试官很像，模拟下来也就不那么紧张了。比如芝加哥大学面试问的问题挺奇怪的，但他们就是这种风格，是我原来没有想过的问题。比如说跟三位伟人一起吃饭啊，带一本书等等。

问：如果带一本书去旅行或者去沙漠，你会带哪一本书？如果有三位伟人，你会和哪位伟人一起吃饭？像类似这样的问题在面试中都被问到了吗？还是哥伦比亚大学的面试会常规一些？

答：我的面试比较成功，大多数问题还都是常规的，问我对哥伦比亚大学的了解等。

问：面试持续了多久？

答：应该是 40～50 分钟左右。

问：很好！学校发一个面试通知，告诉你和一位校友联系，有的时候是学校的招生官直接面试，这是基本的面试流程。那接下来，你能说说你的面试准备么？

答：面试之前，不管是出于礼貌还是面试官的邀请，先给人家发一份简历，描述一下自己的情况。简历还是挺复杂的，因为很多中国学生和我一样，一写就写成长篇，3 页，用许轶老师的话说，人家连看都不看。后来，我在许轶老师的帮助下把它缩减，把格式也改了，最后留了一页，很精简。我现在都觉得那份简历写的特别好，非常精炼。

问：面试你准备了多长时间？

答：我在时代焦点教育，先是老师辅导了一些典型性的问题，然后在行为举止上给了一些建议，还有怎么问面试官问题，这个也很重要。当时我和面试官聊到最后，问了他几个问题，他都比较有兴趣地给我解答，一说就能说好长。

问：看来与面试官的默契还是很重要的。哥伦比亚大学是在纽约市的唯一一所常青藤大学，所以你是幸运的。你觉得你在成功申请当中，比如说长期规划、SAT 的准备、申请文书以及面试，如果你分别给一个权重的话，你认为百分比是怎样的？

答：我觉得最重要的是长期的规划。如果说我不提前申请，而我却非要到 8 月份或者 9 月份再准备，对于 11 月 1 号就截止的现实来说，那肯定不行。长期规划包括专业、SAT、课外活动等。SAT 其实也重要，但分数够了就可以了，没有必要太迷恋分数。

问：我觉得你是比较幸运的，如果你被拒了，你一定会想是因为分数不够而没有被录取。但我觉得 SAT 达到 2 250 分，基本也就差不多了。我的观点是 SAT/TOEFL 占到 1/3，文书和课外活动占到 1/3，面试占到 1/3。你觉得可以这样理解吗？

答：我觉得大体是这样的。在这里我特别想说：面试还是很重要的。如果大家拿到面试的话，一定要认真准备，他们喜欢你才会面试你。如果你能去面试，你的录取机会就大大增加，离录取只是一步之遥。我知道我是我们学校第一个面试的，也只有我是哥伦比亚大学 Chair of the Committee 面试的。

问：你能成功申请哥伦比亚大学还是挺厉害的。你的活动包括对文科的兴趣，实际上是从高二上学期就开始准备了。课外活动、考试规划，你有什么建议？还有你觉得那些以后申请的同学怎么可以避免一些申请上的弯路？

答：好多同学先考 SAT，到了高三开学或者是高三前的暑假才开始申请，其实这两个完全可以一起做，我就是一起做的。我当时来时代焦点教育，就是 SAT 备考和申请一起做。SAT 需要花时间，申请也是一个需要花时间的长期的过程，这可以同步，而不能花一年多的时间把 SAT 搞定了，再去忙申请，这样不好。

问：许多机构会给你设计一次性的活动，比如说去国外一次性的夏令营。你是否觉得做持续时间比较久、最好超过一年的有逻辑联系的活动对申请更有利一些呢？

答：从我自身来说是这样的。我最重要的几个活动，比如说支教、辩论，还有一些对文科的研究，都是长期的，这些对最后的申请都挺重要的。

问：早点规划活动，做一些少而精、有长期影响的、有逻辑联系的活动比较好。你从刚来时代焦点教育时的 SAT 阅读 640 分到最后的阅读 760 分，总分 2 250。这是一个非常大的飞跃。请你讲讲大家最头疼的词汇和阅读，你是怎么提高的？包括考试的临场经验，你也给大家讲讲，可以么？

答：好的。阅读的两个部分是词汇和文章，就词汇而言，一定要选对书。我自己走了很多弯路，背过一些词义混乱的词汇书。后来我背了时代焦点教育的《SAT 高频词汇完全分类》，看得出来许轶老师在这本书里写了很多新的东西，比如标注说这个词容易被错误理解成什么，基本上就是我的错误理解。我记得清明节的时候，许轶老师给我们这几个后来考了高分的学生开了一个词汇班，讲到了其他机构的一些书，对一些词的解释都是错误的。比如说，agnostic 不是“无神论者”，也不是“不可知者”，应该是“没有倾向性的”。如果你当它是“无神论者”或者是“不可知者”，你背的就是错的；ambiguous 也不是“模棱两可的”，而是“正反两种（或者对立）都有，交织在一起”的意思；currency 不是“货币”，而是“主流”；negotiate 不是“谈判”，而是“穿越”；commute 不是“交通”，而是“减刑”。SAT 有一些特别常考的词汇和我们平时所理解的意思是不同的。美国人背一本叫 Direct Hits 的书，而里面的所有单词在《SAT 高频词汇完全分类》中都有收录。这确实是一本好书，许老师的这本书是中国唯一一本自己考过 SAT 且阅读成绩在 700 分以上的人亲自写的书。如果一个没有考过 SAT 的人编写的书，就像很多市面上 SAT 书，即使是热销的，也没法看，那些都具有比较大的误导性。对了，我再倒回去说一下课外活动，我在许轶老师的帮助下真是准备了好久好久。我们有方案一、方案二、方案三，后来我们把前两个方案都否定了，最后根据我的兴趣，做了一些文科方面的研究，包括上哥伦比亚大学的暑期课程。这对我都是不可或缺的非常大的帮助。在这一点上，就像我之前所说的，大家做课外活动的时候，一定要选择有长期影响力的、适合自己爱好兴趣的，而不是一次性的短暂活动。

问：很多人认为阅读是 10 分、20 分的提高，但在你这儿看来，阅读不是 20 分、40 分的提高，可能是 80 分、100 分的提高。这是为什么？当时你在复习的时候，我相信你也做了很多题，那你在时代焦点教育上课，我们的老师等对于你来说有哪些帮助？或者说你在学习的时候使用了什么方法，让你有突飞猛进的提高？

答：阅读是要靠阅读量的，短期内提高阅读量是挺难的。阅读量之所以能够帮助阅读提升，是因为一般能够理解到作者写文章的时候，思想和情感是什么样的。像我看书看多了，做题做到后期就能猜出来这个地方要设题。短期看几十本书是来不及的，我当时在时代焦点教育看到一本新书《SAT 阅读真经 21 篇》。这本书当时还是“试验品”，所以我们当时算是“小白鼠”，是第一批学生。不像现在这样的精装本，当时是打印出来的。时代焦点的老师们带着我们一篇一篇地看，这样的话，我们的阅读素质一下就上升了。而且我发现，阅读中的几类文章，小说类的读起来比较吃力，理工科的文章相对比较好读，所以我们就重点读了杰克·伦敦、马克·吐温、狄更斯、道格拉斯等他们的文章，提高阅读素养，从而对不同的题材都非常熟悉。另外，我想再讲一点，SAT 阅读真的不是 10 分、10 分地提高，因为它跟托福不一样，它有 5 个选项，我感觉做 SAT 阅读通常有这样三个阶段：第一个阶段是词汇量不够，文章读不完；第二个阶段是文章读完了，好像意思不理解；第三个阶段是在规定的时间内文章读完了，意思也理解，但是题目做不对，这个时候说明答题思路和出题人的思路有微弱的偏差。通过《SAT 阅读真经 21 篇》这本书，一篇一篇地过，最后，我的思路跟出题者的思路就越来越相近。这样，在二选一的时候，我就能选对了。那么，如果 10 个二选一的题，那就被扣了 50 分，如果倒扣分就是 60 分；如果二选一的题的正确率不断提高，十几个题做对八九个，那一下子就提高了 80 分、100 分。所以，刷题是很重要的，大量的阅读也是非常重要的。

问：听说你当时做了一件特别正确的事情，就是你把做错的题都拿到时代焦点教育，让这里的老师给你讲解了一遍，包括阅读和语法，这使得你的思路跟老师的更加接近。这方面你可以和大家分享一下经验。

答：好的。这确实是一个很好的方法。大家刷题都刷很多，但错的题有的时候就忘记了。一个办法是：不想把错题抄下来的话就把它拍下来，在攒了几道题后，发邮件或者自己到时代焦点教育找老师讲解一下，归归类，看错在哪里了。我觉得这非常有帮助，基本上错过了以后就不会再错了。

问：听说你在其他机构也学习过，交了不少学费，但在时代焦点教育才真的提高了分数。你认为提分的原因是什么？

答：老师对我的帮助很大，都非常认真负责。尤其是雷静老师，给我判作文，我这人夜猫子，经常夜里发给她，她就夜里给我判，基本上写一篇看一篇。还有她对语法的每个点都讲解得非常详细，我一下子就明白很多。包括我说过把错题拿过来给雷静老师看，阅读是给许轶老师看的，对于我的做题思路的改变有很大的帮助，提高也很明显。

问：那同样的题目你拿到其他机构，他们有同样的对题目的了解程度或者同样的帮助么？

答：我也上过其他机构的课，他们大体上是以讲为主，告诉你说有这样几类题，这类题怎么做。说句实话，我觉得那个老师阅读量可能还没有我多呢。你给他题，他要是没做过，他就不会给你讲；做过的也讲得跟书上似的，你也不知道他在说什么。就是那种感觉，不太好。但是在时代焦点的话，老师都是自己去考过 SAT，并得过满分，这个在官网上就可以看到，这个真的很重要。因为他们能够从学生解题的思路来解决学生的问题，而不是从讲题的思路来讲问题，这里的差别还是很大的。很多大的机构的老师也说自己参加过考试，考了多少分。老实讲，我觉得现在 SAT 培训市场鱼目混珠，挺复杂的；如果大家将来学习 SAT，建议大家选择 SAT 培训机构的时候，不要看这个机构有多大，而是看机构的老师有多好。

问：一个培训机构就算有一万名老师，但挑不出几个好的老师，也没有用。有优秀的教育背景和好的考试成绩，才是好老师的标准，是这个意思吧？

答：对，没错！

问：时代焦点教育有很多免费的在线学习视频。这个你也看了，你有什么体会吗？

答：我觉得这个特别好，真正为学生服务，这些视频直接在时代焦点的网站上就可以找到，而且都是免费的。很多经典的题目，直接点击看讲解就可以了。夜里看也不打扰谁；你没有来过，可以先看看老师讲课是什么样子的。我自己的话，我是夜间活动比较频繁，夜里什么时候想看就什么时候看。也不用下载，点开就看。

问：好的，非常感谢！再次祝贺你获得哥伦比亚大学的录取！

答：谢谢！

访谈三—— 熊润达

全面发展的重要性

背景

高中就读于北京实验中学，获得西北大学、弗吉尼亚大学、哈弗福德学院录取通知书。

问：你认为 SAT 考多少分会对出国申请有帮助？

答：考到 2 200 分以上只是迈出了进入名校的第一步，2 200 分是个分界线。

问：你觉得要考到 2 200 分以上需要用多长时间准备？

答：一年多的时间。

问：那你的 SAT 考了几次？最高分数是多少呢？

答：三次，在同学里算是少的，中国学生一般都是考三四次，考之前要充分准备。我的最高分数是 2 260 分。

问：SAT 能考到 2 260 分非常高了，你是怎么做到的？

答：我之前在别的机构上了培训班，考到了 2 170。自己感觉这个分数还不太满意，后来在时代焦点上了 SAT 的培训班，觉得挺有帮助的。老师都讲得比较清楚，而且上的是小班，得到的关注比较多。培训班提供的课程和学习材料都更加符合学生需求，所以准备起来比较有效率。特别是时代焦点还有视频学院，回家后可以看视频，这样，学习时间和地点都比较自由，可以重复地看。这个视频学院的费用也比普通的辅导班便宜很多。

问：SAT 的单词书你用的是哪一本呢？

答：《SAT 高频词汇完全分类》，特别有帮助。巴郎 3 500 的词汇很多非常偏，而且很多都是不常考的，中文解释也有很多不太适当的地方，许老师的书把巴郎的核心词都包括了。

问：考 SAT 的次数多少对申请有什么影响吗？

答：当然有影响，两次考过最好，次数越少越好，要是考上七八次，看好自己的学校也会觉得该学生的学习能力不好，所以考之前要充分准备。要是能重新选择的话，我觉得我的第一次 SAT 不应该考。在 2012 年 5 月考第一次时，我只准备了一个月，单词积累也不够，考试成绩不是很理想。建议大家准备好 SAT 以后先进行模考，模考的分数一般比实际考试高一点，模考过几次以后再参加正式考试。

问：高一末开始准备 SAT 是早还是晚呢？

答：应该在高一第一个学期决定出国开始学，越早越好。但是不能把时间拉得特别长，没有紧张感，集中三四个月背单词，增加阅读，学习语法，阅读主要靠积累；语法比较简单，掌握知识点就行。

问：SAT 的阅读一般是比较难的，准备起来有什么方法呢？

答：我觉得阅读要有技巧，先是要准备单词，因为填空是要靠单词的，我把单词书和考试中出现的单词都背过。

问：那能介绍一下 SAT II 的考试情况吗？

答：我的 SAT II 考了数学、物理、化学，准备了不到两周。我建议如果 2013 年申请的话，要在 2012 年 11 月或 2013 年 1 月考 SAT II。

问：托福考了多少分？

答：112 分。口语和发音都必须靠平时积累。第一次考托福就想在口语上拿二十八九分不太现实，得在平时积累的前提下多练习、多做题。

问：在学校获过奖吗？比如学术奖或其他各种奖项？

答：获的奖比较普通，是校级的奖项，不能给申请官留下印象。

问：写文书痛苦吗？

答：有点痛苦，改了十多遍才完成。在修改的过程中我的升学顾问帮助我很多，每个人对文书的看法不一样，考虑的角度也各不相同。

问：升学顾问的建议有用吗？

答：有用，顾问会告诉我哪些地方该写、该如何切入，会指出不确切的地方让我改。顾问在这方面比较有经验。

问：你觉得双顾问（一个中国顾问，一个外籍顾问）有帮助吗？

答：两个顾问更好，相比而言，美国顾问地道点，比较有创意。但是顾问不能太多，两个就可以，得是有经验的。文书的构思很重要，有深刻的思想才能使文书提升档次。语言不出错，让人明白就好。

问：那你申请了几所学校？ED 择校重要吗？

答：17 所，还有 ED 的，ED 也是机会，我不想浪费机会。我 ED 选了康奈尔，今年形势不太好，ED 录取的人比较少。

问：你觉得 ED 申请失败的主要原因是什么？你是如何调整策略的？

答：申请失败后，升学顾问和我在一起认真地分析了一下原因，觉得其中一个原因是文书的写作，虽然文书整体看来并没有什么问题，但是比较平淡，不能吸引人。后来我们改变了原来的叙述方式。经过时代焦点的老师多次修改之后，文章内容更加丰满，人物形象也很鲜明，文章塑造了一个独特的我，能够给读的人留下深刻的印象。

问：你对自己的定位是什么？

答：事实上美国大学都是希望招收到各个类型的学生，这样能够丰富学校的多元化校园环境。我对自己的定位是运动型，我是学校篮球队的队长，也是学生会体育部部长，我的领导能力也通过活动得到了体现。

问：你参加过什么样的课外活动？

答：我刚才提到过我是学校篮球队队长，并且经常组织学生会体育部的活动；我还拍过一个电影，曾任主演。与大家不同的是，很多人可能都会选择参加支教，但是我没有去，我是帮助过远方亲戚家的一个脑瘫女孩，活动写的是如何帮助的过程以及自己的收获。除此之外，我还跟同学拍过一个关注残疾儿童的微电影，这部微电影在学校电影节上获了奖。

问：你觉得申请过程中你最大的优势是什么？

答：我的阅读比较占优势。我没有什么特别突出的，各方面比较平均，比如我的文书写得还不错，活动也比较突出，擅长体育，学术方面也可以，所以给人留下的综合印象比较好。

问：你个人认为你的文书的亮点是什么？

答：我的文书写的是自己 5 岁从沈阳到北京上学遇到的种种困难，比如说口音的不同和环境的不适应。重点在于描写自己是如何从一个小环境过渡到一个大环境，并且不断适应的过程。这个过程中有过绝望，有过泪水，但是通过自己的努力我都将这些困难克服了。我的文章的亮点在于如何将自己的劣势转化为优势，使自己逐渐变强大的过程。

问：你参加过面试吗？

答：参加过杜克的面试。面试前翟老师和许老师帮我做了准备，还模拟过面试，构思过会有哪些问题，怎样回答比较好。面试不要紧张拘谨，要跟面试官互动，像聊天一样就行。

问：你打算学什么专业？

答：统计学方面的，现在不一定确定这个专业，上一两年再决定，还是有灵活性可以改变的。

问：为什么决定出国读本科？

答：我觉得可以换个环境，跟各地的优秀的学生在一起，课外经历要比国内丰富，还能培养自立能力。再有就是美国培养人才比较全面，有更多机会发展。

问：留学申请中哪部分最重要，你的顾问起到什么作用？

答：文书最重要，我的文书的第一稿和最后一稿差很多，顾问会告诉我哪里写得不好，哪里需要增减；写文书非常锻炼自己的写作水平，文书都交给别人写很不好，能力得不到提高。自己写文书会让你对学校、对自己的各个方面都有更深的了解。

问：升学顾问对其他方面是否有帮助？

答：帮助还是挺大的，顾问能告诉我在网上、书上看不到的知识。当时选保底学校时，顾问告诉我我选的那个学校没有归属感，像生活在城市里，没有学校校园的氛围等。顾问很多事情都会跟我商量，会给我提出很多可行的建议。

问：你是通过什么方式选择我们学校的？

答：通过前几年许老师、翟老师的网上视频，觉得他们讲得比较好。翟老师比较有经验，许老师比较幽默，他们可以当老师也可以当朋友。在这里，顾问对我关注得特别多，对我很重视，别的机构接的学生过多，不能有更多的交流。

访谈四——吴蕾蕾

海外军团的实力

背景

就读于一所美国女校高中的 Annie Wright，被圣路易斯华盛顿大学（Washington University in St. Louis）和美国第一女校（Wellesley College）录取。

问：听说你的录取结果比较好，想问一下你的整个留学申请流程，并简单介绍一下你出国前的背景，包括 SAT 的分数及 TOFEL 的分数以及在学校 GPA 的情况等。

答：我现在就读于美国一所女校高中，九年级春季入学，现在已经三年多了，我考了几次 SAT，最高分数是 2 160 分。在学校的 GPA 排名大概在年级前三名。

问：那你考过几次 SAT 呢？

答：三次。

问：那 TOFEL 考了多少分？考了几次呢？

答：TOFEL 考了 113 分，也没怎么准备，只是觉得不需要把太多精力放在 TOFEL 上，所以今年就考了一次。

问：在美国上课、选课，包括 AP 课等，这些方面有什么经验和我们分享一下？

答：也没什么经验，我在学校学的是 IB 课程，没有 AP 课可以选。我觉得 IB 对于申请世界性大学还是很重要的，在美国很多学校也是很重视 IB 的，因为 IB 要写很多 paper，对自己的能力有很大的提高，学生的 IB 英文也要求比较好，我学的是 IB 的物理。IB 分为两个等级，HL（Higher Level）和 SL（Standard Level）。我个人觉得还是上 HL 比较好，因为在很多大学，HL 是可以换学分的，如果 HL 考在 6 分以上，在大一的一些必修课程就不用上了。

问：SAT II 考过几门？分数基本上都在 700 分以上，接近满分是吗？

答：对。我还考过中文，但只是试了一下，觉得国内的学生没必要去考。

问：你在学校的 GPA 怎么样？是不是亚洲的学生在学校的课程表现都特别好？

答：不能说亚洲的学生成绩都比较好，我的成绩一般都在年级前三，而另外两名则是美国学生。

问：你们这届本科申请的情况怎么样？排名前十名的学生能去什么样的学校？

答：我的申请现在还没有下来，但我觉得，我个人的情况比较好。希望能进排名前十名的学校，因为我还在等结果，所以现在还不太好说。

问：除了考试和分数外，你在学校有没有突出的经历或是课外活动呢？

答：我有一些自己的兴趣爱好，比如跳舞和画画。我一直在坚持跳舞，从三岁的时候就开始练习跳舞。到美国以后，我找了一个学习跳舞的地方。在学校的一些活动中，我也会找同学一起表演节目。我是在来美国以后才开始学画画的，大概在十年级或者十一年级，我在本科申请的时候也提交过一些画作。

问：除了画画和跳舞之外，你有没有参加过学校社团之类的组织？

答：我在学校也参加过一些社团，现在也是学校学生会中的一员。因为我们学校是寄宿学校，所以我也在宿舍里担任类似宿舍长的职务。

问：将像你这样在美国念高中的学生和在国内念较好高中的学生进行比较，你觉得你们的优势在哪里？

答：国内的学生学习能力很强，能拿很多竞赛大奖，但在国外，学生更注重自己喜欢的事情，这个很重要，不应经常在教室、学校待着，应该多出去走走，做一些课外的事情。

问：那你自己在国外会经常出去做一些课外的事情吗？

答：在美国，有一些学校从小学到高中都在同一所学校，有时候，我会和那些年龄较低的低年级学生一起玩，并时不时地帮助他们。我还参加了一个校外活动——家长将孩子托管，然后我们去和孩子们一起玩。

问：你的申请文书写的是什么？从初稿到修改稿，你觉得哪部分对你的影响最大？

答：我觉得申请文书最好呈现最真实的自己，因此，我的题目写的是对我最重要的人，我写的是我的爸爸，他不是什么伟人，就是一个普通家长，对我采取的是那种中国的传统教育，但来美国之后，我发现要追求自己的梦想，找到属于自己的兴趣爱好，于是我写怎样化解这样的矛盾等。

问：你写了那么多的申请文书，觉得哪个令人印象最深，和我们分享一下吧。

答：我觉得令人印象最深的应该是关于我的画画，我是怎样看待艺术的，并打算在大学如何去学习艺术。

问：当初你在选校的时候，是根据自己的喜好，还是根据学校的排名呢？

答：学校排名只是一方面，中国有太多家长注重排名了，但有很多排名一般的学校，专业还是很好的。我想，这主要看个人的喜好吧。

问：学校的相关信息是你自己查到的，还是通过老师介绍的？

答：时代焦点的老师给过我一些学校的网站以及一些书，我自己也去找过，也会上一些学生的论坛。个人觉得，学生在选学校的时候，应该自己亲自去找，因为自己去找会发现很多你不曾考虑过但却是很棒的学校。

问：你们高中也会设立升学申请的部门（college counselor）吧，你去交流过吗？

答：我们学校有这样的 college counselor，会帮我们递交一些成绩单、老师的推荐信，并推荐一些学校。在美国，有些学校录取完学生之后，还会补录一些学生，这样他们对你比较了解，则更有把握推荐那些更适合你自己的学校。

问：要是用一个百分比，你觉得你们学校的升学顾问（college counselor）和时代焦点老师的贡献各占多少百分比呢？

答：我觉得时代焦点的老师真的是很棒，贡献占到70%到80%。很感谢时代焦点的老师，我从她那里学到了很多，因为她不会像其他机构那样代笔，写作题材必须是自己经历过的。这样写作能力就会有很大提高。如果找人代笔，就算申请到了很好的学校，自己没有能力也是不行的，上课必定会跟不上。老师的这种方式，虽然会有很多压力，但是很锻炼自己。而且，整个申请做下来之后，你不会觉得是别人帮你做的，而是自己完成了一整套的东西。

访谈五——吴浩宇

“要把自己的个性挖掘得很深”

背景

高中就读于北京四中，2013年被排名第三的文理学院斯沃斯莫尔学院（Swarthmore）录取。

问：请问你的SAT I考了多少分？SAT II考了那几门？

答：我的SAT I考了2 290，SAT II考了数学、物理、美国历史和英语文学。

问：SAT I考得这么高，你有什么经验可以分享一下吗？

答：我觉得是准备得比较早吧，高一就开始背单词了。时代焦点的《SAT高频词汇完全分类》非常好，许老师自己阅读考720分，这些词汇都是他总结的，很好。我的写作考了11分，多亏了时代焦点的《SAT满分作文集萃》这本书，它是引进美国的顶级出版物，是美国最好的书。还有时代焦点的视频学院做得挺好的。因为我平时事情比较多，很难抽出大块时间来准备SAT，一般晚上睡觉前，或者是平时有点空的时候，就看看这个视频学院的视频。一直在零零碎碎地看，慢慢地积累多了分数就上来了。

问：你觉得申请文理学院考SATII重要吗？

答：我觉得这要看个人的能力和兴趣，自己觉得哪科比较擅长，哪科能考得好，就考哪科。像美国历史这种文科对于我们大陆的学生来讲不是很占优势：一是占用的时间很多，二是读的资料很多，跟我们平时学习历史的经验和方法都不一样。学习美国历史更讲究自己的归纳和整理。我们中国的历史学习都是老师给我们整理出考点，回去背过了就能考高分。而美国历史就得自己去理解和整理，所以花费的时间会很多。但是对提高英语水平来讲帮助是很大的。我认为像数学、化学和物理对大陆的学生来说是比较有优势的。

问：历史准备有窍门吗？

答：就是平时多看一些历史的书籍，最后一两周集中突击的时候背一些知识点。我用的辅导书有：*Crush Course* 和 *American Pagent*。American Pagent 这本书属于美国的教科书，但这本书的难度是很大的，它的遣词造句都非常讲究，对提高英语帮助很大。

问：你的 SAT I 和 SAT II 分别是什么时候考的？

答：高二 6 月考的 SAT I，SAT II 是在高二 5 月考了几门，高三 11 月考了几门。

问：你觉得这个考试时间规划如何？

答：其实是有点儿晚了。高一第一学期我没决定出国，第二学期才决定的。我觉得比较好的计划应该是：等中考完了就应该在家好好提升一下英语。这主要看英语基础怎么样，自己想考多少分。要是英语特别好，第一次就想过的话，那建议高一暑假的时候就考。第一次越早考越好。这个时候就知道自己该怎么准备了。对于像我这样，英语不是强项，需要准备的时间比较久的，那就再晚一些考。

问：SAT I 准备多久比较合适？

答：对于准备 SAT I 来说，单词积累和阅读量都很重要。我觉得单词是一大块儿，需要两三个月，要背得特别熟、特别好。阅读需要两三周，平时放学以后再做些练习。其实平时也可以积累阅读量。我觉得英语特别好、基础比较扎实的人，准备 SAT 应该事半功倍。

问：你觉得全部的申请环节（包括 SAT 考试、TOEFL 考试、文书写作等）加起来占你整个学业时间的比重有多大？

答：我觉得占用了 65%的时间。

问：那是相当花时间了！本来我们中国高中生的课业压力就很大，你觉得在你申请过程中压力大吗？

答：压力还是挺大的。本身我们在国内高中竞争就比较激烈。因为我所在的高中不像美国高中录取的人稍微多一点儿，所以相对来讲竞争的压力更大一些。而且还有好多准备高考的人，这些学生只准备课内的东西，所以平时给我带来的课内的成绩压力也挺大的。

问：在课内成绩上你如何与准备高考的学生竞争呢？

答：如果说单从平时 GPA 上，不用考虑高考推优之类的，我还是可以得到不错的成绩的。

问：你的课外活动多吗？

答：高一课外活动挺多的，高二的时候就少了点儿。高一我担任过学校的诗歌朗诵、话剧节目主持人；参加过话剧社、辩论社；代表学校打过比赛。但是我没参加过如化学、数学之类的竞赛。此外我还加入了一个法国、美国电影分享的小组，不是特别大，但是平时也投入的精力比较多，主要是高中这三年也一直在做。高二暑假的时候我去律师事务所做了两周的实习，然后跟一位美国教授做了一个项目。

问：这个项目对你有什么帮助？

答：这个项目准备起来其实挺枯燥的，要读大量的论文。这主要是出于个人兴趣吧，我对他那个学科比较感兴趣。那个教授对我也比较有耐心，我们配合得也比较好。

问：你的兴趣在哪个方面比较集中？

答：我比较喜欢阅读。现在没有一个特别有倾向的选择，我读的东西比较广泛。假期的时候参加的项目阅读比较多，很符合我的兴趣。

问：是读英文书吗？

答：是的，我读的是比较难、比较学术一点儿的英文书。

问：申请文书准备得如何？

答：准备得比较顺利，主要是要知道该写什么，我写的这些事都是有真实感受的。

问：你的文书题材和切入点是什么？

答：有点社会意义，但主要还是自己的一些事情。主要描述自己的内心变化，即经过一些事情之后对自己、对周围的人改变认识，如何变得更成熟。

问：那你的升学顾问在你的文书写作方面帮助大吗？

答：我觉得帮助挺大的。因为刚开始写之前我不知道该写些什么。有人说要写作需要文采特别好，有人说写的事情要特别大的，所以一开始特别混乱。但是辅导我写文书的老师特别负责任，也很有耐心，一步一步地辅导我完成了我的文书写作。

访谈六——许文睿

ED 录取名校的经验

背景

高中就读于人大附中理科重点班。被康奈尔大学（Cornell University）录取。

问：你一共申请了几所学校？

答：其实是这样的，我 ED 申请的是康奈尔，被录取了。所以并没有申请 RD。

问：那你选择康奈尔是如何考虑的？

答：我当时主要考虑的是我要选什么样的学校，我能达到哪些学校的要求。个人爱好和学校风气对我来说都很关键，我可以选择几所排名比较靠前的学校，但是在某些专业以及校风方面，这些学校反而不如一些排名稍微靠后的学校更适合我。我个人也比较喜欢康奈尔的一些专业和特色。所以当时在可以选择其他学校的情况下，我最终选择了康奈尔大学。

问：有些学生喜欢 ED 申请时选择一些非常有名的学校，这点你是如何看待的？

答：我觉得申请名校也无可厚非。但是我认为如果 ED 申请时选择一些比自身水平稍微高一些的学校会比较可取。

问：你的 SAT 考了多少分？

答：SAT I 考了 2 130 分、SAT II 考了三个满分。

问：那 TOEFL 考了多少分呢？

答：110 分，口语 24 分。我认为口语得高分的诀窍就是多练，我非常认真地练了不少。练到最后的时候根本不用花很多的时间去想自己要怎么说，而是思考一下内容就好了。再有就是考试的时候反应快一些就可以了。

问：你的 TOEFL 准备了多久？

答：1 个月。

问：那 SAT I 呢？

答：SAT I 平时都在准备，考前又准备了 1 个月。

问：你认为考试、文书写作和课外活动相比，哪个比较重要？

答：标准化考试是必要的，但不是排在第一位的，学校更多考虑的是招收的学生未来是否有成功的潜质，而这种潜质往往是从课外活动中体现出来的。

问：你在文书写作上有什么心得吗？一开始写的是中文稿还是英文稿，一共写了几稿呢？

答：我刚开始写的就是英文稿。如果每一次比较大的改动都算一稿的话，那么总共写了七八稿。故事的整体内容和大体结构在写到第二稿的时候就敲定下来了。之后就是在写作手法上一次一次地改，就像往上抛光的感觉。

问：挖掘故事内容的时候困难吗？

答：说困难其实倒不一定是很恰当。但是还是比较费功夫的。因为挖掘故事内容对写文书来说非常关键。时代焦点的顾问很有耐心，一直不断帮助我挖掘。就是说，你的文书能否成为一篇特别好的文书，挖掘切入点是很重要的。如果没有好的切入点，这篇文书就算语言方面再好，那也会因没有特色而被淹没在众多平庸文书的海洋中。所以说当时还是花了不少精力寻找到了一个比较好的切入点。

问：那你的切入点是着力于对你自己的描写呢？还是着力于你的成就或者是说你对社会的贡献？你觉得哪个切入点是你比较喜欢的？

答：我比较喜欢的切入点是着力于对我自己的描写。因为对于目前我的成就而言，完全可以拿数据来说话，诸如取得的成绩，竞赛拿的奖，都是有分数摆在那里的，没有必要再在文章里面重复这些东西。至于对社会的贡献方面，主要是我自己做得比较少，可拿出来渲染的东西不多。所以我认为自己最好是利用这个机会来体现自己的个性，这样既能让校方了解我的个性，又能使自己充满自信。

问：那你的故事内容是什么？

答：是关于我生活中的一个习惯。主要是写我怎样计划从学校到家的路线，选择什么交通工具，什么路线比较省时省钱。这个题材很小，但是经过多次改动以后还是比较吸引人的。

问：你觉得这个故事写起来难吗？

答：不觉得很难。因为写叙事性的东西总是比写议论性或介绍性的东西更容易吸引别人的眼球。虽然一开始写起来也有点儿压力，但是多改几次后就信心倍增了。

问：你的课外活动多吗？

答：很多。有竞赛、学生会的活动、社团的活动，还有班级的电影。

问：你的竞赛获奖情况怎么样？

答：我获得了奥林匹克物理竞赛全国一等奖。

问：那你觉得这个奖项在申请过程中起到的作用大吗？

答：我觉得还是挺有帮助的。有了这个奖，我觉得去康奈尔就更有把握一些，心里就更有底。但是这个奖是在我提交了 ED 申请之后获得的，我还特意发信给康奈尔通知了这个获奖情况。这也要感谢时代焦点的老师帮助我与学校进行的交流。

问：能说说你的班级电影吗？

答：我们学校有个电影节，我们班就拍了个班级电影。当时我在剪辑电影的时候遇到了一些困难，有一部分怎么剪都剪不好，最后我决定放弃这部分，但后来发现剪完后的视频非常有创造力，效果非常好。所以我将这个作为我的文书的第二部分。这样一来，就能和文书的第一部分相互补充，一部分给人的印象是书呆子，而另外一部分则强调自己的创造力，不至于给阅读的人产生什么误会而对自己产生负面影响。

问：你有面试吗？

答：有，是康奈尔的校友面试。

问：能说说你是如何准备这个面试的吗？

答：我准备了一些面试的常见问题。我觉得我对自己的定位还是比较好的。在我看来，面试不是体现你有多么出类拔萃，而是看你对这个学校的诚意和兴趣。所以我面试的时候心态还是比较好的。

问：面试过程顺利吗？

答：出了个小意外。不过我觉得这个小意外其实帮助了我。事情是这样的，由于我申请完 ED 就去参加物理竞赛的集训队了，那是在天津进行封闭式训练。本来我和面试官约的是下午 4 点的面试。结果面试官前一天晚上给我发邮件将时间改到了下午 2 点，而我没看到邮件。等我下午 4 点到达面试地点的时候没有见到面试官。这时候我表现得还是比较镇定的。我立刻给面试官打了个电话，向他解释了我迟到的原因。这样一来，我先熟悉了他的声音，其实我也好久没说英语了，正好在打电话的时候热热身。然后见到面试官的时候就聊得很顺利了。我的面试官也比较友好，问的问题都比较容易回答。

问：你在面试过程中向面试官提问了吗？

答：提问了，我问了挺多问题的。都是关于康奈尔的学校的情况、课外活动、学科等。

问：你认为时代焦点在你的申请过程中的帮助有多大？

答：时代焦点给我的帮助还是很多的。大的方面有两点，一是通过整个申请过程，我很好地了解了文章该怎么写，如何写更能迎合美国人的审美趣味或者说是欣赏方式；二是学会了如何把英文的东西写得更自然。时代焦点的做法和其他机构不一样，他们不是问完你的想法之后，替你来写，而是通过先了解你这个人，然后教你自己怎么想办法，虽然这个过程有点费时费力，但是确实是很能锻炼人，并且可以确保你做出的每个决定都是适合自己的。

访谈七—— 王潮

不走寻常路，独特的课外活动和漂亮的 AP 成绩为其申请增加砝码

背景

高中就读于北京市首都师范大学附属实验中学，最终被纽约大学录取。

问：你的托福成绩很好，能告诉我们你是如何备考的吗？

答：我的托福准备得比较早，但是我的英语基础并不是很好，刚开始模考的时候，托福只考了 70 多分，后来我一直在上时代焦点的托福课程，我觉得时代焦点的托福课程是一个互动的过程，之前我也在其他的机构学过托福，但是他们只是一味地讲题。时代焦点不同，老师们教给学生做题的方法及技巧，比如说用听写的方法练习英语，如何做笔记，不断地给自己录音等。这些方法将学生被动的吸收变为主动的思考，我觉得这是非常好的学习托福的方法。这样经过一段时间的不断纠正和提高，我的英语不仅在量上有了积累，在质上也有了很大的提高。

问：你觉得你的托福成绩在申请中起到了什么样的作用？

答：虽然我的托福成绩很高，但是事实上申请的过程不只是通过托福或者是 SAT 成绩等硬性条件来完成的，通过和徐老师的接触，我知道了很多申请的技巧，增长了见识。

问：你能简单地介绍一下自己的背景吗？

答：我曾经去美国游学过，是乐队的首席，不是“学霸”，课外活动比较丰富。

问：你曾经参加过什么课外活动？

答：在时间允许的范围内，我希望自己能多参加一些课外活动，我是学校首席低音萨克斯手、学校乐团主席、AP 经济助教、学校戏剧社的副社长、爵士乐团创办者等。

问：你觉得你的申请文书有什么亮点？

答：我觉得我在文书上比较多地体现出我的一些音乐方面的潜质，以及自己的责任心和领导力。

问：你的申请文书写了多长时间？

答：花了比较长的时间，比如说我的主文章，我跟许老师商量了很多话题，但是都被许老师否定了，最后经过深思熟虑，我们把我在乐队里的一件事情定为了 main essay 的话题。

问：能讲讲具体的故事吗？

答：我是乐队的首席，之前是吹独奏，有一次学校的演出需要一个低音伴奏的大萨克斯手，当然这个

萨克斯手不是做主角的，而我之前一直是主角，对于我来说这次要放弃主角当配角了，所以刚开始特别纠结，然而后来我还是坚定地去做了。通过放弃主角这件事情，我表现出了自己具有的团队精神和责任心。我认为文书一定得写自己的真实情感，这样才能打动人，才会带有自己的特色。

问：你个人觉得你的这篇文书比较打动人的是什么地方?

答：是关于纠结的过程以及放弃主角甘当配角的理由吧。我的这篇文章并没有用平铺直叙的方式来写，相反，我采用倒叙的形式。这要感谢时代焦点的许老师，在写作的过程中，不论是在写作的细节还是表现形式方面，许老师都给了我很多宝贵的意见。另外，在写文书的时候一定不要写得太大，也就是不要贪图面面俱到，如果能从一个点展开，然后通过真实的细节来感动人是特别重要的。

问：从文章的构思到定稿需要多长时间?

答：我是从申请那年的 8 月份就开始着手了，因为自己也参加过很多活动，那时候就在初步考虑自己参加过的一些活动，想自己身上有什么特长。整个过程大概花了一个多月的时间。

问：如果没有参加过什么活动怎么办?

答：很多人到打算申请的时候，才发现自己根本没有什么可以拿得出手的活动，有的甚至是为了填表之用，自己硬撑起一个活动或者随便找一个活动参加。我觉得参加活动必须是发自内心的喜欢，并且要主动地做一些事情，这样你在整个活动中才会得到快乐，才会找到自己想写的东西，有自己真实感受的文章才不会显得空洞。

（许老师建议：事实上，这个年龄段的同学还没有到那种自己幻想出一件事就能把自己感动的地步。即便是可以，接下来的学校面试也是无法敷衍的，面试的招生官会一眼看出你是否真的参加过这个活动。所以说，纯粹编造出来的东西会使很多细节以及自己的真实感受都比较难以展现。）

问：你觉得你为什么能被纽约大学录取?

答：我觉得我能申请到纽约大学最重要的原因是招生官认为我学习经济学的决心特别强，而且为之做出了努力，也就是说他认为我是一个有目标并且会朝着目标努力的人。我学习经济学专业的想法不仅体现在小文书上面，也体现在学校的 why essay 上面。因为之前我曾经给学校 AP 班的经济学外教做过助教，我把自己做助教的经历以及和外教的交流与自己的感受都写在了小文书里面。除此之外，在许老师的帮助下，我们对纽约大学的经济项目及其独特性做了很深入的研究，在我的 Essay 中，我通过联系自己对经济的兴趣来写关于学术的目标，这样就使文章更具体、更有针对性，同时给招生官留下了深刻的印象，我比较了解纽约大学，并且做出了很大的努力。

问：招生官每天读那么多的申请文书，你觉得你是如何打动他们的?

答：除了上面提到的用真情实感来打动人之外，我觉得他们可能对我文书中提到的一个游戏印象比较深刻。那个时候我正好在时代焦点学 SAT，许老师为了让我们放松，就教我们玩德州扑克，当时我认为这只是一个简单的游戏而已，后来许老师告诉我，游戏里面蕴含的一些道理原来是可以和我的申请挂钩的，因为其中包含一些对数学领域、经济学领域的研究。这也是一个以小见大的例子。

问：你的 SAT 成绩怎么样？

答：当时在 EA 和 ED 选校的时候，我的 SAT 分数并不是很高。根据纽约大学的要求，除了提交 SATI 成绩之外，我还可以通过提交三门 SATII 成绩或者是三门 AP 成绩来满足其标准化考试成绩的要求，因为我的 SATI 成绩在那时还不是特别理想，而且又差一门 SATII 成绩，所以时代焦点的老师建议我不提交 SATI 成绩，用 AP 成绩来弥补这个不足。我考了四门 AP，所以最后顺利地被纽约大学 ED 录取了。

访谈八——闻博

平凡高个儿男孩，用篮球和钢琴作为文书的两条主线，最终打动招生官，收获布兰迪斯大学的 offer

背景

高中就读于石家庄一中，本科就读于 US News 排名第 33 的布兰迪斯大学。

问：你收到了哪几个学校的 offer？

答：我收到了 6 个学校的 offer，分别是布兰迪斯大学、威斯康星大学麦迪逊分校、福特汉姆大学、加州圣地亚哥学院、加州大学戴维斯分校、宾州州立大学。

问：你觉得你能收到这么多的 offer，是由于你的标准化成绩比较高还是文书写得比较好呢？

答：我的托福成绩是 99 分，SATI 成绩是 1 930 分，所以我的硬性分数并不是很好。我觉得能申请到这么多的学校，很大程度上是由于我的文书写得比较好。

问：能大概讲一下你的申请文书吗？是自己写的还是机构代写的呢？

答：我觉得申请文书还是要自己写，因为没有谁能比自己更了解自己。我有很多同学的文书都是机构包办代写的，但是最后的申请结果都不是很好。在时代焦点，虽然文书都要自己写，但是在写作过程中老师会不断地提修改意见，告诉我如何修改才更能符合招生官的“胃口”，这些都是咨询老师很熟悉的。另外我觉得自己写出来的东西更真实，老师和学生看待问题的角度不一样，所以如果是老师代写的话，那么呈现到招生官面前的就是老师，而不是自己。所以自己写文书非常重要，但是也离不开老师的指导。

问：你的主文章写的是关于哪一方面的？

答：我的主文章主要有两条线，一个是钢琴，一个是篮球。我的钢琴是八级，文章描述了我在弹钢琴的时候会联想到自己刚开始打篮球时候的事情，可以想象，一个在篮球场上奔放狂野的男子汉，穿着西服坐在钢琴前弹一首优美的曲子，会让人体会到非同一般的感觉。并且文章采用了插叙的叙述方式，更能展示它的与众不同。

问：这个思路是你自己酝酿的吗？

答：我一开始是分两大段写的，每段都写得非常长，但是看起来没有什么联系，像是在讲两件独立的事情，时代焦点的许老师说这种写法太普通了，而且两件事情根本没有联系起来，很难吸引住招生官的眼球。前面第一段的篮球给人的感觉可能是学习不太好，后面的弹琴又给人一种不爱运动的感觉，但是如果将两者恰当地结合在一起的话，就会给人带来新鲜感。后来经过多次的沟通和修改，效果真的是挺好的。

问：你参加过什么课外活动？

答：我是学生会生活管理部的干事、副部长，石家庄少年篮球队的成员，代表市里打过比赛，课外活动不是很多，比较平淡。

问：你获得过什么奖励吗？

答：我曾经获得过全国英语比赛河北赛区高一组一等奖，是国家二级运动员，不过这些奖励对于申请的作用都不是很大，所以时代焦点的老师把重点放在了我的文书亮点的挖掘上面，在文书中突出自己的特长。

问：你的申请文书改了几稿？

答：我的文书在老师的指导下改了很多次，但是大的方向没有变，就是做一些调整。

问：你觉得写文书的过程中最重要的是什么？

答：我觉得文书写作过程中最重要的是要写自己的事情，在写之前先和负责老师讨论一下，看看到底写什么才能突出自己，避免庸俗，扬长避短，强化自己的优势，从而弱化自己的劣势。只要找到了合适的活动或者是事件，运用恰当的表达方法，就会写得比较上手。

问：你在写文书的过程中，印象最深的一件事是什么？

答：我当时印象最深刻的一件事情是在写小文章的时候，每天都很纠结，因为我每次把自己辛辛苦苦写好的文章拿给许老师看时，都得不到许老师的认可，总是得重新写。但是因为我的国际背景不多，实在是绞尽脑汁也想不出什么有意义的事情来。于是许老师就和我一起梳理之前经历过的事情，从小学说起。有一件事情我觉得根本就不算什么，却引起了老师的兴趣，通过老师指导和修改，我最后写出来的文章很不错。从这件事我学到的是事不在小，主要是要以小见大。

问：你上过 AP 课程吗？

答：我现在正在学，但是在申请的时候并没有 AP 成绩。

问：你的在校成绩如何？

答：我的班级成绩还可以，排在班级前 10 以内。

问：你在申请过程中和老师是如何配合的？

答：很多学生可能觉得申请中的很多事情会影响自己的学习，所以一些家长或者是学生都倾向于将这些事情留给中介机构操作。但是我觉得自己在时间允许的范围内参与到文书写作的过程中能学到不少写作技巧，在自己以后的写作中也会受益匪浅。对于文书书写过程中老师指出来的很多问题我都认真地对待，积极地修改，配合老师提供各种申请材料。

问：可以分享一下你的文章吗？

答：好的！这篇文章使用两条平行的主线，就像《教父》第二季的故事主线一样。

It is another sunny afternoon. I stroll in my piano room, looking at the trophies, certificates and photos of my piano achievements, among them is a Jeremy Lin's poster. I sit down by the piano and begin to play the Croatian Rhapsody. Why do I have Jeremy Lin's poster in my piano room? Well, as a child, I have loved both piano and basketball.

As I play the Croatian Rhapsody, I start to reflect on my basketball experiences. I was a bench player for two years in the varsity basketball team in the middle school. Although being the tallest in my team (8cm taller than Jeremy Lin), I lacked powerful muscles and fast speed, so I always had to sit at the bench. My parents persuaded me that it was much better to just play the piano well and give up basketball as I showed no talent for it. In fact, I doubted myself at that time as well.

However, the interesting thing was that every time after I sat at the piano and played Beethoven's 9th Symphony, I could gather my courage and go back to the court time after time. When my fingers were beating on the keys and the notes were jumping out of them, I had inner peace. Piano has given me the strength and inspiration to carry on with basketball. Every time I felt exhausted for each game, cheered for my teammates at the bench, handed water and towels to my teammates, I found out that I still loved basketball and I mustn't give in. I kept practicing basketball just as I kept practicing piano, I believed in accumulation, and I was waiting for my show day.

When I open the next page, the music goes to its climax. I think of the game of destiny which established my key player status on the basketball team. I felt that it happened yesterday. During the match, our forward player was injured and I substituted for him. There was no magic moment in the game but we played well and won by a small margin. I knew that all my efforts and training with teammates paid off. Similar to my piano practice, behind the flowers and applauses, were the hundreds of hours' hard work.

Now, I am proud to say I have become a key player on my basketball team. Between piano and basketball, I found a connection that has helped me go through victories, losses, joy and pains.

附　录

附录一　Common App 填写时着重关注的地方

附录二　常见名词

附录三　2015 年美国院校排名情况

附录四　投资回报最高的前 20 所美国大学

附录五　2015 年美国前 100 名大学秋季入学截止日期汇总

附录六　2015 年美国前 30 名大学补充文书题目汇总

附录七　时代焦点本科 QQ 群及家长提问汇总

附录八　美国大学本科部分专业介绍

附录一　Common App 填写时着重关注的地方

Common App 注册部分

首先登录 common app 网站：http://www.commonapp.org，然后选 never registered? go here，进入注册页面填入你的信息。带绿圈的部分为必填内容。

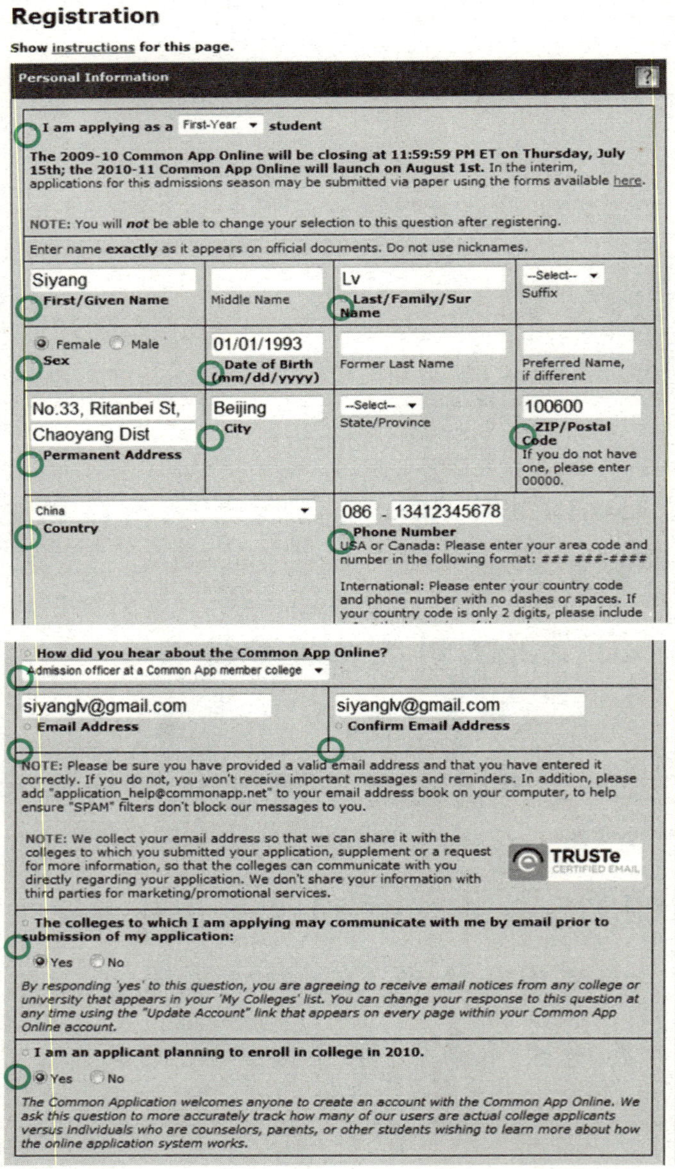

Registration

Show instructions for this page.

Personal Information

I am applying as a First-Year student

The 2009-10 Common App Online will be closing at 11:59:59 PM ET on Thursday, July 15th; the 2010-11 Common App Online will launch on August 1st. In the interim, applications for this admissions season may be submitted via paper using the forms available here.

NOTE: You will *not* be able to change your selection to this question after registering.

Enter name **exactly** as it appears on official documents. Do not use nicknames.

Siyang **First/Given Name**	Middle Name	Lv **Last/Family/Sur Name**	--Select-- Suffix
Female / Male **Sex**	01/01/1993 **Date of Birth (mm/dd/yyyy)**	Former Last Name	Preferred Name, if different
No.33, Ritanbei St, Chaoyang Dist **Permanent Address**	Beijing **City**	--Select-- State/Province	100600 **ZIP/Postal Code** If you do not have one, please enter 00000.
China **Country**		086 - 13412345678 **Phone Number** USA or Canada: Please enter your area code and number in the following format: ### ###-#### International: Please enter your country code and phone number with no dashes or spaces. If your country code is only 2 digits, please include	

How did you hear about the Common App Online?

Admission officer at a Common App member college

siyanglv@gmail.com **Email Address**	siyanglv@gmail.com **Confirm Email Address**

NOTE: Please be sure you have provided a valid email address and that you have entered it correctly. If you do not, you won't receive important messages and reminders. In addition, please add "application_help@commonapp.net" to your email address book on your computer, to help ensure "SPAM" filters don't block our messages to you.

NOTE: We collect your email address so that we can share it with the colleges to which you submitted your application, supplement or a request for more information, so that the colleges can communicate with you directly regarding your application. We don't share your information with third parties for marketing/promotional services.

TRUSTe CERTIFIED EMAIL

The colleges to which I am applying may communicate with me by email prior to submission of my application:

Yes No

By responding 'yes' to this question, you are agreeing to receive email notices from any college or university that appears in your 'My Colleges' list. You can change your response to this question at any time using the "Update Account" link that appears on every page within your Common App Online account.

I am an applicant planning to enroll in college in 2010.

Yes No

The Common Application welcomes anyone to create an account with the Common App Online. We ask this question to more accurately track how many of our users are actual college applicants versus individuals who are counselors, parents, or other students wishing to learn more about how the online application system works.

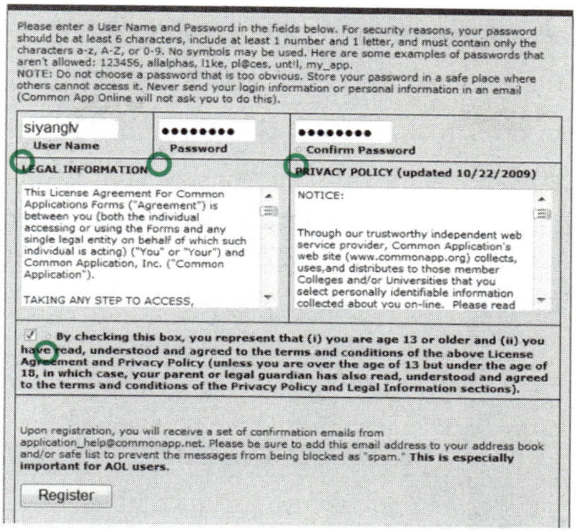

这样就完成了注册部分。E-mail Address 推荐用一个为申请专门准备的邮箱。

Common App 主体部分

页面左侧会出现选项栏，其中 Instructions 部分是对 common app 系统的操作介绍；My colleges 部分用来核查网申部分各项进程如何，点击学校名会有学校的具体信息，但是这个信息真实与否还需要申请者参考其他材料，不能单独将其作为依据；Search for Colleges 部分用来添加自己希望申请的学校，注意有许多学校名字相似，要搞清楚要申请学校的名字和所在州，是 college 还是 university，比如 Cornell College 和 Cornell University 就是两个不同的学校。而重点在于接下来的部分——common app 的个人信息部分，这个过程的图解如下：

Future Plans

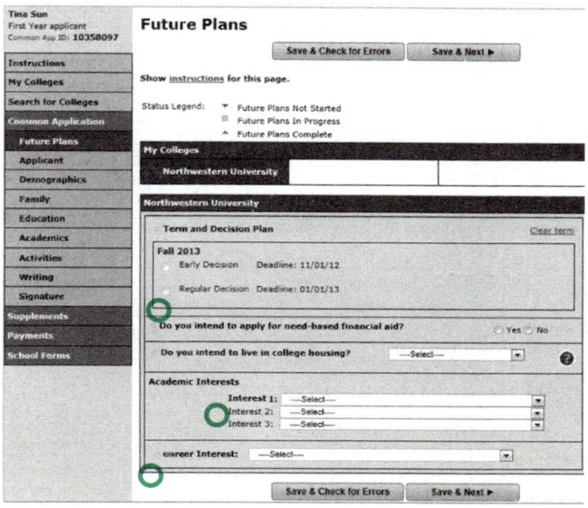

注意：这里填写的 academic interests 和 career plan 最好和自己想申请的专业相吻合。也有学校在这个页面会问你要不要 financial aid，如果要的话，就在相应位置选择“是”。这部分每个学校的问题不完全相同，所以要对申请的每个学校各自填一遍。

Applicant

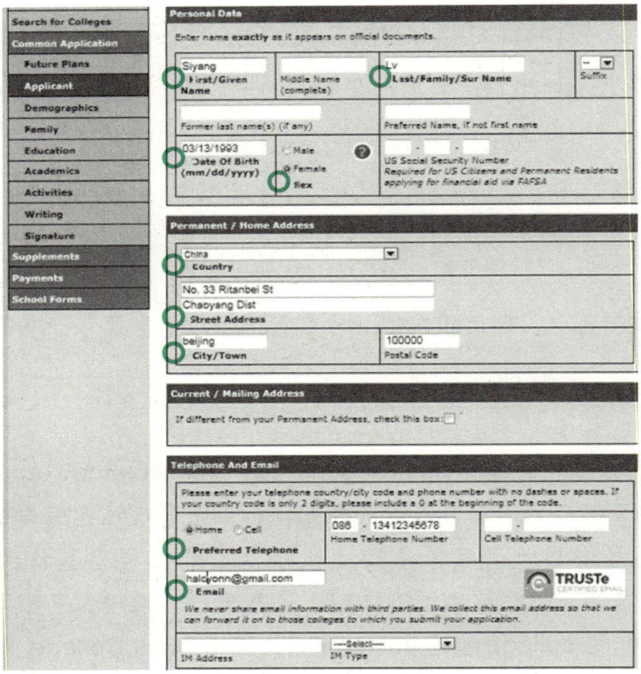

这部分是关于申请人的个人信息，只要按照真实情况把带有黄点的空格认真填好就行了。

Demographics

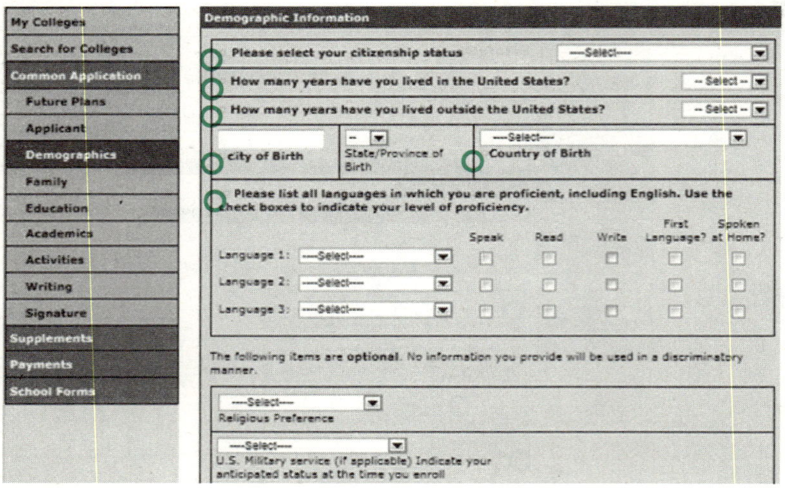

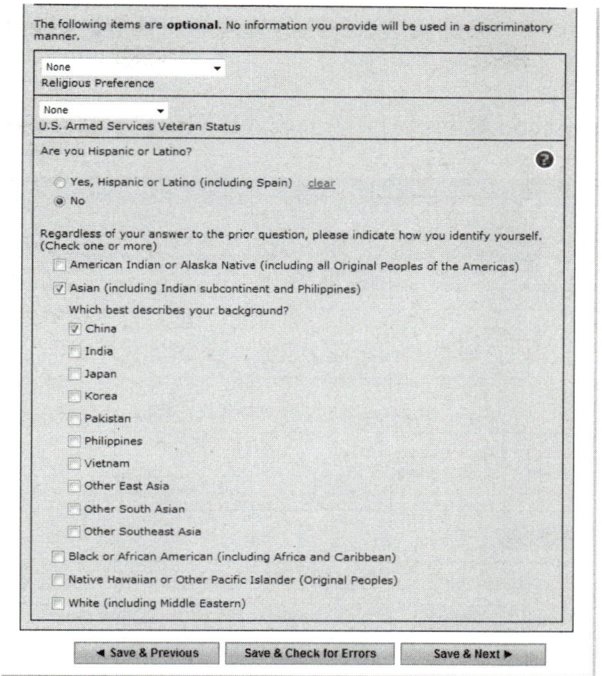

2013～2014 年的 Demographics 增加了关于语言部分的考查，其他的与以往没有什么区别。如果你学过中文和英文以外的外语语种且学得不错，就一定要填上。但如果只是会简单的打招呼，那还是不建议填写了。

Family

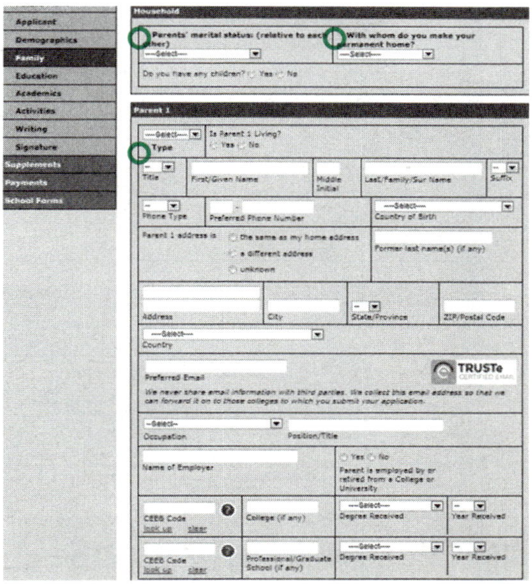

这里示例的是 parent 1 父亲的填法，母亲的填法与此相似。如果有兄弟姐妹，要在下面一栏填。

注意：父母的 occupation 要和他们开出的收入证明所显示的职业一致。

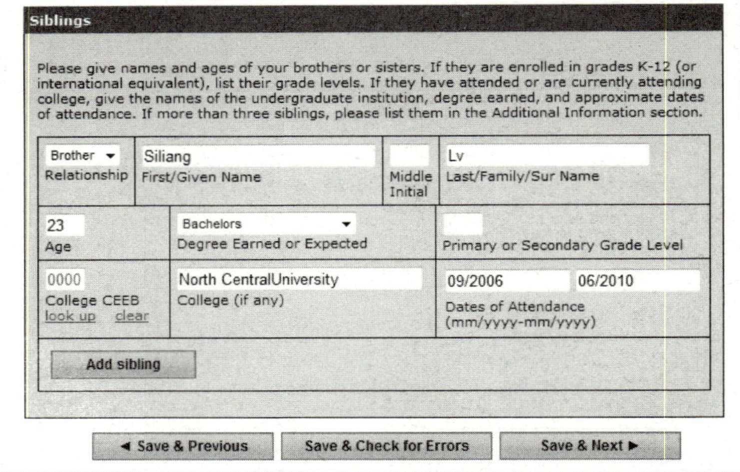

Siblings

Please give names and ages of your brothers or sisters. If they are enrolled in grades K-12 (or international equivalent), list their grade levels. If they have attended or are currently attending college, give the names of the undergraduate institution, degree earned, and approximate dates of attendance. If more than three siblings, please list them in the Additional Information section.

Brother Relationship	Siliang First/Given Name	Middle Initial	Lv Last/Family/Sur Name
23 Age	Bachelors Degree Earned or Expected		Primary or Secondary Grade Level
0000 College CEEB look up clear	North CentralUniversity College (if any)		09/2006 06/2010 Dates of Attendance (mm/yyyy-mm/yyyy)

Add sibling

◄ Save & Previous | Save & Check for Errors | Save & Next ►

Academics

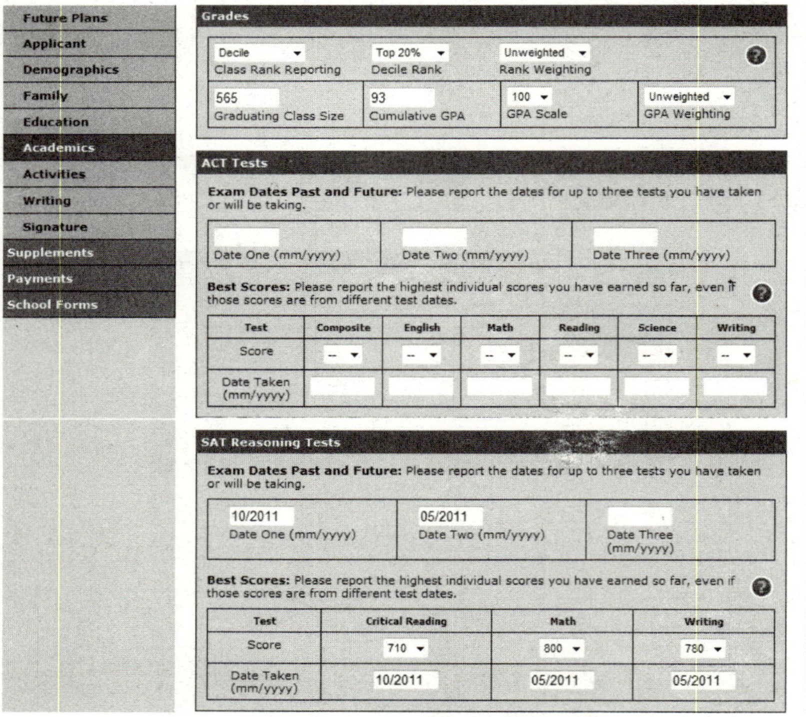

Future Plans
Applicant
Demographics
Family
Education
Academics
Activities
Writing
Signature
Supplements
Payments
School Forms

Grades

Decile Class Rank Reporting	Top 20% Decile Rank	Unweighted Rank Weighting	
565 Graduating Class Size	93 Cumulative GPA	100 GPA Scale	Unweighted GPA Weighting

ACT Tests

Exam Dates Past and Future: Please report the dates for up to three tests you have taken or will be taking.

Date One (mm/yyyy)	Date Two (mm/yyyy)	Date Three (mm/yyyy)

Best Scores: Please report the highest individual scores you have earned so far, even if those scores are from different test dates.

Test	Composite	English	Math	Reading	Science	Writing
Score	--	--	--	--	--	--
Date Taken (mm/yyyy)						

SAT Reasoning Tests

Exam Dates Past and Future: Please report the dates for up to three tests you have taken or will be taking.

10/2011 Date One (mm/yyyy)	05/2011 Date Two (mm/yyyy)	Date Three (mm/yyyy)

Best Scores: Please report the highest individual scores you have earned so far, even if those scores are from different test dates.

Test	Critical Reading	Math	Writing
Score	710	800	780
Date Taken (mm/yyyy)	10/2011	05/2011	05/2011

与以往不同，2013～2014 年 Academics 将以前 Test 的部分也合并了过来，Grades 部分也有所更改，学生可以按照学校的具体评分体制填写，更加方便体现自己学校的情况。

TOEFL/IELTS

Exam Dates Past and Future: Please report the dates for up to three tests you have taken or will be taking.

08/2011 Date One (mm/yyyy)	04/2011 Date Two (mm/yyyy)	Date Three (mm/yyyy)

Best Scores:

iBT Test	116 Score	08/2011 Date Taken (mm/yyyy)

AP/IB/SAT Subject Tests

Please list only the best SAT Subject, AP, and IB exam scores taken to date, focusing on the most recent tests taken. For example, if you've taken SAT American History twice, list only the sitting with the highest score. After reporting your best scores per test to date, you may list exams you plan to take in the future and leave the score blank.

Date (mm/yyyy)	Test	Subject	Score
06/2011	SAT Subject	Chemistry	800
06/2011	SAT Subject	Math Level 2C	800

Add test

Current Year Courses

YOUR RESPONSE MAY BE CUT OFF. LEARN MORE.

Please indicate title, level (AP, IB, advanced, 100-level, 200-level, etc.) and credit value of all courses you are taking this year (e.g. Honors English .5 credits , English 101 3 credits). Indicate quarter classes taken in the same semester on the appropriate semester line. If you have already graduated from secondary school and are not currently enrolled in college, please list the classes you took when last enrolled.

Full Year/ First Semester/ First Trimester	Second Semester/Trimester	Third Trimester
Math	Math	
English	English	
Biology	Georgraphy	
Physics	Physics	
PE	PE	

Add Course

Honors

YOUR RESPONSE MAY BE CUT OFF. LEARN MORE.

Briefly list any academic distinctions or honors you have received since the ninth grade or international equivalent (e.g. National Merit, Cum Laude Society).

Honor	Grade Level or post-graduate (PG)					Highest Level of Recognition			
	9	10	11	12	PG	School	State/ Regional	National	Inter-National
National Math Contest	☑	☐	☐	☐	☐	☐	☐	☑	☐
Municipal Best Leader	☐	☑	☐	☐	☐	☐	☑	☐	☐
School Best Student	☐	☐	☑	☐	☐	☑	☐	☐	☐

Add Honor

我国大陆学校很少有 CEEB/ACT Code，所以点击 look up 之后发现没有自己所在的高中，选择 not found，系统会自动生成 000000。Current Year Courses 要结合学校实际情况填写。

Honors 部分理论上只能填写 5 个 Honor，但是如果 honor 特别有效且特别多，可以填在 common app 的 additional information 处，前提是你要确认奖项是拿得出手的、特别有效的。但如果是拿了许多校级的奖项或评上的校级三好学生、学习标兵，都不太有价值。当然也不能造假，没有相印证的东西被查出后就被定为不诚信了。一般来说，市一级的奖项就不错了，国际级的很少见，国家级的应该是很好的了。如一个国家级数学竞赛的一等奖、二等奖就很拿得出手。但是如果真没有也无所谓，美国学校对这个是模棱两可的，校级奖项他们不太关注，国家级奖项会加分，但是影响不会太大。填表的时候按奖项的级别填写，级别高的优先，然后按时间顺序，靠近的为主。

Activities

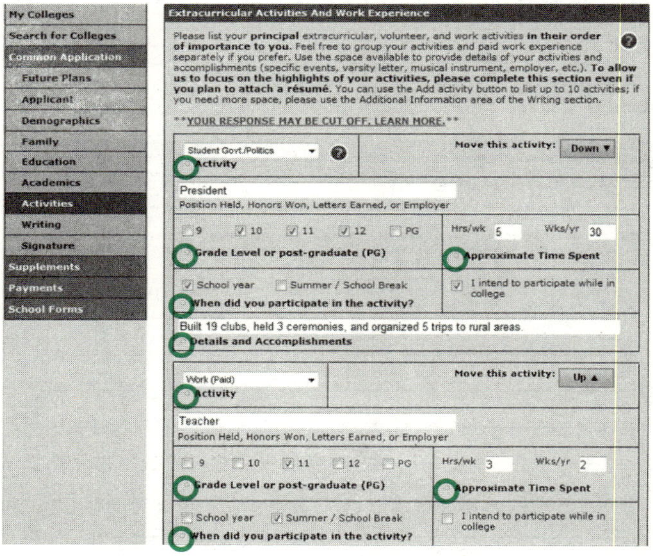

这部分是多数家长都不知道该怎么填但是又确实是很重要的一部分。它能体现学生的活动多样性和优势所在。通过活动要判断该申请者是否多元化，业余生活是否丰富，与此同时是否还能保持良好的学习成绩，由此来判断申请者有没有学习潜力。2013～2014 年 Commapp 将活动的填写数量从 12 个减少为了 10 个，可见课外活动不需要填太多。内容上涵括政治、学生会、体育、音乐社团等，重点找一个类别（category），实在没有就选 other。

该部分有三个地方要注意，首先就是承担的职位，拿到的认可认证。其实就是另一种展示自己荣誉的办法。如最佳辩手就写 best debator，校报编辑就写 editor，重点写自己被别人尊重和认可。其次是 Details and Accomplishments 部分，该部分是具体去写。就是按照准备简历的方式。使用三到四个动词，用过去式，动名词，动词短语，动宾结构等。这些都要用动词开头，不用加主语 I，we，our，有 bullet point，像写简历一样。参与时间别太夸张，合理就可以。一年 52 个礼拜别写 56 个；一周一百多个小时，别写 90 多个小时都在工作；不要写每天只 3 个小时睡觉剩下时间都在学习、搞活动……每天花 1 个小时，一年坚持 20 多个礼拜已经很不容易了。上大学之后继续参加与否，怎么写对方是不会介意的。再次是活动多了需要选择写哪个的时候，既要注意活动的重要性，又要注意多样性，搭配着写。没有必要把奖状复印件和其他资料一起寄，那样只会增加材料分类的痛苦。不用弄志愿者奖章，也不用发养老院照片然后盖个证明，通过你的描述其实就可以体会出来了。填表内容真假，一般不会被怀疑，因为在美国假设无罪，证明有罪；但是有地方不 consistent，就会被发现。有很多中介都会让附上证明和奖状，少则 20 多页，多则 50 多页，类似一本书的厚度，但是这种东西是没有人看的。如果是活动少就空着，没有必要填。编造反而会给人留下不好的印象。如问你目前遇到的最大的挫折是什么，你的回答如果是我有一次没考好，班里第二十名，那就会让人觉得此人见识非常狭隘，思维低级，没什么生活水平。事实上，我们从一些在录取委员会帮忙的人那里了解到，课外活动部分录取委员会仅是大概地看一下。但是一定要有，让他们觉得你不是个 boring 的人。2013～2014 年 Work experience 被合并到了 Activities 一栏，填写的方式还是和以往一样。工作定义为必须是有支付的，即别人给钱的。对于中国学生来说，除非有些孩子家庭背景强，能在大公司工作，在 essay 推荐信中提到了才会比较有用。

Writing

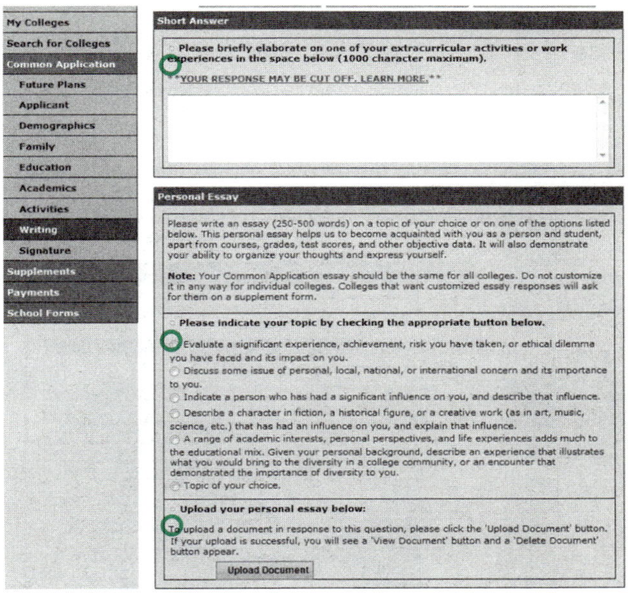

Short Answer 部分是有字数限制的，以往的 150 words 也改成了 2013～2014 年的 1000 Characters，限制得更加严格，所以一定要控制字数。

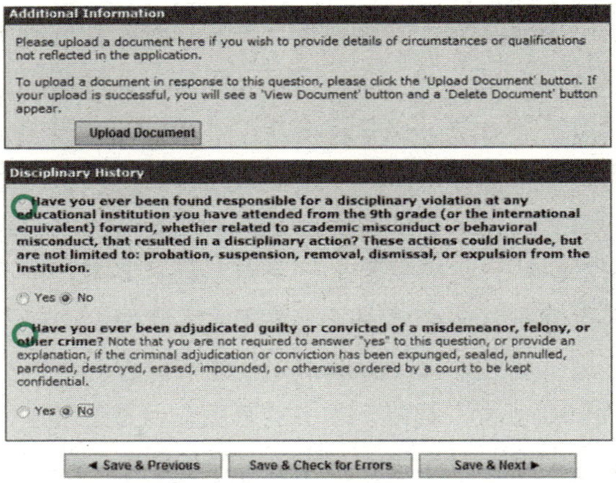

Additional Information

Please upload a document here if you wish to provide details of circumstances or qualifications not reflected in the application.

To upload a document in response to this question, please click the 'Upload Document' button. If your upload is successful, you will see a 'View Document' button and a 'Delete Document' button appear.

Upload Document

Disciplinary History

Have you ever been found responsible for a disciplinary violation at any educational institution you have attended from the 9th grade (or the international equivalent) forward, whether related to academic misconduct or behavioral misconduct, that resulted in a disciplinary action? These actions could include, but are not limited to: probation, suspension, removal, dismissal, or expulsion from the institution.

Yes No

Have you ever been adjudicated guilty or convicted of a misdemeanor, felony, or other crime? Note that you are not required to answer "yes" to this question, or provide an explanation, if the criminal adjudication or conviction has been expunged, sealed, annulled, pardoned, destroyed, erased, impounded, or otherwise ordered by a court to be kept confidential.

Yes No

◄ Save & Previous | Save & Check for Errors | Save & Next ►

关于 additional information 部分的利用，请参考以下对话：

Y： 如果 Honor, activity 没写完可以写附加文章吗？

G： 很多孩子喜欢提交附加文章，但是要确定加上去不会减分。理论上，你多交了东西，对方的工作量就大了，你要确定他们看了之后心情不烦躁、不反感、不 push，否则就会影响申请，让人觉得这孩子特别 aggressive。要有值得说的才说，如果不值得说，不要将其当成 essay 训练场。

Y： 如果确实存在特殊情况，可以在这里说明吗？

G： Special circumstance 可以说，比如撞车了，脑袋里长了瘤影响学习、工作，这个可以说，否则都别说。可以解释填表中的问题，比如犯了错误被抓过可以解释。

Signature

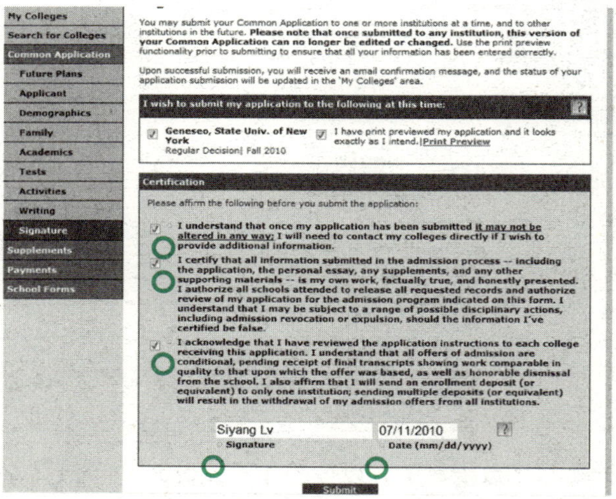

My Colleges
Search for Colleges
Common Application
Future Plans
Applicant
Demographics
Family
Academics
Tests
Activities
Writing
Signature
Supplements
Payments
School Forms

You may submit your Common Application to one or more institutions at a time, and to other institutions in the future. **Please note that once submitted to any institution, this version of your Common Application can no longer be edited or changed.** Use the print preview functionality prior to submitting to ensure that all your information has been entered correctly.

Upon successful submission, you will receive an email confirmation message, and the status of your application submission will be updated in the 'My Colleges' area.

I wish to submit my application to the following at this time:

Geneseo, State Univ. of New York
Regular Decision| Fall 2010

I have print previewed my application and it looks exactly as I intend.|Print Preview

Certification

Please affirm the following before you submit the application:

I understand that once my application has been submitted it may not be altered in any way; I will need to contact my colleges directly if I wish to provide additional information.

I certify that all information submitted in the admission process -- including the application, the personal essay, any supplements, and any other supporting materials -- is my own work, factually true, and honestly presented. I authorize all schools attended to release all requested records and authorize review of my application for the admission program indicated on this form. I understand that I may be subject to a range of possible disciplinary actions, including admission revocation or expulsion, should the information I've certified be false.

I acknowledge that I have reviewed the application instructions to each college receiving this application. I understand that all offers of admission are conditional, pending receipt of final transcripts showing work comparable in quality to that upon which the offer was based, as well as honorable dismissal from the school. I also affirm that I will send an enrollment deposit (or equivalent) to only one institution; sending multiple deposits (or equivalent) will result in the withdrawal of my admission offers from all institutions.

Siyang Lv | 07/11/2010
Signature | Date (mm/dd/yyyy)

Submit

这样 Common App 个人填表部分就完成了。

Payments

一般学校的 payments 都是要求在提交了 common app 主体和 supplements 部分之后可以交纳，但是各个学校具体的要求又有所不同。不同学校的申请费数额不等，有不少 LAC 是免费申请的，一般的申请费数额都在 30～75 美元之间，用信用卡交就可以了。

Supplements

Supplements 部分重要信息比较少，该问的都在 common app 里提到了。该部分即为再次确认姓名、邮箱、专业，可能需要多余的 essay 解释为什么选择该专业、选择什么学校等。

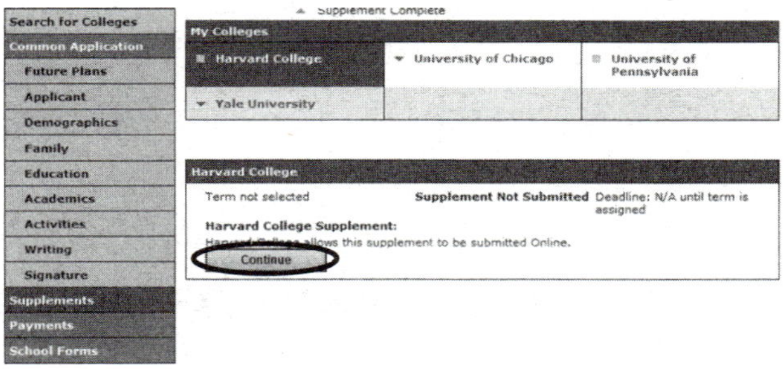

School Forms

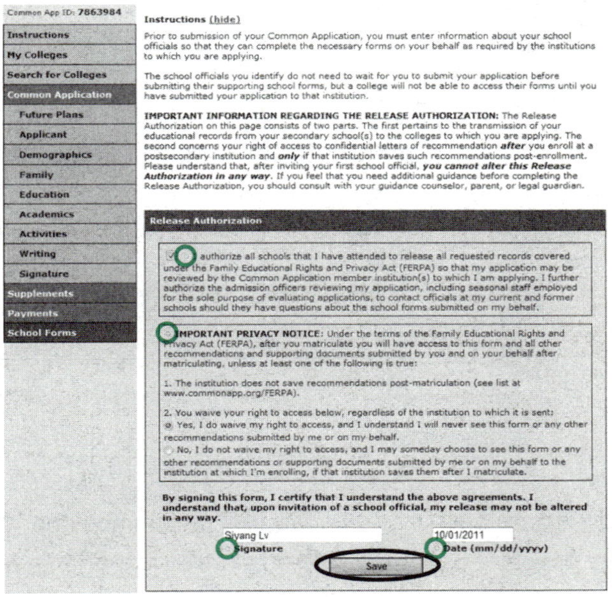

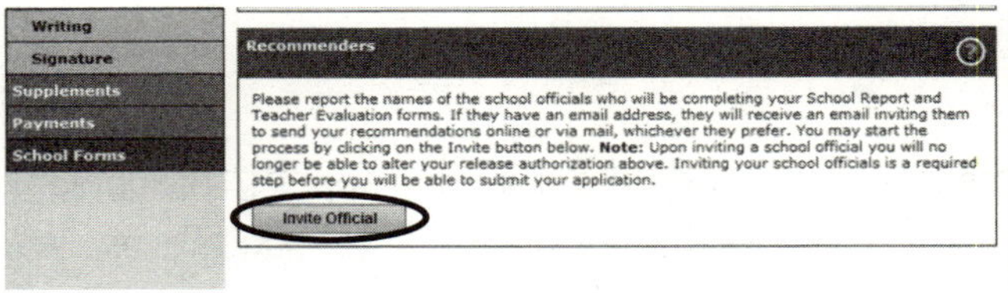

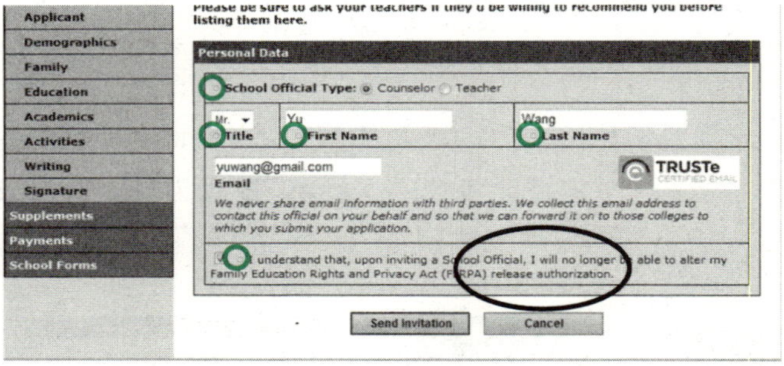

推荐两位老师。所有老师的邮箱一定要准确，因为 common app 会把确认邮件发送到老师的邮箱中，老师确认后，方可继续 school forms 部分的填写。在老师确认以后，页面会有所变更（见下图）。对于要申请的每所学校，都要选择一下用哪两位老师作为推荐信老师。

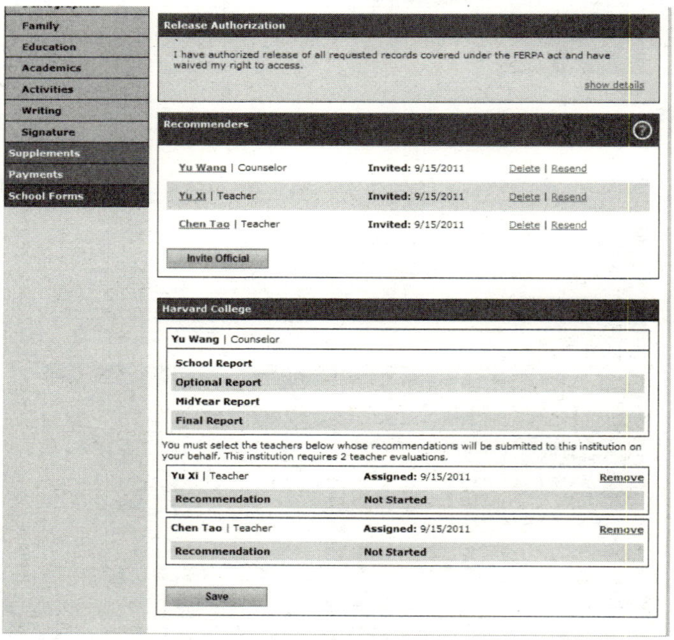

现在有些学校要求所有老师要填写的表格都要直接登录 common app 填写，invite 老师之后，common app 系统会给老师发去一封信，上面注明了老师可以用来登录 common app 的账号和密

码信息，老师填完所有的表格，上传成绩单和推荐信之后直接提交。今年有个新增表格叫 Optional Report，不是必须要填的，但如果学校需要对成绩单有额外的解释，可以填写这张表。

当然，除了可以直接在网上提交之外，还可以用传统的方法，打印纸质表格快递到学校去，一般学生有如下几个表需要打印：

1）Counselor School Forms：学生的综合评价表格，分为 School Report（高一、高二的考核评价），Midyear Report（高三上的考核评价，学期末寄出），Final Report（高三结业后寄出）。

2）Early Decision Agreement：如果有 ED 的学校，需要填写此表。

3）International Supplement to the Secondary School Report：美国以外的高中需要填写此表。

（注：以上三个表均为 counselor 填写。）

4）Teacher Evaluation Form：因为有两位推荐信老师，所以至少要印两份。

注意：所有的教师表格都需要申请者核对基本信息无误，将需要自己签字和勾注的部分填写完整，然后交给教师填写。

附录二　常见名词

Academic Index

A calculation based on standardized test scores and class rank (or equivalent) that is used by Ivy League colleges to ensure that athletic recruits have academic records that exceed a minimum threshold.

学术指数

基于入学考试成绩及班级排名的学术标准，常春藤盟校以此来衡量运动员类新生的学术表现是否超出了最低标准。

ACT

Short for ACT Assessment, a standardized college admissions test that is an alternative to the SAT.

美国大学入学考试

标准化大学入学测试的缩写，可替代 SAT。

Aid Analysis

Financial aid terminology for the determination of the expected family contribution college expenses based on the family's financial situation.

资助分析

基于学生的家庭经济状况来确定学费支付能力的分析。

Award Letter

Financial aid terminology for the document sent to a prospective student that indicates the amount and type of aid to be offered.

助学金通知函

用来通知学生学校能够提供其经济资助的数量以及类型。

Candidate Reply Date

Postmark date by which students must notify a college about their intention to enroll. May 1 is the standard date for students admitted during the regular decision cycle.

候选人答复日期

以邮戳日期为准，学生回复学校是否接受录取通知的截止日期，在常规申请类型中，学生应于 5 月 1 日之前回复学校。

Class Rank

The student's place based on a rank ordering of students in a class by grade point average(GPA).

班级排名

通过平均成绩得出的学生在所在班级的排名。

Common Application

Standardized application form accepted by more than 350 colleges. Some colleges also require a school-specific supplementary form.

常规申请

350 多所院校都接受标准化申请表，也有部分高校有自己特定的补充申请表。

Consortium

Several colleges that join together in a cooperative arrangement that allows students to take some courses and use library facilities on each campus.

大学联校

大学之间有合作协议，允许学生参加各联校的课程，而且可以使用其他联校的图书馆设施。

Core Curriculum

A group of specially designed courses in the humanities, arts, social sciences, and sciences designed to give students a strong foundation in general education.

基础课程

在人文、艺术、社会科学以及科学设计方面特别设计的课程，为学生的基础教育夯实基础。

Cost of Education

A financial aid terminology for total educational costs, including tuition, fees, books, room and board, incidentals, and travel home.

教育成本

教育成本包括学费、杂费、书费、食宿费用、路费以及其他费用。

Double Deposit

Unethical practice of sending deposits to hold places at two or more colleges while deciding between them.

双保证金

当难以抉择时，交付给两所或多所学校的占位费，这是很没诚信的做法。

Early Action (EA)

An application option that typically allows a student to apply by November 1 or November 15 and receive a decision by December 15 that does not bind the student to attend if admitted.

提前行动

申请类型之一，通常申请者在 11 月 1 日或 11 月 15 日之前递交申请，会在 12 月 15 日收到是否被录取的通知，但不具约束力，申请者可选择是否入学。

Early Decision (ED)

An application option that typically allows a student to apply by November I or November 15 and receive a decision by December 15 that commits the student to attend if admitted.

提前录取

通常此申请类型要求申请者在 11 月 1 日或 11 月 15 日之前递交申请，会在 12 月 15 日收到是否被录取的通知，具有约束力，申请者需接受学校录取。

ETS

Abbreviation for Educational Testing Service, administers the TOEFL and AP tests.

教育考试服务中心

美国教育考试服务中心负责组织 TOEFL 和 AP 考试。

Expected Family Contribution

Financial aid terminology for the amount of money a family is expected to contribute to a student's education based on methodology that considers income, assets, and other expenses.

预计家庭支付费用

预计学生家庭能支付的教育费用，此预计基于家庭收入、固定资产和其他费用。

FAFSA

Abbreviation for Free Application for Federal Student Aid, used to determine eligibility for federal financial aid.

美国联邦助学金

用于确定联邦财政援助的资格。（仅限美国居民申请，国际学生不能申请。）

Federal Methodology

The calculation of expected family contribution to the cost of college using the FAFSA.

联邦法则

用 FAFSA 预计家庭所能支付的大学费用。

Financial Aid Package

Total amount and types of aid a student receives from federal and nonfederal sources.

大学助学金

来自于联邦和非联邦的财政援助的金额及类型。

Gift Aid

Financial aid terminology for the grant portion of the financial aid package that does not have to be repaid or earned through work.

奖学金援助

作为礼物性质的金融援助，奖学金并不需要偿还，也不需要通过工作获得。

GPA

Abbreviation for grade point average, an overall average of a student's grades.

平均成绩

指学生的整体平均成绩。

1～20

1～20 是美国学校发给外国学生用来申请签证进入美国的通行证，上面载明了持该表学生就读的学校、系所、准予合法在美国居留的期限以及应提供财力证明的金额等重要事项。

收到 1～20 后，应注意以下几点：

仔细地查对表上的姓名、出生年、月、日以及所申请学校的科系等是否正确，如有不符，应立刻要求学校补发一份，并将错误说明清楚，再予退回。如果同时收到几个学校的 1～20，在考虑并选择后，应退回其他不去就读学校的 1～20，并附上一封信，表示谢意和遗憾，说不定将来还有可能再回到其中的某个学校攻读学位。

在接到一所学校给予的奖学金后，无须急于答复，因为可能会有更多更好的学校给予奖学金。到 4 月上、中旬再决定去哪一所学校，然后再把其他学校回绝掉。

1～20 上列有关于你个人的学位目标、应到校报到期限、预定毕业年限、学费、奖学金等重要资料，所以一定要特别留意。

一定要记得，复印一份 1～20 放在身边，1～20 正本在拿到学生签证时，会被放在一份密封的信封内，不得私自拆封，所以最好留一份复印件。

在收到 1～20 的同时，校方也会寄来许多有关学校设备、宿舍申请或社团介绍等各种资料。其中最重要的就是宿舍申请一项，住校与否要考虑多方面的因素，不过，首要的是弄清楚宿舍种类、租金、是否男女同楼、伙食情形等重要资料，再按自己的个性、经济情况酌情考量。

一旦决定后，千万要在申请截止日期前寄到，并附上应缴纳的申请费或保证金，这样才能顺利地申请到满意的宿舍。当然，如果有特殊请求或自己健康所需，如必须住在一楼，或不愿靠近宿舍大门等任何意见，都要在申请时说明清楚，可避免以后有问题要求更换宿舍时的麻烦；申请表上所有讯息也要阅读清楚之后再签名，尤其是保证金、申请费能否退回或有没有任何责任等，都要事先了解清楚。

Need-based Admissions

Admissions process that considers a student's ability to pay in the final admissions decision.

考虑学生支付能力的录取

在作最后录取决定时，考虑学生的支付学费能力的招生过程。

Need-Blind Admissions

不考虑学生支付能力的录取

Practice of reviewing an applicant's file and making an admissions decision without regard to the student's ability to pay.

在招生过程中，不考虑学生的学费支付能力。

Grant

Federal grant to students from low-income families.

奖学金

提供给来自低收入家庭学生的联邦奖学金。

FLUS loans

Acronym for Parent Loan to Undergraduate Students, a loan taken out by a parent that is not subsidized by the federal government.

教育金贷款

家长贷款以支付学生大学教育费用的缩写。由学生的父母贷款，以支付学生的大学教育费用。此贷款并不是由联邦政府资助的。

PSAT

Abbreviation for Preliminary SAT, A short version of the SAT that is typically taken in the fall by high school juniors (and sometimes by sophomores) as practice for the SAT and as a qualifying test for the National Merit Scholarship Program.

学术能力评估测试初级

通常是中学初级学生（有时会是二年级学生）为准备 SAT 参加的热身考试，在秋季举行，也是国家优秀奖学金的资格测试。

Regular Decision

Application process that involves applying by a late fall or early winter deadline in exchange for an admissions decision the following spring.

普通/常规申请

此申请的截止时期通常是秋末或冬初，来年春季即可以收到是否录取的通知。

REA (Restrictive Early Action)

A type of early action plan that places restrictions on the student's ability to apply early action or early decision to other schools.

限制性提前申请

限制学生向其他学校提出提前申请，即选择了此校的 REA 之后，不能再申请其他学校的提前申请形式。

Rolling Admission

A process by which colleges review and make decision about applications as they are received, the application cycle usually opens in the early fall and may extend into the spring or until the freshman class is filled.

滚动录取

滚动式录取的申请没有截止日期，申请的材料随到随申请，通常在初秋开始，直到来年的春季，或者是所有的录取名额发放完毕才结束录取。

SAT

The most widely taken standardized test for college admission, SAT is the full name — it is not an acronym. Revised effective March 2005, the test contains three parts: writing, critical reading, and math.

学术能力评估测试

美国最广泛的大学入学标准考试。于 2005 年 3 月修订生效，该测试包含写作、阅读和数学 3 部分。

Self-help

In financial aid terminology, the loan and work-study portions of a financial aid package.

自助

财政援助的一种形式，包括贷款和勤工助学形式。

Stafford Loans

Low-interest loans to students.

斯塔福德贷款

提供学生的低利率贷款。限于美国绿卡或公民申请。

Student Aid Report (SAR)

Official notification from the processing center that gives the results of the need analysis calculated from the FAFSA.

学生资助报告

助学金处理中心发出的官方报告，提供 FAFSA 计算的需求分析结果。

Student Search

Mechanism for colleges to receive the names of potential applications based on interests, and so forth. Students taking the SAT and ACT are invited to participate when they take those tests. Colleges purchase the names and addresses of students meeting certain criteria and use them for targeted mailings.

学生搜索

高校可使用搜索机制得到潜在申请者的姓名。学生在参加 SAT 和 ACT 考试时也会参加搜索机制。高校可以通过购买得到满足一定标准的学生的姓名和地址，并给他们发邮件。

Subsidized Loan

The loan for which the U.S. government pays the interest while the students is enrolled into school.

贴息贷款

学生入学后，由美国政府支付利息的贷款。

Transcript

Official record of a student's courses and grades, Colleges usually require an official transcript, sent directly from the high school, as part of the application.

成绩单

学生课程及相关成绩的官方报告。作为申请的一部分，大学通常要求申请者提供直接从申请者中学发出的正式成绩单。

附录三 2015 年美国院校排名情况

2015 年美国权威大学排名

关于美国大学的排名，有很多不同的版本，其中最权威的是 *US News*（《美国新闻》）的排名。以下就是其 2015 年美国大学最新本科的综合排名和文理学院的排名情况，以及《华尔街日报》顶级研究生院摇篮学校排名：

2015 年 US NEWS 美国大学最新本科综合排名		
1	Princeton University	普林斯顿大学
2	Harvard University	哈佛大学
3	Yale University	耶鲁大学
4	Columbia University	哥伦比亚大学
4	Stanford University	斯坦福大学
4	University of Chicago	芝加哥大学
7	Massachusetts Institute of Technology	麻省理工学院
8	Duke University	杜克大学
8	University of Pennsylvania	宾夕法尼亚大学
10	California Institute of Technology	加州理工学院
11	Dartmouth College	达特茅斯学院
12	Northwestern University	西北大学
13	Johns Hopkins University	约翰霍普金斯大学
14	Washington University in St.Louis	圣路易斯华盛顿大学
15	Cornell University	康奈尔大学
16	Brown University	布朗大学
16	University of Notre Dame	圣母大学
16	Vanderbilt University	范德堡大学
19	Rice University	莱斯大学
20	University of California, Berkeley	加州大学伯克利分校
21	Emory University	埃默里大学
21	Georgetown University	乔治敦大学
23	University of California, Los Angeles	加州大学洛杉矶分校
23	University of Virginia	弗吉尼亚大学
25	Carnegie Mellon University	卡内基梅隆大学

（续）

2015 年 US NEWS 美国大学最新本科综合排名		
25	University of South California	南加州大学
27	Tufts University	塔夫茨大学
27	Wake Forest University	威克森林大学
29	University of Michigan-Ann Arbor	密歇根大学安娜堡分校
30	University of North Carolina at Chapel Hill	北卡罗来纳大学教堂山分校
31	Boston College	波士顿学院
32	New York University	纽约大学
33	College of William and Mary	威廉玛丽学院
33	University of Rochester	罗彻斯特大学
35	Brandeis University	布兰迪斯大学
35	Georgia Institute of Technology	佐治亚理工学院
37	University of California-San Diego	加州大学圣地亚哥分校
38	Case Western Reserve University	凯斯西储大学
38	University of California-Davis	加州大学戴维斯分校
40	Lehigh University	里海大学
40	University of California-Santa Barbara	加州大学圣芭芭拉分校
42	Boston University	波士顿大学
42	Northeastern University	东北大学
42	Rensselaer Polytechnic Institute	伦斯勒理工学院
42	University of California-Irvine	加州大学欧文分校
48	University of Illinois at Urbana-Champaign	伊利诺伊大学香槟分校
47	University of Wisconsin-Madison	威斯康星麦迪逊分校
48	Pennsylvania State University-University Park	宾州州立大学帕克校区
48	University of Florida	佛罗里达大学
48	University of Miami	迈阿密大学
48	University of Washington	华盛顿大学
48	Yeshiva University	叶史瓦大学
53	University of Texas-Austin	得克萨斯大学奥斯汀分校
54	George Washington University	乔治华盛顿大学
54	Tulane University	杜兰大学
54	Pepperdine University	佩珀代因大学

（续）

2015 年 US NEWS 美国大学最新本科综合排名		
54	Ohio State University-Columbus	俄亥俄州立大学哥伦布分校
58	Fordham University	福特汉姆大学
58	Southern Methodist University	南卫理公会大学
58	Syracuse University	雪城大学
58	University of Connecticut	康涅狄格大学
62	Brigham Young University-Provo	杨百翰大学
62	Clemson University	克莱姆森大学
62	University of Maryland-College Park	马里兰大学帕克分校
62	University of Pittsburgh	匹兹堡大学
62	University of Georgia	佐治亚大学
62	Purdue University-West Lafayette	普渡大学西拉法叶校区
68	Texas A&M University-College Station	得州农工大学
68	Worcester Polytechnic Institute	伍斯特理工学院
70	Rutgers, the State University of New Jersey-New Brunswick	新泽西州立大学新布朗斯威克分校
71	University of Minnesota-Twin Cities	明尼苏达大学双城分校
71	Michigan State University	密歇根州立大学
71	University of Iowa	爱荷华大学
71	Virginia Tech	弗吉尼亚理工学院
71	American University	美利坚大学
71	Baylor University	贝勒大学
76	Stevens Institute of Technology	斯蒂文斯理工学院
76	University of Delaware	特拉华大学
76	SUNY College of Environmental Science and Forestry	纽约州立大学环境科学与林业学院
76	Clark University	克拉克大学
76	Indiana University-Bloomington	印第安纳大学伯明顿分校
76	Marquette University	马凯特大学
76	Miami University-Oxford	迈阿密大学牛津分校
76	Texas Christian University	得克萨斯基督教大学
76	University of Massachusetts--Amherst	马萨诸塞大学艾姆赫斯特分校
85	Michigan State University	密歇根州立大学
85	University of California-Santa Cruz	加州大学圣克鲁兹分校
85	University of Vermont	佛蒙特大学
88	Colorado School of Mines	科罗拉多矿业大学
88	University of Alabama	阿拉巴马大学
88	Stony Brook University--SUNY	纽约州立大学石溪分校

（续）

2015 年 US NEWS 美国大学最新本科综合排名		
88	University of Colorado--Boulder	科罗拉多大学波德尔分校
88	University of Denver	丹佛大学
88	University of Tulsa	塔尔萨大学
88	Binghamton University-SUNY	纽约州立宾汉姆顿大学
95	Drexel University	德雷赛尔大学
95	Florida State University	佛罗里达州立大学
95	North Carolina State University--Raleigh	北卡罗来纳州立大学
95	University of San Diego	圣地亚哥大学
99	St.Louis University	圣路易斯大学
99	University of Missouri	密苏里大学哥伦比亚分校
99	University of Nebraska--Lincoln	内拉布拉斯加大学林肯分校
99	University of New Hampshire	新罕布什尔大学

2015 年美国文理学院排名

US NEWS 2015 年美国文理学院排名		
1	Williams College	威廉姆斯学院
2	Amherst College	安默斯特学院
3	Swarthmore College	斯沃斯莫尔学院
4	Wellesley College	韦尔斯利学院
5	Pomona College	波莫纳学院
5	Bowdoin College	鲍登学院
7	Middlebury College	明德学院
8	Carleton College	卡尔顿学院
8	Haverford College	哈弗福德学院
8	Claremont McKenna College	克莱蒙特麦肯纳学院
11	Vassar College	瓦萨学院
11	Davidson College	戴维逊学院
13	United States Naval Academy	美国海军学院
14	Washington and Lee University	华盛顿与李大学
15	Hamilton College	汉密尔顿学院
15	Harvey Mudd College	哈威穆德学院

（续）

US NEWS 2015 年美国文理学院排名		
15	Wesleyan University	卫斯理大学
15	Colby College	科尔比学院
19	Smith College	史密斯学院
19	Bates College	贝茨学院
19	Grinnell College	格林奈尔学院
22	Colgate University	科尔盖特大学
23	Oberlin College	欧柏林学院
24	United States Military Academy	西点军校
24	Macalester College	马卡莱斯特学院
24	Scripps College	斯克利普斯学院
27	Bryn Mawr College	布林茅尔学院
27	Colorado College	科罗拉多学院
27	United States Air Force Academy	美国空军学院
30	University of Richmond	里士满大学
30	Kenyon College	肯尼恩学院
32	Barnard College	巴纳德学院
32	Bucknell University	巴克内尔大学
34	College of the Holy Cross	圣十字学院
35	Lafayette College	拉斐特学院
35	Pitzer College	匹兹学院
37	Skidmore College	斯基德莫尔学院
37	Whitman College	惠特曼学院
37	Dickinson College	狄金森学院
37	Franklin and Marshall College	富兰克林与马歇尔学院学校
41	Mount Holyoke College	曼荷莲学院
41	Union College	联合学院
41	Soka University of America	创价大学
44	Occidental College	西方学院
45	Bard College	巴德学院
45	Connecticut College	康涅狄格学院
45	Sewanee-University of the South	西沃恩南方大学

（续）

US NEWS 2015 年美国文理学院排名		
45	Trinity College	三一学院
45	Centre College	森特学院
50	Gettysburg College	葛底斯堡学院
51	Denison University	丹尼森大学
51	DePauw University	德堡大学
51	Furman University	弗尔曼大学
54	Rhodes College	罗兹学院
54	St. Olaf College	圣奥拉夫学院
56	St. John's College	圣约翰学院
56	St. Lawrence University	圣劳伦斯大学
56	Wheaton College	威顿学院
59	Lawrence University	劳伦斯大学
59	Sarah Lawrence College	
61	Wabash College	瓦贝希学院
61	Hobart and William Smith Colleges	霍巴特威廉史密斯学院
61	Beloit College	比洛特学院
64	Gustavus Adolphus College	古斯塔夫阿道尔夫学院
64	Willamette University	威拉米特大学
64	Kalamazoo College	卡拉马祖学院
64	Muhlenberg College	默兰伯格学院
64	Virginia Military Institute	弗吉尼亚军事学院
69	Berea College	伯利亚学院
69	College of Wooster	伍斯特学院
69	Wheaton College	威顿学院
73	Agnes Scott College	阿格尼丝斯科特学院
73	Earlham College	厄勒姆学院
73	Illinois Wesleyan University	伊利诺伊卫斯理大学
73	St.John's University	圣约翰大学
77	Wofford College	沃佛德学院
77	Lewis & Clark College	路易克拉克大学
77	Thomas Aquinas College	托马斯阿奎那斯学院

（续）

US NEWS 2015 年美国文理学院排名		
77	Reed College	瑞德学院
81	Spelman College	斯贝尔曼学院
81	Hendrix College	汉德里克斯学院
81	Knox College	诺克斯学院
81	Transylvania University	特兰西瓦尼亚大学
81	Allegheny College	阿勒格尼学院
81	University of Puget Sound	普及桑大学

《华尔街日报》顶级研究生院摇篮学校排名

《华尔街日报》根据学生未来进入美国顶级研究生院的比率，对大学和文理学院进行了排名，非常具有参考意义。该排会是《华尔街日报》将学生毕业后进入耶鲁法学院、斯坦福商学院、哈佛医学院等 **15** 所顶级研究生院的比例进行的排名。

1	Harvard University	哈佛大学
2	Yale University	耶鲁大学
3	Princeton University	普林斯顿大学
4	Stanford University	斯坦福大学
5	Williams College	威廉姆斯学院
6	Duke University	杜克大学
7	Dartmouth College	达特茅斯学院
8	Massachusetts Institute of Technology	麻省理工学院
9	Amherst College	阿默斯特学院
10	Swarthmore College	斯沃斯莫尔学院
11	Columbia University	哥伦比亚大学
12	Brown University	布朗大学
13	Pomona College	波莫纳学院
14	University of Chicago	芝加哥大学
15	Wellesley College	韦斯理大学
16	University of Pennsylvania	宾夕法尼亚州州立大学
17	Georgetown University	乔治敦大学

（续）

18	Haverford College	哈弗福德学院
19	Bowdoin College	鲍登学院
20	Rice University	莱斯大学
21	Northwestern University	西北大学
22	Claremont McKenna College	克莱蒙麦肯纳学院
23	Middlebury College	明德学院
24	Johns Hopkins University	约翰霍普金斯大学
25	Cornell University	康奈尔大学
26	Bryn Mawr College	布林莫尔女子学院
27	Wesleyan University	韦斯理安学院
28	California Institute of Technology	加州理工学院
29	Morehouse College	莫尔豪斯学院
30	University of Michigan	密歇根大学

附录四　投资回报最高的前 20 所美国大学

事实证明，在严峻的就业形势下，高学历能够提供比低学历更好的保护。不过，对于学生和家长来说，在高学历上的投资却可能让人望而生畏。

关于投资回报最高的 20 所美国大学的研究，由在线工资及薪酬信息公司 PayScale 进行。

该项研究对 700 所公立和私立院校的 140 万名大学毕业生自我申报的薪酬数据进行了考察。投资回报率是根据大学费用、毕业生的薪酬中值估计值，以及 4～6 年的在校时间计算出来的，其中大学费用包括学杂费、住宿费、教材和文具用品费用。费用没有将奖学金计算在内。30 年回报是扣除了物价因素的结果，年投资回报率包括 4%的年度工资涨幅。

研究表明，近年来，本科学位的投资回报率正在下滑，学历正在贬值，不过硕士学位、博士学位以及专业学位则回报率更高。研究还证实了人们长期以来所持的就读名牌大学确实很重要的观点——常春藤盟校、麻省理工、斯坦福在前 10 位中占了 6 位。

排名	院校名称	4 年平均学费	20 年投资回报	年均投资回报	毕业率
1	哈维姆德学院 Harvey Mudd College	\$229,500	\$980,900	8.8%	88%
2	加州理工学院 California Institute of Technology (Caltech)	\$220,400	\$837,600	8.3%	92%
3	麻省理工学院 Massachusetts Institute of Technology (MIT)	\$223,400	\$831,100	8.2%	93%
4	斯坦福大学 Stanford University	\$236,300	\$789,500	7.8%	95%
5	科罗拉多矿业大学（本州学生）Colorado School of Mines(In-State)	\$114,200	\$783,400	11.0%	67%
6	佐治亚理工学院（本州学生）Georgia Institute of Technology (In-State)	\$92,250	\$755,600	11.9%	79%
7	罗斯霍曼理工学院 Rose-Hulman Institute of Technology (RHIT)	\$217,400	\$736,200	7.8%	76%
8	纽约大学理工学院 Polytechnic Institute of New York University (NYU-Poly)	\$223,900	\$724,500	7.7%	62%
9	史蒂文理工学院 Stevens Institute of Technology	\$250,900	\$722,400	7.2%	78%

（续）

排名	院校名称	4年平均学费	20年投资回报	年均投资回报	毕业率
10	科罗拉多矿业大学（非本州学生）Colorado School of Mines(Out-Of-State)	$178,500	$719,000	8.6%	67%
11	巴布森学院 Babson College	$226,100	$716,700	7.6%	90%
12	麻省海事学院（本州学生）Massachusetts Maritime Academy (In-State)	$96,560	$702,100	11.3%	61%
13	普林斯顿大学 Princeton University	$217,300	$690,800	7.6%	96%
14	卡内基梅隆大学 Carnegie Mellon University (CMU)	$236,200	$678,500	7.2%	87%
15	曼哈顿大学 Manhattan College	$178,300	$675,600	8.3%	75%
16	佐治亚理工学院 Georgia Institute of Technology (Out-Of-State)	$178,500	$669,300	8.3%	79%
17	达特茅斯学院	$233,600	$666,000	7.1%	96%
18	Dartmouth College	$220,700	$664,900	7.4%	84%
19	伍斯特理工学院	$90,330	$664,400	11.4%	55%
20	Worcester Polytechnic Institute (WPI)	$98,170	$661,000	10.9%	65%

来源：http://www.payscale.com/college-roi

附录五　2015年美国前100名大学秋季入学截止日期汇总

ED学校录取截止日期

学校排名	学校	截止日期
	单 ED UNIVERSITY	
4	Columbia University	11/01/2015
8	University of Pennsylvania	11/01/2015
8	Duke University	11/01/2015
11	Dartmouth College	11/01/2015
13	Northwestern University	11/01/2015
12	Johns Hopkins University	11/01/2015
16	Brown University	11/01/2015

（续）

学校排名	学校	截止日期
	单 ED UNIVERSITY	
15	Cornell University	11/01/2015
19	Rice University	11/01/2015
29	University of Michigan-Ann Arbor	11/01/2015
42	Boston University	11/01/2015
33	College of William & Mary	11/01/2015
48	University of Miami	11/01/2015
76	Miami University-Oxford	11/15/2015
14	Washington University in St. Louis	11/15/2015
27	Wake Forest University	11/15/2015
58	Syracuse University	11/15/2015
76	State University of New York-College of Environmental and Forestry	12/01/2015
	双 ED UNIVERSITY	
25	Carnegie Mellon University	ED:11/01/2015
42	Rensselaer Polytechnic Institute	ED1:11/01/2015 ED2:12/15/2015
16	Vanderbilt University	ED1:11/01/2015 ED2:01/01/2015
27	Tufts University	
21	Emory University	ED1:11/01/2015 ED2:01/01/2015
32	New York University	
33	University of Rochester	
54	George Washington University	ED:11/10/2015
40	Lehigh University	ED1:11/15/2015 ED2:01/01/2015
35	Brandeis University	
76	Stevens Institute of Technology	ED1: 11/15/2015 ED2: 1/15/2015
71	American University	ED1:11 /15/2015 ED2: 01/15/2015

EA 学校录取截止日期

学校排名	学校	截止日期
35	Georgia Institute of Technology	10/15/2015
30	University of North Carolina at Chapel Hill	10/15/2015
62	University of Georgia	10/15/2015
2	Harvard University	11/01/2015
1	Princeton University	11/01/2015
3	Yale University	11/01/2015
10	California Institute of Technology	11/01/2015
7	Massachusetts Institute of Technology	11/01/2015
4	Stanford University	11/01/2015
4	University of Chicago	11/01/2015
16	University of Notre Dame	11/01/2015

（续）

学校排名	学　　校	截止日期
21	Georgetown University	11/01/2015
23	University of Virginia	11/01/2015
31	Boston College	11/01/2015
38	Case Western Reserve University	11/01/2015
47	University of Wisconsin-Madison	11/01/2015
48	University of Miami	11/01/2015
54	Tulane University	11/15/2015
58	Fordham University	11/08/2015
71	Baylor University	11/01/2015
42	Northeastern University	11/01/2015
58	Southern Methodist University	11/01/2015
70	Rutgers, The State University of New Jersey-New Brunswick	11/08/2015
76	Clark University	11/01/2015
88	University of Tulsa	11/01/2015
88	University of Denver	11/01/2015
85	University of Vermont	11/01/2015
76	University of Massachusetts-Amherst	11/01/2015
88	Binghamton University-SUNY	11/15/2015
76	Miami University-Oxford	12/01/2015
88	University of Colorado-Boulder	12/01/2015
76	Texas Christian University	EA1:11/01/2015 EA2:1/1/2015
68	Worcester Polytechnic Institute	EA1:11/01/2015 EA2:01/01/2015
42	Boston University	EAJ:01/01/2015
4	University of Chicago	11/01/2015
21	Emory University	EAJ:06/15/2015

RD 学校录取截止日期

学校排名	学　　校	截止日期
62	University of Maryland-College Park	01/20/2015
48	University of Florida	11/01/2015
62	Purdue University-West Lafayette	01/01/2015
20	University of California, Berkeley	11/30/2015
23	University California, Los Angeles	11/30/2015
37	University of California-San Diego	11/30/2015
38	University of California-Davis	11/30/2015
40	University of California-Santa Barbara	11/30/2015
42	University of California-Irvine	11/30/2015
85	University of California-Santa Cruz	11/30/2015
53	University of Texas-Austin	12/01/2015

（续）

学校排名	学　　校	截止日期
62	Clemson University	05/01/2015
70	Rutgers, The State University of New Jersey-New Brunswick	12/01/2015
76	Marquette University	03/01/2015
99	University of Missouri	03/01/2015
48	University of Washington	12/01/2015
71	University of Minnesota-Twin Cities	12/16/2015
3	Yale University	12/31/2015
16	University of Notre Dame	01/01/2015
2	Harvard University	01/01/2015
1	Princeton University	01/01/2015
4	Columbia University	01/01/2015
7	Massachusetts Institute of Technology	01/01/2015
4	Stanford University	01/01/2015
8	University of Pennsylvania	01/01/2015
11	Dartmouth College	01/01/2015
12	Johns Hopkins University	01/01/2015
16	Brown University	01/01/2015
19	Rice University	01/01/2015
25	Carnegie Mellon University	01/01/2015
23	University of Virginia	01/01/2015
27	Wake Forest University	01/01/2015
31	Boston College	01/01/2015
33	College of William & Mary	01/01/2015
32	New York University	01/01/2015
33	University of Rochester	01/01/2015
40	Lehigh University	01/01/2015
48	University of Miami	01/01/2015
42	Boston University	01/01/2015
58	Syracuse University	01/01/2015
4	University of Chicago	01/01/2015
8	Duke University	01/01/2015
13	Northwestern University	01/01/2015
15	Cornell University	01/01/2015
42	University of Illinois-Urbana-Champaign	01/02/2015
48	Pennsylvania State University-University Park	02/01/2015
10	California Institute of Technology	01/01/2015
16	Vanderbilt University	01/01/2015
27	Tufts University	01/01/2015
30	University of North Carolina at Chapel Hill	01/10/2015
54	Pepperdine University	01/05/2015
21	Georgetown University	01/01/2015

（续）

学校排名	学　校	截止日期
25	University of Southern California	01/15/2015
35	Georgia Institute of Technology	01/10/2015
54	George Washington University	01/15/2015
14	Washington University in St. Louis	01/15/2015
21	Emory University	01/01/2015
35	Brandeis University	01/01/2015
38	Case Western Reserve University	01/15/2015
42	Rensselaer Polytechnic Institute	01/15/2015
54	Tulane University	01/15/2015
58	Fordham University	01/01/2015
62	University of Georgia	01/15/2015
68	Texas A&M University-College Station	12/01/2015
42	Northeastern University	01/01/2015
58	Southern Methodist University	01/15/2015
71	Virginia Tech	01/15/2015
71	American University	01/15/2015
76	SUNY College of Environmental Science and Forestry	02/01/2015
88	University of Denver	01/15/2015
85	University of Vermont	01/15/2015
76	Clark University	01/15/2015
88	University of Colorado-Boulder	01/15/2015
76	University of Massachusetts-Amherst	01/15/2015
95	University of San Diego	12/15/2015
62	University of Maryland-College Park	01/20/2015
29	University of Michigan-Ann Arbor	02/01/2015
47	University of Wisconsin-Madison	02/01/2015
48	Yeshiva University	02/01/2015
54	Ohio State University-Columbus	02/01/2015
76	Miami University-Oxford	02/01/2015
58	University of Connecticut	01/15/2015
68	Worcester Polytechnic Institute	02/01/2015
62	Brigham Young University-Provo	02/01/2015
71	Baylor University	02/01/2015
88	University of Alabama	03/01/2015
88	University of Tulsa	02/01/2015
103	Auburn University	02/01/2015
95	Drexel University	01/15/2015
76	Stevens Institute of Technology	02/01/2015
88	Binghamton University-SUNY	02/15/2015
76	Texas Christian University	12/15/2015
71	University of Iowa	05/01/2015

（续）

学校排名	学　　校	截止日期
88	Colorado School of Mines	04/01/2015
76	Indiana University Bloomington	02/01/2015
76	State University of New York-College of Environmental and Forestry	02/01/2015
62	University of Pittsburgh	04/01/2015

ROLLING 学校录取截止日期

学校排名	学　　校	截止日期
85	Michigan State University	ROLLING
99	St. Louis University	08/01/2015

附录六　2015 年美国前 30 名大学补充文书题目汇总

绝大多数学校都支持通用申请系统，所以考生需要在通用申请（Common Application）上提交部分材料，其余部分按照学校要求的补充要求（Supplemental Requirements）（额外要求的部分）来提交。

以下所给的题目各个都有代表性，我们并没有完全翻译，仅给学生部分中文提示，且仅是前 30 名大学补充文书题目汇总，不完全按今年排名。

Princeton University

Use the Common Application essay questions plus supplemental essay or two of the following with the Princeton application.

In addition to the 500-word essay you have written for the Common Application, please select one of the following themes and write an essay of about 300 words in response.

Please do not repeat, in full or in part, the essay you wrote for the Common Application.

1. Tell us about a person who influenced you in a significant way.

2. Using the statement below as a jumping off point, tell us about an event or experience that helped you define one of your values or changed how you approach the world.

"Princeton in the Nation's Service" was the title of a speech given by Woodrow Wilson on the 150th anniversary of the University. It became the unofficial Princeton motto and was expanded for the University's 250th anniversary to "Princeton in the nation's service and in the service of all nations."

— Woodrow Wilson, Princeton Class of 1879, served on the faculty and was Princeton's president from 1902～1910.

3. Using the quotation below as a starting point, reflect on the role that culture plays in your life.

"Culture is what presents us with the kinds of valuable things that can fill a life. And in so far as we can recognize the value in those things and make them part of our lives, our lives are meaningful."

Gideon Rosen, Stuart Professor of Philosophy, chair of the Council of the Humanities and director of the Program in Humanistic Studies, Princeton University.

4. Using a favorite quotation from an essay or book you have read in the last three years as a jumping off point, tell us about an event or experience that helped you define one of your values or changed how you approach the world. Please write the quotation at the beginning of your essay.

5. Engineering Essay — If you are interested in pursuing a B.S.E. (Bachelor of Science in Engineering) degree, please write a 300～500 word essay describing why you are interested in studying engineering, any experiences in or exposure to engineering you have had, and how you think the programs in engineering offered at Princeton suit your particular interests.

普林斯顿大学

使用通用申请的作文题目，并另附补充作文或者任选以下两个命题。

除 500 词的通用作文题目外，请在以下主题中任选一个进行写作，词数在 300 词左右。

附加作文请不要与你的通用作文重复（全部或部分重复都不可以）。

1．请谈一个对你有重大影响的人。

2．请对以下内容进行展开，谈谈帮助你定义价值观或者改变你世界观的某个事件或某个经历。

“普林斯顿服务于全国”是伍德罗・威尔逊在大学 150 周年纪念日所演讲的题目。它成为普林斯顿非官方的座右铭，并延续到大学 250 周年庆典上：“普林斯顿服务于全国以及全世界。”

——伍德罗・威尔逊，1902～1910 年期间任职普林斯顿 1879 届校长。

3．请对以下内容进行展开，谈谈文化对你的生活的作用。

“文化对于我们的生活非常有意义。我们能意识到文化的价值以及对我们生活的意义。”

——基甸・罗森，普林斯顿大学，斯图亚特哲学教授，人文科学委员会主席，人文课题研究总监。

4．请对你最近三年中读过的某本书或某篇文章中最喜爱的一段话进行展开，谈谈帮助你定义价值观或者改变你世界观的某个事件或某个经历，请在文章的开头写出你最喜爱的这段话。

5．工程专业作文——如果你有兴趣申请 B.S.E（科学工程学士），请谈谈你为什么对工程项目感兴趣，你是否有工程经验，你觉得普林斯顿提供的工程项目如何迎合了你的兴趣。

Harvard University

Use the Common Application essay questions plus optional supplemental essays.

Occasionally, students feel that college application forms do not provide a sufficient opportunity to convey important information about themselves or their accomplishments. If there is something you would like us to know, please inform us below. If you wish to include an additional essay, you may do so.

Possible topics:

- Unusual circumstances in your life
- Travel or living experiences in other countries
- A letter to your future college roommate
- An intellectual experience (course, project, paper or research topic) that has meant the most to you
- How you hope to use your college education
- A list of books you have read during the past twelve months

哈佛大学

使用通用申请的作文题目，并另附补充作文。

有时候，同学们会认为大学的申请表并没有提供足够的平台，能够让其充分地自我展现或表达取得的成就。如果同学们还有什么想让我们了解的，请通过文书部分来告诉我们。如果你想选择附加文章，请参考如下：

参考主题：

- 你曾经历的特殊事件。
- 在他国旅行或生活的经历。
- 给你未来大学室友的一封信。
- 对你最重要的一次学术经历（课程、项目、论文或研究课题）。
- 你在过去一年中所阅读的书单。

Yale University

Use the Common Application essay questions plus supplemental essay and short takes.

Please note that the Yale freshman application will be available on the Common Application website on September 1. The Yale Supplement will ask candidates to provide one additional required essay for all applicants, and one optional essay for prospective engineering majors. The essay prompts for the 2012-2013 Yale Supplement are as follows:

In this second essay, please reflect on something that you would like us to know that we might not learn from the rest of your application — or something that you would like to say more about. We ask that you limit your essay to fewer than 500 words. Before you begin, we encourage you to go to http://admissions.yale.edu/essay, where you will find helpful advice.

Optional essay for prospective engineering majors:

If you selected one of the engineering majors, please write a brief third essay telling us what has led you to an interest in this field of study, what experiences (if any) you have had in engineering, and what it is about Yale's engineering program that appeals to you.

耶鲁大学

使用通用申请的作文题目，并另附补充作文及简短问答。

在第二篇文书题目中，你可以让我们了解一些在你的申请中没有提到的信息，或者是你希望补充的一些其他信息。字数要少于 500 字，在写之前，我们建议你访问耶鲁大学的网站 http://admissions.yale.edu/essay，你可以发现很多信息会对你的文书写作有帮助的。

工程专业文书题目：如果你选择工程专业的话，请再写一篇文书，告诉我们你为什么选择工程学专业，你在工程学领域是否有相关的经历，为什么耶鲁大学的工程项目比较适合你?

Columbia University

Use the Common Application essay questions plus short answer questions.

Please tell us what you found meaningful about one of the above mentioned books, publications or cultural events.

Please tell us what you find most appealing about Columbia and why.

For applicants to Columbia College, please tell us what from your current and past experiences (either academic or personal) attracts you specifically to the field or fields of study that you noted in the Application Data section. If you are currently undecided, please write about any field or fields in which you may have interest at this time.

For applicants to The Fu Foundation School of Engineering and Applied Science, please tell us from your current and past experiences (either academic or personal) what attracts you specifically to the study of engineering.

哥伦比亚大学

简短问答

请讲讲你从上面（申请表格里曾问过）提到的书、文章或文化活动中感受到的意义。

哥伦比亚什么地方吸引你，为什么。

如果你申请哥伦比亚学院，请谈谈你为什么选择你在申请表中填的专业。如果你还没有决定选什么专业，请从你现在或过去的经历（学术或个人）的角度谈谈你想选的专业。

如果你申请 Fu Foundation 工程学院，请从你现在或过去的经历（学术或个人）的角度谈谈你为什么喜欢学工程学。

Stanford University

Use the Common Application essay questions plus Stanford supplemental essays.

The Stanford Supplement Short Essays

Candidates respond to all three essay topics using at least 250 words, but not exceeding the space provided.

1. Stanford students possess intellectual vitality. Reflect on an idea or experience that

has been important to your intellectual development.

2. Virtually all of Stanford's undergraduates live on campus. Write a note to your future roommate that reveals something about you or that will help your roommate — and us — know you better.

3. What matters to you, and why?

斯坦福大学

使用通用申请文书题目，并另附斯坦福的补充作文。

请申请者回答以下 3 个问题或主题。不少于 250 字，但请不要超出附加作文提供的空间。

- 斯坦福学生以学术热情而著称。请谈谈使你对学术产生兴趣的经历或想法。
- 斯坦福的本科生几乎都在校园住宿生活，你会如何向你的室友介绍自己？请谈谈你自己，以便你的室友和我们能够更加了解你。
- 你看重什么事情，为什么？

University of Chicago

Use the Common Application essay questions plus supplemental essays.

The University of Chicago has long been renowned for its provocative essay questions.

ESSAYS

2012-13 essay questions:

Essay Option 1.

"A man cannot be too careful in the choice of his enemies." — Oscar Wilde.

Othello and Iago. Dorothy and the Wicked Witch. Autobots and Decepticons. History and art are full of heroes and their enemies. Tell us about the relationship between you and your arch-nemesis (either real or imagined).

Inspired by Martin Krzywy, admitted student Class of 2016.

Essay Option 2.

Heisenberg claims that you cannot know both the position and momentum of an electron with total certainty. Choose two other concepts that cannot be known simultaneously and discuss the implications. (Do not consider yourself limited to the field of physics).

Inspired by Doran Bennett, BS'07 Chemistry and Mathematics.

Essay Option 3.

Susan Sontag, AB'51, wrote that "[s]ilence remains, inescapably, a form of speech." Write about an issue or a situation when you remained silent, and explain how silence may speak in ways that you did or did not intend. The Aesthetics of Silence, 1967.

Anonymous submission.

Essay Option 4.

"...I was eager to escape backward again, to be off to invent a past for the present." — The Rose Rabbi by Daniel Stern

Present:

1. Something that is offered, presented, or given as a gift.

Let's stick with this definition. Unusual presents, accidental presents, metaphorical presents, re-gifted presents, etc. — pick any present you have ever received and invent a past for it.

Inspired by Jennifer Qin, admitted student Class of 2016.

Essay Option 5.

In the spirit of adventurous inquiry, pose a question of your own. If your prompt is original and thoughtful, then you should have little trouble writing a great essay. Draw on your best qualities as a writer, thinker, visionary, social critic, sage, citizen of the world, or future citizen of the University of Chicago; take a little risk, and have fun.

Essay Option 6.

So where is Waldo, really?

Inspired by Robin Ye, admitted student Class of 2016.

Massachusetts Institute of Technology

Short Response Questions and Essays

Rather than asking you to write one long essay, the MIT application consists of several short response questions and essays designed to help us get to know you. Remember that this is not a writing test. These are the places in the application where we look for your voice — who you are, what drives you, what's important to you, what makes you tick. Be honest, be open, be real — this is your opportunity to connect with us.

In the MIT application, we're not looking for one long, highly-polished essay. Instead, interspersed throughout the application will be short answer questions designed to help us get to know you. Just be yourself.

1. We know you lead a busy life, full of activities, many of which are required of you. Tell us about something you do for the pleasure of it.

2. Although you may not yet know what you want to major in, which department or program at MIT appeals to you and why?

3. What attribute of your personality are you most proud of, and how has it impacted your life so far? This could be your creativity, effective leadership, sense of humor, integrity, or anything else you'd like to tell us about.

4. Describe the world you come from; for example, your family, clubs, school, community, city, or town. How has that world shaped your dreams and aspirations?

5. Tell us about the most significant challenge you've faced or something important that didn't go according to plan. How did you manage the situation?

麻省理工学院

简短的问题回答及作文写作

与其要求你长篇大论，不如用几个简短的问题回答和作文写作能使我们更加深入地了解你。请注意，这不是写作测试，我们只是想了解你——你是谁，什么能激励你，什么对你来说很重要，什么是你成功的因素。请诚实地自我表达——这是你与我们沟通的机会。

在 MIT 的申请过程中，我们并不是要寻找一篇长篇大论，并且被高度提炼过的文章。相反，整个申请中的一些简短回答倒可以帮助我们了解申请者这个人。所以做你自己，写出属于自己的独特故事。

1. 我们知道你平时很忙，需要参加各种各样的活动，当然这其中有很多是你必须参加的。介绍一项你比较喜欢的放松方式。

2. 尽管你现在还不知道想学什么专业，但是请告诉我们是 MIT 的什么项目或者是哪个学院吸引了你，为什么？

3. 你的性格特点当中，哪一项是你最引以为自豪的？到现在为止，它是如何影响你的生活的？可以是创造力、领导力、幽默感或者是其他一些你希望和我们分享的特质。

4. 描述你周围的环境，比如你的家庭、你参加的俱乐部、你就读的学校、社区或者是城市等。这些环境是如何影响你的梦想和抱负的？

5. 告诉我们你曾经面临的一次最大的挑战，或者是一些根本就没有按照既定计划进行的重大事件，你是如何应对的？

Duke University

Use the Common Application essay questions plus supplemental essay.

Your answer to the following questions will be evaluated along with the essay you'll write as part of the Common Application or the Universal College Application. We encourage you to take advantage of this additional opportunity to let us know about your intellectual and personal interests. Please limit each answer as indicated.

The following questions are required for engineering and transfer applicants. Please limit your response to one to three paragraphs.

a. (For Engineering Applicants Only) If you are applying to the Pratt School of Engineering, please discuss why you want to study engineering and why you would like to study at Duke.

b. (For Transfer Applicants Only) Consider the books, essays, poems, or journal articles you have read over the last year or two, either for school or leisure. Please discuss the way in which one of them has changed your understanding of the world, other people, or yourself.

The following questions are optional. If you choose to answer them, please do so on an additional page.

a. (For Arts & Sciences Applicants Only) If you are applying to Trinity College of Arts & Sciences, please discuss why you consider Duke a good match for you. Is there something in particular at Duke that attracts you? Please limit your response to one or two paragraphs.

b. We seek to understand and appreciate you as an individual. If there is a parent, sibling, other relative, friend, or mentor who you think could help us do that, we would be happy to receive a one-page letter from one of them. (It must be mailed to our office by January 2, 2013.) This optional information will be considered in our understanding of you as a person, but it will not be formally evaluated as part of your application.

杜克大学

使用通用申请文书题目，并另附补充作文。

请对以下问题作答，我们会将你的通用申请或联校申请的作文一起评估。我们鼓励你利用这个机会谈谈你的思想和个人兴趣。请看提示作答。

- （仅限工程专业申请者）如果你申请普拉特工程学院，请谈谈你为什么要学习工程以及为何选择杜克。
- （仅限转学申请者）谈谈在过去的一两年里，你在学校或课余读的某本书、论文、诗歌或杂志，是什么改变了你看待世界、他人或对自己的看法?

以下问题是可选项，如果你选择回答这些问题，请另附一页纸。

- （仅文理学院申请者）如果你想转到三一文理学院，请谈一下为什么你选择杜克？杜克有哪些特殊的地方吸引了你？请将回答限制在一至两段。
- 我们想从个人生活角度了解你、欣赏你。如果你的父母、兄弟姐妹、亲戚朋友或导师能为你写一封推荐信让我们更好地了解你，我们会非常高兴地接受，请将内容限制在一页并且在 2013 年 1 月 2 日之前寄送至大学录取委员会。这些信息只是帮助我们了解你这个人，而不会作为正式的申请材料来审核。

University of Pennsylvania

As a part of the Common Application, applicants must complete a personal essay. Additionally, Penn applicants must respond to one short answer and one essay in the Penn Supplement to the Common Application.

For entry Fall 2013, essay questions for the Penn Supplement to the Common Application are:

(Required of all applicants)

Short Answer:

A Penn education provides a liberal arts and sciences foundation across multiple disciplines with a practical emphasis in one of four undergraduate schools: the College of Arts and Sciences, Penn Engineering, the School of Nursing, and the Wharton School.

Given the undergraduate school to which you are applying, please discuss how you will engage academically at Penn.

(Please answer in 300 words or less.)

Essay:

Ben Franklin once said, "All mankind is divided into three classes: those that are immovable, those that are movable, and those that move."

Which are you?

(Please answer in 300～500 words.)

California Institute of Technology

Use the Common Application essay questions plus optional supplemental essays.

We are interested in learning more about your personality, values and interests. Limiting yourself to the space provided, please answer the following questions.

1. What key words would your friends use to describe you?

2. Please list three books, along with their authors, that have been particularly meaningful to you. For each book, please include a sentence explaining their influence upon you. Please note that your response is not limited to math, science or school-assigned texts.

3. Members of the Caltech community live, learn and work within an Honor System with one simple guideline; "No member shall take unfair advantage of any other member of the Caltech community." While seemingly simple, questions of ethics, honesty and integrity are sometimes challenging. Share an ethical dilemma that has challenged you. How did you respond? Your response is not limited to academic situations.

4. Caltech students have long been known for their quirky sense of humor and creative pranks. Please describe an unusual way in which you have fun.

Essay

Scientific exploration clearly excites you (otherwise you wouldn't be applying to Caltech). What is about Caltech's opportunities and resources that will be fuel your intellectual curiosity and develop you passion for science, technology, math or engineering?

加州理工学院

显然，科学发现令你兴奋，否则你也不会申请加州理工学院。请告诉我们是加州理工学院的什么机会和资源燃起你的求知欲，开发你在科学、技术、数学和工程学等方面的潜力的？

Dartmouth College

Use the Common Application essay questions.

Northwestern University

Use the Common Application essay questions.

Northwestern University Uses the Common Application essay questions and supplemental question.

What are the unique qualities of Northwestern — and of the specific undergraduate school to which you are applying — that make you want to attend the University? In what ways do you hope to take advantage of the qualities you have identified?

西北大学

使用通用申请文书题目。

西北大学使用通用申请文书题目和补充问题。

西北大学吸引你的独特之处以及你所申请的本科学院的独特之处是什么？你想如何充分利用这些特质？

Johns Hopkins University

Students applying as freshmen to Johns Hopkins using the Universal College Application plus the Johns Hopkins Supplement must submit both the Universal College Application essay and both of the short answer questions below (250 word maximum each). Include your name, birth date, and the last four digits of your Social Security number on these and all other additional sheets.

Write a brief essay (250 word maximum each question) in which you respond to the following questions.

1. Johns Hopkins offers 50 majors across the schools of Arts & Sciences and Engineering. On this application, we ask you to identify one or two that you might like to pursue here. Why did you choose the way you did? If you are undecided, why didn't you choose? (If any past courses or academic experiences influenced your decision, you may include them in your essay.).

2. Tell us something about yourself or your interests that we wouldn't learn by looking at the rest of your application materials. (While you should still pay attention to sentence structure and grammar, your response is meant as a way for us to get to know you, rather than a formal essay.)

Washington University in St. Louis

Washington University accepts the Common Application and requires a few simple supplemental questions (no supplemental essays).

Brown University

Use the Common Application essay questions supplemental questions as follows:

1. Why are you drawn to the area(s) of study you indicated?

2. A distinctive feature of the Brown Curriculum is the opportunity to be the "architect of your education." Why does this academic environment appeal to you?

3. Tell us where you have lived — and for how long — since you were born; whether

you've always lived in the same place, or perhaps in a variety of places.

4. Complete ONE of the following thoughts:

A. If I could do something with no risk of failing, I would________________________

B. I felt like I truly belonged when___________________________________

5. What is something you created that makes you especially proud, and why?

6. We all exist within communities or groups of various sizes, origins, and purposes; pick one and tell us why it is important to you, and how it has shaped you.

7. Please respond to one of the following questions: A, B, or C. (300 words or fewer)

A. Why are you going to college?

B. Sculptor Jacques Lipchitz once said, "Cubism is like standing at a certain point on a mountain and looking around. If you go higher, things will look different; if you go lower, again they will look different. It is a point of view." With this in mind, describe a moment when your perspective changed.

C. What question could we ask to gain the most insight into you? What is your answer?

Cornell University

Use the Common Application essay questions and supplemental questions as follows:

College of Agriculture and Life Sciences:

How have your interests and related experiences influenced the major you have selected in the College of Agricuture and Life Sciences?

College of Architecture, Art, and Planning:

How does the major you would like to study in the College of Architecture, Art, and Planning match your intellectual, academic, and career interests? Discuss any activities you have engaged in that are relevant to your chosen major.

College of Arts and Sciences:

Describe your intellectual interests, their evolution, and what makes them exciting to you. Tell us how you will utilize the academic programs in the College of Arts and Sciences to further explore your interests, intended major, or field of study.

College of Engineering:

Tell us about an engineering idea you have or your interest in engineering. Describe how your ideas and interests may be realized by — and linked to — specific resourses within the College of Engineering. Finally, explain what a Cornell Engineering education will enable you to accomplish.

School of Hotel Administration:

What work and non-work experiences, academic interests, and career goals influenced your decision to study hospitality management? How will these contribute to your success at the School of Hotel Administration?

College of Human Ecology:

What do you value about the College of Human Ecology perspective and the majors that interest you, as you consider your academic goals and plans for the future?

School of Industrial and Labor Relations:

Describe your intellectual interests, their evolution, and what makes them exciting. In your essay please address how the ILR curriculum will help you fulfill these interests and your long-term goals.

Rice University

Use the Common Application essay questions plus optional supplemental essays.

1. With the understanding that the choice of academic school you indicated is not binding, explain why you are applying to that particular school of study.

2. If you have applied or expect to apply to other colleges or universities this year, please name them.

3. What motivated you to apply to Rice University? Please be specific and limit your response to 200 words.

Vanderbilt University

Use the Common Application essay questions.

University of Notre Dame

Use the Common Application essay questions plus short answer questions.

Please select three of the following five prompts and provide a response of approximately 150 words to each. Your responses will be read by Notre Dame admission counselors as we seek to learn more about you. We encourage you to use personal examples, anecdotes, or anything that helps differentiate you from your peers.

1. In your opinion, what is the difference between intelligence and wisdom? You may cite a historical or fictional example, or offer an illustration from your own experience.

2. The British philosopher, John Stuart Mill, states that "in an imperfect state of the human mind, the interest of truth requires a diversity of opinions." Given that a plurality of voices is crucial to broadening our educational experiences and cultural awareness, what is one view that you hold — large or small — that would contribute to the variety of perspectives at Notre Dame?

3. Gary Gaffney, '69MS, began doctoral work in mathematics at Notre Dame but left to become an artist, eventually earning two degrees in fine art. His poem "Mil Preguntas (a meditation in 1 000 questions)" explores a myriad of topics, using queries both whimsical and profound. Some of our favorites are:

- What is consciousness?
- What is your deepest mystery?
- What's the last honest question you asked yourself?
- How often has humanity led you to forgive?
- What makes you dream?

- Is being ordinary a failure?
- What can't you live without?
- Who convinced you about God?
- Can you tell the story of faith put to the test?
- Why should you care about the rings of Saturn?
- What will you never believe?
- What will you always believe?

Provide your own answer to ***one*** of the author's inquires and be sure to tell us which question you select.

4. You may have noticed that you have an exemplary passion that separates you from your peers. How does this intense focus set you apart and how will it affect your life's journey? Please provide us with as much concrete evidence as possible.

5. Why are you interested in attending the University of Notre Dame?

Emory University

Use the Common Application essay questions plus optional supplemental essays.

Emory University offers students two academically equivalent, but geographically different options for beginning their undergraduate experience, Emory College of Arts and Sciences and Oxford College of Emory University. These individual campuses contribute to Emory University's uniqueness in higher education. Please respond to the essay or essays below. Question 1 is required, and Question 2 is optional. Essays should be no more than 250 words each.

1. What are the unique qualities of Emory University, and the specific school(s) to which you are applying (Emory College, Oxford College, or both), that make you want to become part of Emory University? In what ways do you hope to take advantage of the qualities you have identified? Please limit your response to 250 words.

2. Optional essay (if you choose not to submit this essay, it will not affect your admission decision):

Please write exactly five sentences that best describe you.

University of California, Berkeley

Personal Statement Topics for Freshman Applicants

Prompt #1

Describe the world you come from — for example, your family, community or school — and tell us how your world has shaped your dreams and aspirations.

Prompt #2

Tell us about a personal quality, talent, accomplishment, contribution or experience that is important to you. What about this quality or accomplishment makes you proud and how does it relate to the person you are?

Georgetown University

Short Essay

In the space available discuss the significance to you of the school or summer activity in which you have been most involved.

Essay Requirement

Compose two brief essays (approximately one page each) on the topics given below. Essays should be typewritten.

Essay One

ALLAPPLICANTS: As Georgetown is a diverse community, the Admissions Committee would like to know more about you in your own words. Please submit a brief essay, either personal or creative, which you feel best describes you.

Essay Two

APPLICANTS TO GEORGETOWN COLLEGE: Please relate your interest in studying at Georgetown University to your goals. How do these thoughts relate to your chosen course of study? (If you are applying to major in the FLL or in a Science, please specifically address those interests.)

APPLICANTS TO THE SCHOOL OF NURSING & HEALTH STUDIES: Describe how your experiences or ideas shaped your decision to pursue a health profession and how these experiences or ideas may aid your future contribution to the field.

APPLICANTS TO THE WALSH SCHOOL OF FOREIGN SERVICE: Briefly discuss a current global issue, indicating why you consider it important and what you suggest should be done to deal with it.

APPLICANTS TO THE MCDONOUGH SCHOOL OF BUSINESS: Briefly describe the factors that have influenced your interest in studying business.

Carnegie-Mellon University

Use the Common Application essay questions plus supplemental essay.

Short answer

List four books you have read this year: Characters available 500

Essay

Please submit a one-page essay that explains why you have chosen your major, department or program. This essay should include the reasons why you've chosen the major, any goals or relevant work plans and any other information you would like us to know. If you are applying to more than one college or program, please mention each college or program you are applying to. Because our admission committees review applicants by colleges and programs, your essay can impact our final decision. Please do not exceed one page for this essay.

University of Southern California

Use the Common Application essay questions and supplemental questions as follows:

Short Answer:

Describe your academic interests and how you plan to pursue them at USC. Please feel free to address your first — and second — choice major selections. Characters available 1 000.

All applicants: if you are applying to a school or major listed below, you must submit additional information. See the requirements below.

Marshall School of Business

World Bachelor in Business (first-year applicants only): Please respond to each question below in one paragraph or less and attach your responses to the supplement.

1) What experiences and/or skills best prepare you for success in this program?

2) How does this program meet your educational and/or professional goals?

3) Indentify and share your opinion on an international issue that you are following.

4) How will you contribute to the WBB program and its campus communities?

5) What skills do you find most useful in adapting to changing environments?

Annenberg School For Communication And Journalism

All applicants to Broadcast and Digital Journalism, Print and Digital Journalism, or Public Relations majors must submit a one-page Statement of Intent, explaining their reasons for pursuing an education and career in journalism or public relations. Please attach your response to the supplement.

Viterbi School of Engineering

All applicants to engineering and computer science majors should respond to the following questions,in approximately one paragraph, and attach their responses to the supplement.

1) How do you plan to use your engineering degree to benefit society?

2) Some people categorize engineers as geeks or nerds. Are you a geek, nerd, or neither? Why?

University of California, Los Angeles

Responses to your two prompts must be a maximum of 1,000 words total. Allocate the word count as you wish. If you choose to respond to one prompt at greater length, we suggest your shorter answer be no less than 250 words.

PROMPT#1: Describe the world you comefrom — for example, your family, community or school — and tell us how your world has shaped your dreams and aspirations.

PROMPT#2: Tell us about a personal quality, talent, accomplishment, contribution or experience that is important to you. What about this quality or accomplishment makes you proud and how does it relate to the person you are?

University of Virginia

Use the Common Application essay questions and supplemental questions as follows:

1. We are looking for passionate students to join our diverse community of scholars, researchers, and artists. Answer the question that corresponds to the school you selected above. Limit your answer to a half page or roughly 250 words.

College of Arts & Sciences: What work of art, music, science, mathematics, or literature has surprised, unsettled, or challenged you, and in what way?

School of Engineering and Applied Sciences - UVA engineers are working to solve problems that affect people around the world, from our long-term water purification project in South Africa to continuing to research more efficient applications of solar power. However, most students start small, by using engineering to make a difference in daily life. If you were given funding for a small engineering project that would make your everyday life better, what would you do?

School of Architecture - Describe an instance or place where you have been inspired by architecture or design.

School of Nursing - Discuss experiences that led you to choose the School of Nursing.

Kinesiology Program - Discuss experiences that led you to choose the kinesiology major.

(Please select the prompt you are responding to): 300 words maximum

1. What's your favorite word and why?
2. The Honor Code at U.Va. states that students will not lie, cheat, or steal. This strengthens our Community of Trust. What would you add to the Honor Code and why?
3. In 2006, graduate student Robert Stilling discovered an unpublished poem by Robert Frost while doing research in U.Va.'s Small Collections Library. Where will your Stilling moment be in college?
4. We are a community with quirks, both in language (we'll welcome you to Grounds, not campus) and in traditions. Describe one of your quirks and why it is part of who you are.
5. To tweet or not to tweet?

Wake Forest University

Use the Common Application essay questions plus supplemental questions.

General Information

How did you become interested in Wake Forest University and why are you applying? Characters available 250

In Brief

Whether our application is the only one you fill out, or is one of several applications that you complete, please take your time in introducing yourself to us. Be creative and enjoy the process. In return, we promise that we will take our time in getting to know you.

1. What outrages you? What are you doing about it? Think locally. Characters available 1 000

2. “People who aren’t busy all the time might start to think.” — Terry Pratchett

When do you stop being busy and start to think? Characters available 1 000

3. Think of things that fascinated you when you were 10 years old — what has endured?

Characters available 1 000

4. Make a rational argument for a position you do not personally support. For clarity, please state your true opinion first and then argue the opposite position. Consider an issue that has affected you personally. Characters available 1 000

5. Give us your top ten list. Characters available 1 000

6. Imagine that in the near future, scientists can digitally recreate the consciousness of deceased individuals and store it on handheld devices. Every citizen, upon reaching adulthood, is issued one of these devices, inhabited by the mind of a single historical figure. It is your eighteenth birthday, and you are about to choose the figure who will accompany you for the rest of your life. Who will you choose? Why? Characters available 1 000

7. The previous question was submitted by a 2012 Wake Forest University applicant. What question do you think we should ask of next year’s applicants? Characters available 500

University of Michigan

Use the Common Application essay questions and supplemental questions as follows:

Essay #1 (Required for all applicants. Approximately 250 words)

Everyone belongs to many different communities and/or groups defined by (among other things) shared geography, religion, ethnicity, income, cuisine, interest, race, ideology, or intellectual heritage. Choose one of the communities to which you belong, and describe that community and your place within it.

Essay #2 (Required for all applicants. 500 words maximum)

Describe the unique qualities that attract you to the specific undergraduate College or School (including preferred admission and dual degree programs) to which you are applying at the University of Michigan. How would that curriculum support your interests?

Tufts University

Use the Common Application essay questions plus supplemental questions.

Short Responses (Required of all applicants)

Think outside the box as you answer the following questions. Take a risk and go somewhere unexpected. Be serious if the moment calls for it but feel comfortable being playful is that suits you, too. The suggested length for questions 2 and 3 is 200～250 words.

1. Which aspects of Tufts's curriculum or undergraduate experience prompt your application? In short: "Why Tufts?" (Suggested length is 50～100 words.)

2. There is a Quaker saying: " Let your life speak." Describe the environment in which you were raised-your familt, home, neighborhood, or community-and how it influenced the person you are today. (200～250 words)

3. Now we'd like to know a little bit more about you. Please respond to one of the following: (200～250 words)

A. You may have heard the quote "Be who you are and say what you feel, because those who mind don't matter, and those who matter, don't mind." We don't mind. Who are you? Respond in the medium of your choice: prose, one-minute video, blog, digital portfolio, slam poetry... For media other than writing, please share a link (video can be submitted via YouTube but we recommend using a privacy setting) that is easily accessible. .

B. What makes you happy?

C. Sports, science, and society are filled with rules, theories, and laws like the Ninth Commandment, PV=nRT, Occam's Razor, and The Law of Diminishing Returns. Three strikes and you're out. "I" before "E" except after "C". Warm air rises. Pick one and explain its significance to you.

D. Celebrate your nerdy side.

E. If your classmates were to honor you with a "senior superlative" in the yearbook, what would it be and why?

Please indicate the letter of the prompt you are responding to (A-E)

University of North Carolina

Use the Common Application essay questions plus supplemental questions.

Essay:

In addition to the essay you provided with your Common Application, please choose one of the prompts below and respond in an essay of approximately 500 words.

1. You just put a message in a bottle and threw the bottle out to sea. What is the message?

2. If you could design and teach your own course, what topic would you cover? What texts, assignments, projects, field trips, or other resources would you use in teaching this course?

3. What is your comfort food and why?

4. You just made the front page of the New York Times for doing something important that no one before you has ever thought to do. What did you do and why did you do it?

5. Carolina encourages students and faculty to solve problems. What problem are you trying to solve, and why is it important to you?

6. Tell us about a time when you changed your mind about something that mattered to you. What led to that change?

附录七　时代焦点本科 QQ 群及家长提问汇总

时代焦点教育为您提供优质的培训和留学咨询服务，您可以随时加入我们的官方 QQ 群（群号 219338497）与咨询老师和其他家长互动，在这里，您所关心的留学话题和面临的疑惑都可以在第一时间得到专业咨询老师最专业的解答。如果是在非上班时间，您还可以给我们留言，收到留言后，咨询老师会尽快按照您提供的留言方式给您回复。想了解更多的留学咨询吗？赶快加入我们的 QQ 群吧！为了帮助家长更好地了解留学信息，在这里我们将家长经常问到的一些问题以及咨询老师的解答附上，敬请参考。

1．问：独立写作和综合写作在托福考试中分别占多长时间？

答：独立写作要求考生在 30 分钟内完成，综合写作是 20 分钟。

2．问：TOEFL 考试几点开始？需要提前多长时间进入考场？是否能连续两个星期考托福？

答：从 2013 年 1 月开始，托福所有考场统一上午 08:30 入场，晚于 08:30 到场的将被拒绝入场，09:00 开始考试。从 2013 年 1 月起，托福考试政策进行了调整，两次考试的间隔时间由原来的 7 天延长至 21 天，所以考生是不允许连续两个星期考托福的。

3．问：今年时代焦点都有哪些成功的案例？学生都申请到了什么学校？

答：在 2013 年的入学申请中，很多学生拿到了自己心仪的院校的录取通知书，您可以通过登录时代焦点教育的官网查看我们今年的申请结果，http://focusedu.cn/bj/bklx.html。

4．问：美国院校在申请的时候接受雅思成绩吗？

答：事实上，大部分美国院校是认可申请者的雅思成绩的，学生既可以用 TOEFL，也可以用 IELTS 来申请。但是也有一些学校不接受雅思成绩，比如说排名比较靠前的 Stanford University，Caltech 等。所以如果申请者不是同时申请英国院校和美国院校的话，还是建议参加 TOEFL 考试。

5．问：只有雅思 6 分的成绩，在美国能申请到怎么样的学校？

答：美国高考与中国高考有很大的区别，单凭分数不能很好地判断某申请者适合哪所学校。申请美国院校时，除了考生的雅思成绩外，还有很多其他因素需要考虑，比如申请者在学校的学术表现（GPA），学生的标准化考试分数，申请文书，课外活动等。所以说在学生找参照物的时候，不一定别人 6 分雅思成绩的申请结果就一定会与自己相同。

6．问：SAT Ⅰ考试什么时候准备比较合适？

答：由于每个申请者的英语基础不同，SAT 考试的准备时间也会因人而异。相对 TOEFL 考试，SAT 的词汇量至少要有 1 万个，词汇量比较大，考试难度也比较大。很多打算出国的学生在高一的时候就开始着手准备了。当然也有一些学生在高二的时候才决定出国，才开始着手准备。由于大多数国内的申请者都需要 2～3 次的考试才能考出比较满意的成绩，而 SAT 考试的次数又比较有限，故对于打算出国留学的学生最好是在申请前一年的年底参加一次考试。一般来说，成绩比较好的学生准备 SAT 考试也需要半年的时间，这样即便是没有达到预期的成绩，准备两三个月后，仍然可以实现成绩的提高。

7. 问：SAT 成绩的有效期限是多长时间？

答：SAT 成绩的有效期是 2 年，指的是考试日期距离院校的申请截止日期为 2 年。所以学生在申请学校的时候要看 SAT 成绩是否已经过期。通常来说，申请者是在 11 年级的时候开始参加 SAT 考试，也就是中国的高二年级。

8. 问：一般先准备托福，还是 SAT Ⅰ？

答：建议学生在时间允许的情况下，先准备 TOEFL 考试，因为 SAT 涉及的词汇量和阅读量都比较大，对于一些英语基础不是很好的学生来说，SAT 准备起来比较受挫，长时间内得不到提高。而 TOEFL 则相对比较简单。如果学生的基础较差的话，建议学生还是专心复习 TOEFL，提高托福成绩，因为一些美国院校，对于国际学生也是可以只用 TOEFL 成绩来申请的，比如排名 40 多位的迈阿密大学。今年我们的学员王潮，就没有提交 SATI 成绩，只提交了托福成绩和 AP 成绩，申请到了纽约大学。

9. 问：托福考试成绩的有效期是多长？

答：根据 ETS 的规定，新托福考试的有效期是 2 年。

10. 问：那 GPA 重要还是托福成绩更重要？

答：GPA 和 TOEFL 成绩是美国本科申请中的两个主要的成绩部分，无法比较哪一个更重要，GPA 可以看出你在高中的课业表现，而 TOEFL 则考察的是申请者的语言能力，对于有留学意向的学生来说，这两者都是申请院校需要考察的部分。除了这两个部分，影响最终录取的还有其他因素，如申请文书，标准化考试成绩等。

11. 问：哪些大学会不需要 SAT 成绩？

答：首先如果学生打算申请排名比较靠前的学校的话，就必须要考 SAT，如果没有 SAT 成绩的话，学生就缺少了一定的竞争力。当然也有一些学校明确地说明可以选择不提交 SAT 成绩，或者是他们不考虑国际学生的 SAT 成绩，比如说华盛顿大学西雅图分校，迈阿密大学以及美利坚大学。

12. 问：我打算申请密歇根大学安娜堡分校，请问需要提交 SAT 成绩吗？

答：是的，所有申请密歇根安娜堡大学的国际学生都需要提交 SATI 成绩或 ACT 成绩，不需要提交 SATII 成绩。对于 2012 年入学的学生来说，他们的 SAT 成绩大部分在 1990～2230 之间。

13. 问：许老师，您这里培训 ACT 吗？

答：家长您好，我们现在开设了 SAT、TOEFL 以及 SSAT 培训，暂时不提供 ACT 培训。理论上来讲，美国各大院校对于 SAT 和 ACT 的政策在录取上是一样的。但是 ACT 分数阶梯差比较小，对申请不是特别有利。还有一点想说明的是 SAT 和 ACT 的备考是完全不同的，所以如果学生决定考 ACT 的话，就要一心准备 ACT 了。

14. 问：请教一下，高中三年应该怎样规划？

答：很多家长都希望孩子能够申请到排名比较靠前的学校，为了能得到比较满意的结果，很多的家长在孩子刚刚上高一的时候就为孩子做好了高中三年的规划，不惜牺牲掉孩子的课外娱乐时间。事实上，合理的规划应该是结合孩子的具体情况。对于成绩比较好的孩子来说，高一可以按部就班地读下来就可以了。在保证有一个漂亮的学习成绩的同时，积极参加学校的各类活动，不仅能够为申请增加丰富的经历，同时也能够开拓自己的视野。在进入高二年级暑假的时候，可以着手准备 TOEFL 以及 SAT 考试，争取在高二上学期结束之前参加一次 SAT 考试，这样可以检查一下自己的备考情况，在高三下学期再考一次 SAT 和 TOEFL，目的是为了能在申请 ED 或 EA 的时候用到一个好的成绩。如果学生打算 DIY 的话，那么在 6 月份或是暑假的时候就必须着手准备了解院校，准备相关材料了。当然，如果全权委托给中介的话，学生只需要按时提交中介需要的材料就可以了。

15. 问：托福 90 分，SAT 不到 1 800 分，国际学校学生能申请到美国排名多少的大学？

答：从这两个成绩来看，如果文书写得还可以的话，也可以申请到美国排名前 50 的学校，比如加州大学系列排名稍低的 UCI，UCD。当然也会有一些排在 50 名之外的学校。具体的情况还需要根据学生的其他项来具体分析。

16. 问：上美国排名 50 名以后的大学有必要吗？回国后有竞争优势吗？

答：这个问题就看自己怎么认为了。事实上美国排名 50 名之后的学校在教学方面要比国内排名靠前的学校还要好，而且有的学校虽然综合排名比较靠后，但是专业排名在美国名列前茅的，就业前景非常好。在中国，很多家长有很强的名校情结，认为只有上名校才能找到好工作，在这一方面美国人和中国人就有很大的差别，他们可能会为了自己喜欢的运动或者是一个专业，放弃一个排名非常靠前甚至是顶尖的院校，而去一个在国内人看来是很不起眼的学校。所以说在选择学校的时候，家长要避免只用名次去考量。

17. 问：托福 102 分，ACT 25 分（考砸了）能申请到哪儿啊？（在美国交换过一年，得过州立学术竞赛三等奖，组织过 blood drive 等）？

答：从你的描述可以看出，如果 GPA 还可以的话，文书再写得漂亮点，最好的结果是刚刚擦边够着美国排名前 50 名的学校，更多可以选择的是排名 70 名之后的学校了。

18. 问：请问群里有写过申请 Essay 的吗？我在总结申请 Essay 的几大类型，能不能帮我补充下？我整理出了 6 类。1. Why essay. 2. What can you bring to the Campus? 3. the most important people. 4. the most important experience. 5. Your academic goal. 6. Mix。

答：美国大学为了更好地了解学生的性格以及今后的学习潜力、特殊背景，会在申请文书中问学生各种各样的问题，这会因每个学校的特点不同而不同。基本上可以分为五类。一类是常见的 Why Essay，这几乎是每个学校都会问到的问题，从这个问题可以看出你与申请院校的匹配程度。第二类是你对学校的贡献，每个校园其实都是一个地球村，他们更希望录取一些可以为他们带去多元化因素的学生。第三类是你以后的职业规划，你到底是不是适合申请院校的发展方向，你的职业规划是否能吸引招生官，这都是他们比较注意的地方。第四类是对你影响比较大的人或者是事件，这些人或事件在何种程度上影响了你，比如说你的性格的改变；或者是发生在你身上的一件比较独特的事，这些都是他们乐意并且希望从你的文书中看到的。第五类就是一些比较杂的题目了，比如说想象你的自传的第 70 页写的是什么等类似的题目，这需要你有一定的想象力，但是无论如何，申请文书没有正确和错误之说。

19. 问：请教一下是否申请 summer school 都会通过？

答：不是的，由于近年来申请美国 summer school 的人数越来越多，美国院校在录取方面也提高了门槛。比较顶尖院校的 summer school 同样要求学生的语言成绩达到一定的标准才行，比如 Yale 大学的 summer school 要求申请者达到 TOEFL100 分或者是 IELTS7 分才可以，所以说并非所有申请者都能被录取。

20. 问：如果我想申请 Standford 的全额奖学金，会对录取结果有影响吗？

答：Stanford University 对于国际学生采取的是 need-based 的奖学金政策，也就是说你对奖学金的需要确实会影响到你的录取机会。因为在申请的时候，要求奖学金的学生的材料和不要求奖学金的学生的材料是不在一起审阅的。你对奖学金的需求会大大的降低你的录取几率，同样条件的你和另外一个人，学校肯定是选择另外一个不要奖学金的人。况且学校给国际学生的奖学金数量非常有限，除非你特别优秀，学校才可能会给你一些奖学金。

附录八　美国大学本科部分专业介绍

商科

专业简介：

商科是留学申请的大热门，一张美国商学院的文凭让无数莘莘学子为之奋斗。从时代焦点历年咨询案例来看，超过半数的家长或学生明确表示想学习商科的愿望，而其中对去美国本科阶段学习商科有着全面了解的家长或学生不足一成，因此，我们有必要对商科进行全面而深入的介绍。

美国的综合性大学内一般都设有商学院（或称管理学院），即 School（College）of Business/Management，几乎所有商科类专业都设在商学院内。美国大学商科专业本科授予的学位多为 BBA（Bachelor of Business Administration）和 BBS（Bachelor of Business Science），开设的方向有 Accountancy（会计）、Finance（金融）、Marketing（市场营销）等。由于美国大学商学院的教学重点在 MBA 上，再加上商科又是一个偏职业化的专业，不符合美国通识教育的传统，所以不少美国大学尤其是一些顶尖美国名校，本科阶段不开设商科专业，比如哈佛、耶鲁、普林斯顿、哥伦比亚大学、芝加哥大学、杜克、西北等。

虽然这些学校不提供本科阶段商科教育，但这并不意味着学生从此与商科无缘。实际上，绝大部分学校都会提供各种各样的学术项目来为将来有志于学习商科的学生打下良好的基础。比如西北大学：

"Northwestern University believes in the liberal arts approach, where students receive a broad, well-rounded education while also pursuing different academic disciplines and programs in depth. Northwestern does not grant an undergraduate degree or major in business; however, we offer several academic programs that help interested students prepare for careers in business."

"西北大学相信学生可以从通识教育中学到广博、全面的知识，追求不同学科和项目的深度。西北不提供本科商科学位或专业；但是，我们提供诸多学术项目，以帮助对商科感兴趣的学生来准备他们的职业规划。"

当然，也有少数美国名校，申请人在申请大一时就可以直接申请该校商学院的本科，比如大名鼎鼎的宾夕法尼亚大学（Wharton）、纽约大学（Stern）等。不过，这些学校由于申请者众多，竞争非常激烈，申请难度极大，对申请者的标准化考试成绩和商科背景都提出了很高的要求。我们建议申请者谨慎选择商科专业申请，本科阶段完全可以选择数学、经济学、计算机科学等与商科密切相关的专业来申请。

比较常见的情况是，学校虽然在本科阶段开设了商科专业，但是申请大一时不能直接申请，在经过一到两年的基础教育后，学生在大二或大三时再转入商学院学习。比如加州大学伯克利分校（Haas）、弗吉尼亚大学（McIntire）、圣母大学（Mendoza）、埃默里大学（Goizueta）等都是这种方式。

下面介绍几个商科的重点专业：

1. 会计 Accounting

会计专业是研究企业在一定的营业周期内如何确认收入和资产的学问，是将财政、经济的数据进行搜集、处理、总结，并将之作为指导商业管理决策的科学根据。会计师除了准备财务报表以及记录企业交易行为外，更重要的是能够参与企业间的合并、质量管理、信息技术在财务方面的应用、税务战略以及很多企业的管理决策活动。会计专业领域涉及面广：审计、税收、公司会计、管理会计、财务管理、破产清算、法务会计、预算制定、商业咨询等。

2. 金融 Finance

金融学专业是以融通货币和货币资金的经济活动为研究对象，具体研究个人、机构、政府如何获取、支出以及管理资金以及其他金融资产的学科专业，主要研究现代金融机构、金融市场以及整个金融经济的运动法律。该专业研究内容包括：关于银行与证券、保险等非银行金融机构的理论与实务，关于货币市场、资本市场与国际金融市场的理论与实务，关于金融宏观调控及整个金融经济的理论与实务，以及关于金融管理特别是金融风险管理的理论与实务。主要研究方向：货币银行学、金融经济（含国际金融、金融理论）、投资学、保险学、公司理财（公司金融）。

3. 市场营销 Marketing

市场营销是在创造、沟通、传播和交换产品中，为顾客、客户、合作伙伴以及整个社会带来价值的一系列活动、过程和体系。市场营销专业学习市场研究、市场策略、宣传、销售、价格、产品开发、公关等。学生不仅要具备广告和销售技术、市场策略知识，还要深入了解经济、会计、金融管理和信息技术等知识，具备良好的口头表达以及人际沟通能力。

就业：

正如大家在申请时所预料的，商科类专业就业面非常广泛，而且往往毕业薪酬较高。我们下面就对如上三个介绍的专业的就业前景进行简单的介绍：

1．会计

专业会计师是商业管理中的重要人才，许多大公司的CFO（财务总监）都是学会计专业毕业的。有意愿学习会计专业的同学必须具备良好的数学基础，具备快速和精确分析数据的能力、比较数值图标的能力，以及较强的耐心。会计专业的市场需求量很大，商业机构都需要会计师，大部分学生毕业后进入私营公司工作。

2．金融

金融专业是一个非常有前景的专业，个人、公司、政府和私人机构越来越依赖专业金融人员进行有效的金融管理。有意愿学习金融专业的学生需掌握社会科学、数学、数值分析、计算机知识，具备较强的批判性思维与阅读能力，具有研究精神和团队合作力。该专业的就业领域广阔，如公司的金融部门、保险、证券、房地产业及政府的财政管理部门等。

3．市场营销

优秀的市场营销人才市场需求巨大。绝大多数学生毕业后在公司工作，如保险、股票、证券、房地产业，主要从事销售、市场和管理部门的工作。

理工学科：

1．土木工程专业

专业简介：

土木工程是建造各类工程设施的科学技术的统称。它既指所应用的材料、设备和所进行的勘测、设计、施工、保养维修等技术活动，也指工程建设的对象（即建造在地上或地下、陆上或水中，直接或间接为人类生活、生产、军事、科研服务的各种工程设施，例如房屋、道路、铁路、运输管道、隧道、桥梁、运河、堤坝、港口、电站、飞机场、海洋平台、给水和排水以及防护工程等）。

专业设置：

土木工程专业主要学习的课程包括结构力学、环境科学、岩土工程、水资源、交通设计、建筑设计、城市规划等。从学科设置来看，目前美国名校的土木与环境工程专业一般包括以下两种类型：设有独立的土木工程或土木与环境工程学院，比如佐治亚理工学院和普渡大学。这种学校的学院研究范围比较广泛，一般涵盖土木工程和水资源、大气、噪声污染控制等环境工程领域。另外一类学校则是在工程学院下设置土木与环境工程学系，如加州大学伯克利分校、伊利诺伊大学香槟分校和麻省理工学院等。这些学校的土木与环境工程学系与工程学院的其他系科（如化学工程、电气工程等）紧密结合，从事边缘和交叉学科的研究。

就业：

该专业在美国主要有三个就业方向：学术类院校和研究所、建筑公司和房地产企业、政府和市场部门。随着建筑业人才需求量的提升，越来越多的大学准备开设土木工程专业，因此师资力量的需求也在不断增大。相对于一些大公司和大企业，教学和研究人员的薪资可能要低一些，但是压力也相对小一些。对一些寻求安稳生活的学生来说，不失为一个好的选择。路桥和房地产企业是土木工程专业毕业的另一个主要去处，随着美国房地产市场逐渐走出金融危机的阴霾，近年来房地产相关行业的就业机会逐渐增多。在这一类企业上班不仅能为毕业生提供相对较高的经济收益，同时还能为就业者提供很好的商业学习环境，以便未来更好的职业发展。为政府和市场部门工作是一项政策性、科学性、区域性和综合性很强的工作。因此，对于市政建设的从业人员来说，不仅要有扎实的土木工程基本功，还要有丰富的想象力以及统领全局的能力。在美国，从事土木工程行业需要持有从业资格证书，有一些州还额外需要有单独的结构工程证书；同时随着市场竞争的不断增强，拥有研究生学历对于进入该行业正变得越来越重要。

2. 化学工程专业

专业简介：

化学工程作为工程科学的一个分支，结合了自然科学（例如化学、物理、数学）、生命科学（例如生物学、微生物学、生物化学等）和经济学。其专业设立的目的是通过多学科综合学习对化学物质进行科学合理地生产、转换、运输以及使用。如今化学工程专业的研发重点是将化学原材料转化成为有利用价值的化学成分。

专业设置：

化学工程专业必修课程包括：流体力学、热力学、化学分离、反应动力学、计算机语言、生产过程设计和产品设计等。由于所学领域比较广泛，所以读化学工程的学生一般都会选择同时修读一个辅修专业，例如地球环境工程等。美国很多大学都开设了化学工程专业，其中化学工程专业比较强的学校包括麻省理工大学、加州理工大学、斯坦福大学等；值得注意的是，部分州立大学在化学工程方向也有很强的实力，其中比较有代表性的是明尼苏达大学双城分校和威斯康星大学麦迪逊分校。

就业：

鉴于化学工程专业的多学科性，化学工程专业的毕业生市场需求很大，工资收入高。其就业范围广泛，涵盖制药、微生物工程、微电子、能源产业、日常消费品生产等多个领域。就业范围的广泛也为化学工程专业毕业生提供了更好的职业发展机会，毕业于化学工程专业的国际知名企业 CEO 就包括杜邦、英特尔和通用电气等。不仅如此，因为化学工程专业的培养过程复杂、培训强度大，所以大量金融银行业和法律行业的雇主也比较喜欢雇佣这些综合能力强的毕业生。自 2000 年后，越来越多的毕业生进入金融银行业和法学等收入丰厚的领域。

人文学科：

1. 传媒专业

专业简介：

美国的传媒专业不同于国内的编导、主持等技术类的专业，涵盖更多学习理论的内容。传媒学，Communication Studies，直译为沟通学，研究的是如何通过符号的分享创造意义。学科细分囊括从面对面的对话到大众传媒等多种沟通形式的研究。同时，传媒的学习一般都是研究在一个特定的环境下的传播交流，如政治环境、文化环境、经济环境等等。

专业设置：

一般来说，传媒系分几个方向，每个学校包括的方向不一样，但是大致分为以下几种：广播电视电影、修辞学、人际交流、文化类传媒、组织内部沟通、政治类沟通。后面的三个方向就是在文化、组织和政治背景下的沟通、交流和媒体运作。

以威斯康星大学麦迪逊的课程来举例。威斯康星大学的传媒专业分为广播电视电影和修辞学两个方向。前者的课程多为电影理论（古典电影理论、现代电影理论）、区域电影（意大利电影）、电影历史（1970 年以前美国电影史）、电影种类（非主流电影）、电视教育（电视节目种类）、制作课程（电影后期剪辑）、文化与媒体（全球媒体文化）、人种与媒体（拉丁裔与媒体）。修辞类的课程包括沟通类课程（人与人的沟通导论）、媒体与人（大众传媒与人类行为）、修辞类课程（劝导理论与实践、伟大的演说家和他们的演讲）、社会类课程（网络关系的多元化、沟通与跨种族互动）。

不同学校的传媒系毕业时所给的学位证可能会不同。有些学校把传媒列为 BA 专业，也就是说毕业之后拿到的是文学学士的文凭。还有一些学校把其归为 BS，科学学士学位。这两个的差别在于上多少理科的综合课程，而跟专业课没有太大关系。比如，在南加州大学，传媒被归为 BA。那么南加州就会要求学生在毕业前上更多的文科综合课程，比如人文类、社会学类的课程。但是在康奈尔，传媒被归类为 BS，所以学生会被要求上更多的科学类课程。

本科传媒专业比较好的学校包括以下几所（排名不分先后）：南加州、伊利诺伊大学香槟、威斯康星大学麦迪逊、宾大、密苏里大学哥伦比亚、德州奥斯丁和纽约大学。

就业：

伊利诺伊大学的传媒系主页上对适合学传媒的同学有如下分类：

一类学生是追求带有传媒和沟通方面知识重点的非常综合的文科教育的学生。其次是对以后就业方向还没确定的同学们。因为很多行业都会涉及沟通和传媒方面的知识，比如法律、管理、公关、人力资源、企业内部宣传、政治以及媒体相关的行业等等。还有一类学生是想要在沟通、媒体、公共政策或其他公共领域深造的同学。最后一类是想要在法律、医药、商科或人力资源方面深造的同学。简单地说，如果你有明确的媒体或沟通方面的兴趣，欢迎你加入到传媒专业；但是想要拿着传媒专业的文凭找到工作，你还需要在另外某个领域有一定的背景，比如政治、管理、社会学等。所以在这里给大家的建议是：大学期间主修传媒的同时再辅修另外一个专业。

传媒专业绝不是那种只要拿着文凭就能找到差不多工作的专业，很多时候需要看学生在大学期间的整体规划。毕业生就业领域很广，大部分选择广播电视电影方向的学生会选择进入媒体，有从事行政工作的，也有做技术类的，也有当制作人的。而非媒体行业的毕业生各行各业都有他们的身影。传媒专业毕业后的收入在美国算中低档，一般毕业生年薪在四万左右。

2. 新闻专业

专业简介：

新闻专业主要培养学生收集、分析信息及以特殊的方法和手法传播该信息的能力。新闻专业在综合文理教育的基础上着重培养学生收集和客观分析信息以及用特殊的方法和写作手法传播该信息的能力。同时，新闻专业对学生的写作和说服能力有相当高的要求，但是缺乏对各类媒体的系统分析与学习。所以很多同学同时双修传媒以完善自己对媒体与媒体影响的了解。

专业设置：

美国大学在新闻专业的开设上不尽相同。部分学校，如埃默里，把新闻专业归到文科学士类，华盛顿圣路易斯大学将其归为理科学士类；新闻专业比较有名的西北和威斯康星大学麦迪逊都会为新闻系本科毕业生颁发文科或理科新闻学士学位。以下是美国比较好的本科新闻专业（排名不分先后）：西北大学、俄亥俄州立大学哥伦比亚校区、得州农工学院、伊利诺伊大学香槟分校、威斯康星大学麦迪逊分校、圣路易斯华盛顿大学、纽约大学、埃默里大学、得州大学奥斯丁分校、波士顿大学、佛罗里达大学和乔治华盛顿大学等。

新闻专业学习的课程大多是政治和写作课，比如新闻报道与写作、新闻评论、法律与道德。国内传媒专业会学的播音主持在美国只是作为一门课程被设置在新闻专业里，而所学的也不只是如何说好话，更多的是现场发挥，对时事和新闻的把握。有些学校还会开设新闻摄影课程以及专栏写作课程。

追求事实真相的学生、总是在追新闻头条的学生、乐于四处奔波的学生、擅长写作的学生、托福100+的学生相对适合学习新闻专业。新闻专业有大量的写作课程，很多学校更是要求学生在大二下学期申请进入新闻系的时候就提交若干范文，威斯康星大学麦迪逊分校的新闻系更是要求学生提交已经发表的新闻报道。

就业：

学习新闻专业有很多优点，但是新闻专业的就业前景并不是特别乐观。在2012年评选的最好与最差工作排行榜上，新闻记者这个职业被排位全世界第五糟糕的工作，好过石油开采工人，惨过餐厅服务人员。而美国劳动局给出的2012年新闻记者的收入表明，行业中端收入为年薪三万七千美元，预计在2022年之前要减少13%的岗位。更何况与国内相比，美国的新闻行业会有诸多不同；所以在美国学成新闻专业归国后，其实就业和职业发展都不太乐观。所以我在这里奉劝想要学习新闻专业的同学们，选专业要谨慎。

3. 东南亚研究专业

专业简介：

东南亚研究最早起源于美国，是一门结合历史、宗教、经济、地缘政治等方面的综合性学科。从地理上来说，东南亚包括了印度尼西亚、菲律宾、越南、泰国、老挝以及缅甸等地区。对于东南亚研究专业，你既可以选择在一些诸如政治经济等领域进行广泛的研究，也可以选择在某一领域进行深入的研究。

专业设置：

美国除去极个别偏理工科的学校（例如麻省理工大学和加州理工学院）之外，绝大部分学校都开设东南亚研究专业，其中专业优势比较强的学校包括斯坦福大学、加州大学伯克利分校和威斯康星大学麦迪逊分校等。区别于理工学科，东南亚研究是一个比较典型的人文学科，学生因而会在学习过程中接受很好的阅读和写作训练。各个学校的东南亚研究专业还一般会要求学生学习所研究对象国的语言；要求学习的时间长度大约是两年。此外，由于美国大学的传媒新闻专业方向一直对国际学生的语言成绩要求颇高，部分将来希望从事新闻或记者职业的同学也不妨首先选择东南亚研究专业这样的学科。因为在进入东南亚研究专业之后，如果学生展现出对东南亚方向新闻学习的浓厚兴趣，那么学生在经过专业允许后，同样可以选择新闻传媒方向的课程顶替东南亚研究专业的学分，可谓一举两得。

就业：

从就业来说，东南亚地区作为近些年来全世界发展最快的区域，文化非常多元化，经济就业机遇多，因此对于将来愿意在东南亚工作的人来说是很好的学习领域。东南亚研究的学生在毕业后有比较广泛的选择。除去继续深造准备做学术方面工作的同学之外，大部分毕业生会选择从事咨询、新闻、政府机关、国际性非盈利机构等相关的工作。

咨询：很多东南亚研究专业的毕业生都会选择进入咨询公司工作。随着东南亚地区经济的持续发展，越来越多的跨国公司开始进驻该地区；而作为企业“医生”的咨询公司，则相应的需要雇佣大量懂得当地文化风俗和地缘政治的毕业生。比如，麦肯锡和贝恩等知名咨询公司每年都会就会招收一部分对东南亚地缘政治和经济有深入了解的新员工。

新闻媒体：东南亚研究专业的毕业生同样受到新闻媒体行业的欢迎。由于各大媒体都需要在东南亚当地派驻记者，因而能够精通英语和当地语言，并且对当地社会了如指掌的东南亚研究的毕业生就在进入这类行业上具备很强的竞争力。

机关：如果对如上两个领域都不是很感兴趣，那么加入政府机关也会是不错的选择。每年都会有东南亚研究专业的毕业生进入联合国工作或其他国际政府机构工作。但需要指出的是，大多数进入联合国工作的毕业生都有之前在联合国暑期实习的经历。